Arno Karlen

Nicht Wellington besiegte Napoleon bei Waterloo

Arno Karlen

Nicht Wellington besiegte Napoleon bei Waterloo

Die revolutionierenden Entdeckungen der Bio-Geschichtsforschung

Neff

PAUL NEFF VERLAG WIEN

Aus dem Amerikanischen übertragen
von Ingo Angres
Wissenschaftliche Beratung:
Prof. A. D. Jonas, Wien

Titel der Originalausgabe
NAPOLEONS GLANDS

Printed in Germany

ISBN 3-7014-0215-9
Umschlaggestaltung: Bruno Schachtner, Dachau
Satz: Compusatz GmbH, München
Druck und Bindung: Pustet, Regensburg

Den Altvorderen, Nachgeborenen
– und für Barbara

INHALT

EINLEITUNG
Der besondere Reiz

Beim Lesen einer aus medizinischer Sicht verfaßten Biographie Napoleons fand ich, damals nur wenig älter als zehn Jahre, wohl erstmalig intellektuelles Vergnügen. Der Autor, ein Endokrinologe, behauptete, Napoleon habe auf Grund einer abnormen Schilddrüsenfunktion Reiche erobert und wieder hergeben müssen. Zunächst habe ihn die Überfunktion der Drüse auf die Höhe erschreckender Größe geführt; später dann sei die Funktionsschwäche des ausgelaugten Organs für Scheitern und Niederlage verantwortlich gewesen. Über mehrere hundert Seiten hinweg verflocht der Arzt und Autor medizinische und historische Argumente zum Beweis, wie aus den Hormonproblemen des Kaisers Weltprobleme geworden seien. Seine Gedankengänge erschienen mir wunderbar ansprechend, dramatisch und zutreffend.

Heute bin ich weniger überzeugt; teils wegen der Fragwürdigkeit des Falles, zum Teil aber auch, weil ich eine gleichermaßen eingehende Darlegung gelesen habe, daß der Schlüssel zu Napoleons Persönlichkeit nicht in seiner Schilddrüse, sondern in einer gewissen Trägheit seiner Hypophyse zu suchen sei, während ein dritter Autor der Auffassung zuneigte, eigentlich müsse man von den angeblich winzigen Hoden des Kaisers Aufschlüsse herleiten. Ich habe ähnliche Thesen gelesen; Plotins Philosophie etwa sei aus seiner Opiumsucht erblüht; El Grecos

Spätstil, gekennzeichnet durch zittrige, ranke Gestalten, sei weniger auf Inspiration als auf seinen Astigmatismus zurückzuführen; Dantes Genie komme bereits in der Form seines Hinterkopfes zum Ausdruck; Hitler habe die Schlacht um Stalingrad verloren, weil er wegen Verstopfung in halsstarrige Raserei verfallen sei.

Schattenwurf der Napoleonischen Drüsen! So vereinfachend und vielleicht sogar kauzig solche Theorien auch erscheinen mögen – sie üben dennoch einen eigenartigen Reiz aus. Man erlebt fasziniert mit, wie sich Medizin, Biologie, Geschichte und andere Fächer miteinander verzahnen, um das komplizierte Webmuster des Daseins widerzuspiegeln. Man geht mit Vergnügen geistiger Detektivarbeit nach – insbesondere dann, wenn uns dadurch eine bisher verborgene schlüssige Methode zur Entschlüsselung der Rätsel der Gesundheit, des Verhaltens und der Geschichte in die Hand gelegt wird. Auch besitzen wir eine unstillbare, primitive Neugier – die sich auf den eigenen Körper wie auf Berühmtheiten gleichermaßen richtet. Was jedoch das wichtigste ist: Solche Theorien appellieren an die vernünftige Überzeugung, daß die Ausformung der Persönlichkeit und des Verhaltens durch den Leib beeinflußt wird.

Die Wurzeln des Charakters und der Handlungen werden seit langem in der Physis gesucht. Diese Suche durchzieht die Humoraltheorie ebenso wie Phrenologie, Chiromantie, Somatopie, Verhaltensgenetik und Neuroendokrinologie. Es wirkt einleuchtend, daß Wehwehchen oder Juckreize, die das Geschäfts- oder Liebesleben des Durchschnittsbürgers beeinträchtigen, bei Staatschefs zu historischen Kräften werden können. Wir wissen, daß ein Adrenaltumor zu Psychosen führen kann, daß eine Bleivergiftung Halluzinationen nach sich ziehen kann, daß Tuberkulose außerordentliche Gemüts- und Persönlichkeitsveränderungen hervorrufen kann. Franklin D. Roosevelts Lebenslauf wurde durch seine Kinderlähmung mit Sicherheit tiefgreifend geprägt; bei Edison war seine Taubheit, bei Dostojewski die Epilepsie der prägende Faktor. Zudem ist in unserem Jahrhundert weithin erkannt worden, auf welche Weise der Organismus durch soziale und psychologische Kräfte beeinflußt wird. Die Sozial- und Verhaltenswissenschaften unter Einschluß des neuen Sachgebiets der Psychohistorik haben an der Suche nach dem Verständnis der Menschheitsgeschichte, der Gesundheit und der Zukunft des Menschen großen Anteil.

Versuche, nicht nur Individuen, sondern auch kleinere und größere Populationen zu verstehen, waren und sind vom Erfolg gekrönt. Die herkömmliche Geschichte der Medizin konzentriert sich gewöhnlich darauf, zu erklären, wie Pocken, Pest und Typhus Heere und ganze Zivilisationen auslöschen konnten. Dies ist wohl wissenswert, und weiteres Wertvolles harrt seiner Entdeckung, aber dennoch bleiben viele Fragen offen. Familien, Dörfer und Völker wurden von erblichen Eigenarten heimgesucht oder geformt – angefangen bei der Hämophilie des Hauses Romanow bis hin zur Sichelzellanämie, die den Schwarzafrikaner vor Malaria, dem größeren Übel, bewahrt. Ernährung, Klima und eine Vielzahl von biologischen Uhren können das Verhalten nachhaltig beeinflussen. Veränderte Ernährungsweise und technologischer Wandel haben die Umwelt von Individuen, Gesellschaften und die gesamte Biosphäre seit Zehntausenden von Jahren umgeformt. Viren können wie schwebende Brokken genetischer Substanz wirksam werden, und das in jüngster Zeit explosionsartig ausgeweitete Wissen um deren Wesen und Möglichkeiten legt beunruhigende Gedanken über Ursprünge und Zukunft unserer Spezies nahe.

Es gibt einige wenige Versuche, die uns aus den medizinischen, biologischen und behavioralen Wissenschaften verstärkt zufließenden Informationen zu integrieren und zwecks Interpretation der Vergangenheit des Menschen nutzbar zu machen. Diese Versuche nenne ich ›Biohistorik‹. Dabei handelt es sich um mehr als die bloße Anhäufung von Kuriosa über die Gebrechen der Berühmtheiten und Anekdoten über die Seuchen der Vergangenheit. Biohistorik nimmt Bezug auf die Geschichte der Medizin, auf Psychohistorik, Archäologie, Biologie, Ökologie, Psychiatrie – auf jeden Aspekt des geselligen Wesens Mensch –, um die Vergangenheit und deren Einflüsse auf unsere Gegenwart und Zukunft zu untersuchen. Die Biohistorik befaßt sich mit Individuen, Familien, Bevölkerungen und unserer Spezies im Zuge ihrer mit der Veränderung des Ökosystems einhergehenden evolutionären Fortentwicklung. Um nur wenige Beispiele zu nennen, sie kann:

– aus der Untersuchung von Frakturtypen und Wachstumslinien prähistorischer Knochen das Ausmaß der Aggressivität eines untergegangenen Volkes herleiten; sie läßt auf dessen Ernährungsweise und Gesundheitszustand, Arbeitsteilung zwischen den Geschlechtern und gelegentlich auch auf dessen technologischen Stand, Religion und auf anderes Rückschlüsse zu.

– die Geschichte der Wissenschaft und der Kunst mit dem heutigen medizinischen Wissen kombinieren, um den Wahrheitsgehalt der Annahme zu überprüfen, daß zum schöpferischen Genius jederzeit ein Quentchen Wahnsinn gehört.

– durch Blutgruppenvergleich zwischen mumifizierten Leichen und Zeitgenossen herausfinden, wie sich Angehörige von Kulturen ohne überlieferte Geschichte physisch und kulturell entwickelt haben, welche Wanderungen sie unternahmen und wie sie sich im Laufe der Jahrtausende mit anderen Völkern vermischt haben.

– gedanklich vorwegnehmen, wie sich durch den Gebrauch von chemischen Verhütungsmitteln die gefühlsmäßigen Beziehungen zwischen Mann und Frau, die Kriterien der Partnerwahl und mithin die evolutionäre Zukunft des Menschen umgestalten werden.

Biohistorik ist ein ungemein weites Feld. Die ersten Kapitel dieses Buches untersuchen die Lebensläufe von Einzelpersonen, um mit Handwerkszeug und Methoden des Biohistorikers vertraut zu machen. Spätere Kapitel gehen darüber hinaus und setzen diese Werkzeuge bei Gemeinschaften und größeren Populationen an. In den letzten Abschnitten vergrößert sich der Blickwinkel, um die gesamte menschliche Rasse und ihre Umwelt mit einzubeziehen. Bei jedem Kapitel handelt es sich um eine Fallstudie, in der einige Themen, Techniken und Möglichkeiten dieses interdisziplinären Unterfangens zum Ausdruck kommen. Die Bibliographie, wenn auch nach formalen wissenschaftlichen Standards weder erschöpfend noch vollständig, gibt dem Leser Gelegenheit, der Biohistorik tiefer schürfend nachzugehen.

All dieses führt beträchtlich weiter als meine erste biohistorische Fallstudie, die Frage nämlich, ob Napoleons Drüsen oder anderen seiner Organe zu Recht eine geschichtliche Rolle zugeschrieben wird. Ich halte dieses Kapitel für eine geeignete Einführung in das rätsellösende Wesen der Biohistorik mitsamt ihrer – auch mißbräuchlichen – Nutzung und Faszination.

1. Kapitel

NAPOLEONS DRÜSEN

Wenn's den Großen juckt

Die einfachste, Frage, die sich an die Biohistorik richtet, lautet: Müssen sich wirklich Millionen kratzen, wenn es einen Großen juckt? Dies ist keine willkürliche Metapher. Viele von uns hörten von Napoleons Beschwerden erstmalig vermittels der scherzhaften oder auch ernstgemeinten Geschichte, er habe stets eine Hand unter den Mantel geschoben, um sich zu kratzen oder seinem schmerzenden Magen etwas Erleichterung zu verschaffen. Als ich, damals noch auf der Volksschule, diese Mär vernahm, war ursächlich von Läusen oder ›Manager-Magen‹ die Rede. Napoleon litt tatsächlich unter furchtbarem Juckreiz und Magenverstimmungen, die nicht nur seine Posen beeinflußten.

Napoleon selbst behauptete, er habe sich 1793 bei der Belagerung von Toulon Skabies zugezogen, eine sehr ansteckende Hautkrankheit, die gemeinhin als ›Krätze‹ bezeichnet wird. Das mag sein, er litt aber auch an schwerer Neurodermatitis bzw. nervösem Hautjucken, das ihn zeitlebens ab und an überkam. Dieses ist oft die Folge von streßbedingtem, zwanghaftem Kratzen. Napoleon sagte einmal ›Ich lebe nur von meiner Haut‹. Man weiß, daß er an Gesichtspickeln so lange herumkratzte, bis sie dermaßen bluteten, daß sich seine Soldaten fragten, ob er vielleicht verwundet sei. Bei nervlicher Anspannung kratzte er gelegentlich an einer alten Beinverletzung herum; wenigstens einmal trieb er es so arg, daß Blut herausschoß – ›um ein Ventil (für mutmaßlich schädliche Säfte) zu öffnen‹, sagte Napoleon. Die ausgedehnten Bäder, die er zu nehmen pflegte, mögen ebenfalls zum Teil zur Linderung seines Hautjuckens gedacht gewesen sein. Möglich, daß er sich auch auf andere Art vom Streß befreit hat; in seinem Buch ›Adler's Place in Psychology‹ behauptet Lewis Way, daß Napoleon vor der Schlacht masturbiert habe, um wenigstens etwas von seiner ungeheuren Anspannung zu lösen.

Bonapartes sprühende Energie und sein Leben am Rande einer immerwährenden Krise riefen andere Symptome hervor. Er litt unter Wutanfällen, Weinkrämpfen, Nervenzucken, migräneartigem Kopfschmerz, Benommenheit und Ohnmachtsanfällen. Dazu gab es noch ein vertraulicheres, demütigenderes Symptom, welches nach Dr. William Obers Ansicht ›das Rätsel von Waterloo‹ erklärt – gemeint ist Napoleons merkwürdige Unfähigkeit, den in jener Schlacht erzielten Anfangsvorteil zu nutzen. Man muß sich das Argument bis zu Ende anhören, ehe man sich über die post-obduktive Diagnose in Obers Essay ›Seats of the Mighty‹ lustig macht: Napoleon habe qualvoll an Hämorrhoiden gelitten, die für seine Entthronung auf dem Felde von Waterloo mitverantwortlich gewesen seien.

Napoleons Hämorrhoiden machten sich, wie sein nervöses Jucken, oftmals vor und während der Schlacht bemerkbar; zu Zeiten also, da man die Soldaten traditionellerweise ermuntert: ›Kneift die Arschbacken zusammen!‹ Versucht man, Streß und heftige Gefühlsaufwallungen unter Kontrolle zu bringen, so pflegt sich dabei der Schließmuskel zu verkrampfen; längere Anspannung und Überdehnung beim Stuhlgang können zu pochenden Krampfadern, Fisteln und anderen Schäden des empfindlichen Anorektalgewebes führen. Unregelmäßiges Essen, Verstopfung und zu seltene Reinigungsbäder – samt und sonders gefechts- und krisenbedingte Gegebenheiten – tragen ursächlich oder verstärkend zu derartigen Beschwerden bei. Wenn 25 Prozent aller Amerikaner Hämorrhoiden und Darmfisteln nicht unbekannt sind, so finden das höchstens die nichtbetroffenen drei Viertel spaßig. Sitzen kann eine Qual sein, Gehen eine Folter; praktisch jede Körperhaltung, Liegen eingeschlossen, ist erbärmlich. Brennender Schmerz begleitet einen auf Schritt und Tritt; die Folge sind Raserei, Wutausbrüche und Erschöpfung. Ausgedehnte heiße Bäder gehören zu dem wenigen, was bei Hämorrhoiden Linderung verschafft; Napoleons eifriger Gebrauch des Zubers wird dadurch wohl eher erklärt als durch Krätze.

Napoleon litt bereits als Endzwanziger unter Hämorhoiden; die Beschwerden hielten bis zum Ende seiner militärischen Karriere an. Während des Rußlandfeldzuges kam es zu einem fürchterlichen Anfall, der sich 1815 auf möglicherweise verhängnisvolle Art wiederholte. In jenem Jahr war er von Elba entwichen und hatte sich über die Alpen nach Paris durchgeschlagen; unterwegs hatte er einen leichten Anfall erlitten. Während er in Paris Schlachtpläne schmiedete, klangen die Beschwerden ab, aber um den 13. Juni herum, auf der Straße nach Waterloo, überkam ihn der Anfall erneut mit voller Wucht. Mit Hämorrhoidalschmerz reiten zu müssen, gehört zu dem, was man seinem ärgsten Feinde nicht wünscht. Aber Napoleon war den ganzen Tag vor der Schlacht im Sattel.

Am 17. Juni gewannen die Franzosen bei Ligny die Oberhand. Normalerweise hätte Napoleon aus seinem Vorteil flugs Kapital geschlagen, aber statt dessen lag er den größten Teil der Nacht, von Schmerzen geplagt, wach und erhob sich gegen acht Uhr morgens, erschöpft und geschwächt. Zum Entsetzen seiner Generale gab er stundenlang nicht einen einzigen Befehl aus; die feindlichen

Verbündeten ordneten zwischenzeitlich ihre Reihen, und der Vorteil der Franzosen war dahin. Tagsüber wirkte Napoleon benebelt, sprunghaft und unschlüssig; manche seiner Entscheidungen sind dem Historiker noch heute rätselhaft. Irgendwann quälte er sich auf der Straße nach Brüssel aus dem Sattel, klammerte sich bleichen Gesichts und von Schmerzen geschüttelt an einen Zaunpfahl und ließ sich danach für eine Stunde am Straßenrand rittlings auf einem Schemel nieder. Wellington sagte später, Waterloo sei einer der knappsten Siege gewesen, von denen er wisse. Daß es überhaupt ein Sieg wurde, könnte man Napoleons Erschöpfung, Schmerzen und eingeschränkter Mobilität zuschreiben. Dr. Ober sagt: ›Man kann die Geschichte nicht umschreiben, und es gibt keine Gewähr, daß Napoleon Wellington und Blücher geschlagen hätte, wenn er nicht an akuter Hämorrhoidalthrombose gelitten hätte, aber auf lange Sicht kann man es für kein Reich für zuträglich halten, auf einem so empfindlichen und anfälligen Hinterteil zu ruhen.‹ Im weiteren Text zitiert er aus der Bibel, wie der Herr die Mächtigen entthront: ›Man sagt, der Allmächtige »deposuit potentes de sede«, aber Hämorrhoiden können das auch.‹

Der Leser, der dies für eine verengte Geschichtsbetrachtung hält, sollte an den Fall des französischen Königs Ludwig XIV. denken. Dieser litt an vielem, am schmerzhaftesten aber waren seine Hämorrhoiden. Er bekam sie mit Anfang Dreißig, und nach gut fünfzehn Jahren kam eine scheußliche Analfistel erschwerend hinzu. Wenn ihn der Schmerz überkam, verfiel Ludwig in aufbrausenden Zorn, und entsprechend mag das öffentliche Wohl gelitten haben. Die königliche Malaise wurde schließlich operativ behoben; nach dem Eingriff erfreute sich Ludwig dreißig Jahre lang einer guten Gesundheit und war bei vergleichsweise guter Laune. (Es gab auch damals schon wie jederzeit Leute, die ihrem Führer überallhin zu folgen bereit waren, und so gaben einige kerngesunde Höflinge entsprechende Beschwerden vor und suchten um Fistulotomie nach.) Wir glauben eher, daß der Verstand des Menschen Geschicke lenkt, aber der große Historiker Michelet hielt Ludwigs Erlösung vom chronischen Rektalschmerz für den Wendepunkt seiner Regentschaft. Ich zum Beispiel hätte keine Lust, mich von einem Mann mit chronischen Zahnschmerzen, von einer Rektalfistel ganz zu schweigen, regieren zu lassen.

Wer noch immer glaubt, daß Napoleons Ende in seiner Nemesis begründet lag, mag ein weiteres intimes Leiden in Erwägung ziehen: Die Schmerzensschreie, die des öfteren durch Napoleons Badezimmertür zu hören waren, wurden durch Dysurie, also erschwertes, tropfenweises Harnlassen, verursacht. Zu Napoleons Lebzeiten wußten nur wenige um diese Beschwerden, und Napoleon hatte sie schwören lassen, dieses Wissen für sich zu behalten – ein Schwur, an den sie sich fünfzig Jahre lang hielten. In Sir Walter Scotts neunbändiger Napoleon-Biographie, 1827 erschienen, wird dieses Leiden nicht erwähnt. Aber in Hugo's ›Les Misérables‹, ein paar Jahrzehnte später herausgebracht, läßt sich nachlesen, daß Napoleon am zweiten Tage von Waterloo an ›lokalen Beschwerden‹ litt und den ganzen Tag lang unter ›gräßlichen Blasenschmerzen‹ reiten mußte.

Unvermittelte Dysurie streckte Napoleon bereits 1800, in der Schlacht von Marengo, nieder; die Anfälle kehrten zeit seines Lebens – oft in kritischen Augenblicken – immer wieder. Bei Borodino, während des Rußlandfeldzuges, preßte er unter unsäglichen Qualen einige Tropfen sedimenttrüben Urins heraus. Während seiner sechsjährigen Gefangenschaft auf St. Helena sah man ihn beim vergeblichen Versuch, Wasser zu lassen, oftmals mit dem Kopf gegen einen Baum gelehnt stehen. Die Schmerzen wurden so stechend, daß er kaum einmal mehrere Stunden durchschlief und Besprechungen oftmals abrupt abbrach. Zu Francesco Antommarchi, seinem letzten Arzt, sagte er einmal: ›Dies ist mein wunder Punkt, der einmal meine Todesursache sein wird.‹

Es gab zwei Gründe, daß Napoleon seine Blasenprobleme geheimhielt. Zum einen war das während seiner Ehe mit Josephine die Schwierigkeit, Nachkommen zu zeugen; viele Jahre lang reagierte er auf alles empfindlich, was Zweifel an seiner Potenz und sexuellen Gesundheit hätte aufwerfen können. Der zweite Grund war das Gerücht, daß er nach einem langen Feldzug zu Josephine als Geschlechtskranker zurückgekehrt sei. Seine Ärzte stellten sich diesem Gerücht ebenso beharrlich wie vergeblich entgegen. Das Gerede über ein ›sexuelles Leiden‹ hob wieder an, als die alliierten Kommissare ihn nach Elba ins Exil schickten. Der preußische Interessenvertreter, Graf Truchseß von Waldburg, der diesen Vorwurf erhob, mag von Napoleons Schwierigkeiten mit dem Wasserlassen auf eine Geschlechtskrankheit geschlossen haben. Es gibt keinen überzeugenden Beweis, daß Napoleon jemals Tripper oder Syphilis gehabt hätte, aber die Unterstellung tauchte vor und nach seinem Tode sporadisch immer wieder auf. Bei der Autopsie fanden sich in seiner angegriffenen Blase Gries und kleinere Steine, die für seine Schmerzen beim Urinieren hinreichend Grund liefern.

Dermatitis, Hämorrhoiden und Dysurie waren nicht die einzigen Streßbarometer Napoleons; Dr. Yvan, von 1796 bis 1814 Napoleons Feldarzt, schrieb: »Des Kaisers Verfassung war hochgradig nervös. Er war sehr empfänglich für emotionale Einflüsse, und der Krampf befiel gewöhnlich entweder den Magen oder die Blase.« Sein Magen hat ihn, wie seine Blase, wahrscheinlich einige Schlachten gekostet. Als er 1813 bei Dresden drauf und dran war, die Alliierten in die Flucht zu schlagen, streckten ihn Magenbeschwerden und Erbrechen nieder, so daß er den Oberbefehl an Untergebene abtreten mußte, die sodann seinen guten Start verpfuschten. Zwei Monate später, in der Völkerschlacht bei Leipzig, warf ihn eine ähnliche Attacke nieder. Im übrigen überkamen ihn gelegentlich erschöpfende Hustenanfälle – vielleicht psychosomatischer Natur, vielleicht aber auch die Folge einer leichten tuberkulösen oder sonstigen Lungeninfektion. Schließlich hatte er aber auch noch andere innere Schmerzen. Wie Fauvelet de Bourrienne, Napoleons Sekretär, festhielt, begann der Kaiser 1802 unter solchen Schmerzen in seiner rechten Seite zu leiden, daß er sehr erregbar wurde und (nach de Bourriennes Ansicht) manche seiner Entscheidungen wahrscheinlich dadurch beeinträchtigt waren. Napoleon knöpfte oftmals seinen Rock auf, stützte sich auf die rechte Lehne seines Sessels und schrie seine Schmerzen heraus. Auch begann er, die Linke unter dem Rock auf die schmerzende Stelle zu drücken.

Es sieht so aus, als seien Napoleons Leibschmerzen teils in der Lebergegend, teils im Magenbereich angesiedelt gewesen. Als er auf St. Helena sehr krank darniederlag und seine Magenbeschwerden fürchterlich quälend waren, teilte Napoleon seinem Arzt mit, daß sein Vater bereits als Enddreißiger an Magenkrebs gestorben sei und er befürchten müsse, daß diese Krankheit in seiner Familie heimisch sei. Deswegen verlangte er eine Autopsie, deren Ergebnisse seinem Sohn übermittelt werden sollten. Die Obduktion ergab, daß Magenkrebs als unmittelbare Todesursache anzusehen sei, aber bis heute stellen Andersdenkende Mutmaßungen über andere Krankheiten an, und manche haben sich gar auf Mord oder Totschlag festgelegt.

Der Fall bleibt aktuell, weil Napoleons Leben, Gesundheitszustand und Tod jederzeit mit politischen Implikationen befrachtet waren; in seinen letzten Lebensjahren galt sein Gesundheitszustand als potentieller Propagandasprengstoff. Man stelle sich vor, Hitler hätte den Zweiten Weltkrieg überlebt und wäre, von englischen Beamten und Ärzten überwacht, auf eine kleine Mittelmeerinsel verbannt worden. Feinde, Anhänger, Nazi-Opfer und weltweit verstreute Krypto-Nazis würden aus jedem Schnupfen oder jedem bei Gesundheit verbrachten Tag Gefahr oder Beruhigung herauslesen. Die Welt würde sich an das leiseste Gerücht klammern, und überall würden die Völker in seiner Behandlung oder Falschbehandlung, in seinem Leben oder Sterben Bedrohung oder Verheißung sehen. Wahrscheinlich könnte keine Darlegung der Ursachen jedermann befriedigen. Bei Napoleon war es halt nicht anders.

Streit gab es bereits über die Insel selbst, sobald St. Helena als Napoleons Verbannungsort ausersehen war. Viele Franzosen befürchteten, man habe Napoleon in ein subtropisches Pestloch gesteckt, damit er dort ohne eigenes Zutun an echten oder vermeintlichen Krankheiten zugrunde gehe. Papst Pius VII., von Napoleon einmal arretiert und erniedrigt, bat um dessen Freilassung, weil er ›die zerklüftete Insel St. Helena der Gesundheit auf tödliche Weise für abträglich ...‹ hielt. ›Der arme Verbannte stirbt zollweise.‹ Sir Walter Scott nannte den Verbannungsort später ›eine Teufelsinsel‹ und bezeichnete Sir Hudson Lowe, deren Gouverneur, als ›gedungenen Mörder‹.

Wie nicht anders zu erwarten, rückten die Engländer den Aufenthaltsort in übertriebene Nähe zu einem luxuriösen Kurort. Das Klima dort war im Grunde genommen feucht, aber gemäßigt – man hätte sich Besseres oder Schlechteres ausdenken können. Manche Krankheiten waren dort, wie in einem großen Teil des Mittelmeerraums auch, endemisch, und Napoleons Unterkunft war unbehaglich und unhygienisch. Was den Engländern aber, die Napoleon bereits einmal von einer Verbannungsinsel hatten zurückkehren sehen, wohl das wichtigste war: Die Insel war klein, abgelegen, kaum besucht; auch ohne Gitter also das vortrefflichste Gefängnis für den bedeutendsten Häftling dieser Erde. Alles in allem wurde Napoleon kleinlich behandelt, und die Engländer hofften wohl, daß er seine Tage auf St. Helena sehr bald beschließen würde, aber wahrscheinlich waren sie nicht so ungeschickt, ihn erkennbar schlecht oder falsch zu behandeln.

Im Jahre 1816 aber, Napoleon befand sich im zweiten Jahr auf der Insel, stellte er geschwollene Beine und dumpfen Schmerz in seiner rechten Seite fest. Dr. Barry O'Meara von der Königlichen Marine diagnostizierte Hepatitis und verordnete Abführmittel und weitere wirkungslose Medikamente. O'Mearas Diagnose und sein wachsendes Mitleid mit Napoleon brachten ihn auf Kollisionskurs mit Gouverneur Lowe, der den Arzt 1818 arretierte und nach England zurückschickte. Dort machte O'Meara gewisse Andeutungen, daß Lowe angeordnet habe, Napoleons Tod zu beschleunigen. O'Meara wurde aus der Kriegsmarine entfernt. Die Historiker mißtrauen ihm gemeinhin als einem destruktiven Schwätzer und stellen ihn als einen Mann von möglicherweise geteilter politischer Zuverlässigkeit hin; was aus britischer Sicht trotz allem aber als sein schwerstes Verbrechen zählt, war, Hepatitis zu diagnostizieren, wodurch allen jenen Munition in die Hand gegeben wurde, die eine Falschbehandlung Napoleons unterstellten. O'Mearas anstößige Behauptung aber wurde sehr bald wiederholt. Napoleon, dessen Gesundheitszustand weiterhin unbeständig blieb, hatte im Januar 1819 einen Schwäche- und Ohnmachtsanfall. John Stokoe, der als britischer Marinearzt hinzugezogen wurde, diagnostizierte Hepatitis. Lowe, wutentbrannt, warf dem Arzt medizinische und politische Schnitzer vor; Stokoe mußte aus der Marine ausscheiden. Eher nach Lowes Geschmack war wohl ein Abgesandter des britischen Außenministers, der Napoleons Krankheit nicht hepatisch, sondern ›diplomatisch‹ nannte.

Im Oktober 1820, nach einer Phase relativ guter Gesundheit, erlitt Napoleon nach einem seiner heißen Bäder einen Kollaps. Heftiges Erbrechen machte ihm zu schaffen, und er wurde zunehmend kränker und schwächer. Im März des darauffolgenden Jahres trat der britische Dr. Arnott dem korsischen Arzt Dr. Antommarchi zur Seite. Arnotts Verdacht galt weniger der Leber als dem Magen. Ein paar Wochen später erbrach Napoleon schwarzen Schleim; ein Hinweis auf Magenbluten. Antommarchi faßte den grandiosen Entschluß, Napoleon ein scharfes Abführmittel zu verabreichen; der Patient wand sich daraufhin qualvoll auf dem Fußboden, was den Arzt aber nicht von weiteren Applizierungen abhielt. Anfang April klagte Napoleon über schneidende Magenschmerzen. Arnott verschrieb nun, wie Antommarchi, weitere Abführmittel. Heutzutage ruft die Einschätzung der beiden Bestürzung hervor; das Purgieren eines Patienten von Napoleons Verfassung erscheint als Böswilligkeit. Seinerzeit aber bedachten die Ärzte geschwächte oder sterbende Patienten gewöhnlich mit Abführmitteln, Aderlaß oder Zugpflastern.

Die Berichte über Napoleons Gesundheitszustand blieben weiterhin durch politischen Druck und ärztliche Unkenntnis geprägt. Anfang April behauptete Arnott noch immer, der Gefangene leide einzig und allein an Dyspepsie, und seine Krankheit sei hauptsächlich geistiger Art. Während Arnott noch von Hypochondrie schrieb, begann Napoleon zu fiebern und wurde hinfällig; er vermutete Magenkrebs im Endstadium und schrieb einen neuen Letzten Willen. Am 25. April erbrach er etwas, was nach Kaffeesatz aussah – geronnenes Blut; ein Hinweis auf ein blutendes Magengeschwür, Krebs oder einen anderen kritischen Zustand des Verdauungskanals. Am 5. Mai starb Napoleon, nachdem er die letzte Woche immer wieder in Ohnmacht und Delirium gefallen war.

Napoleon hatte eine Autopsie verlangt, und die Welt erwartete eine Obduktion.* Der Stab des Kaisers und mehr als ein Dutzend Beobachter, die meisten von ihnen britische Sanitätsoffiziere, versammelten sich im Billardzimmer und sahen Antommarchi bei einer Leichenöffnung zu, die nicht einmal nach den Standards jener Zeit gründlich zu nennen gewesen wäre. Der Magen hatte ein Loch, ›groß genug, um einen kleinen Finger hindurchzustecken‹, aber das Organ klebte an der Leber fest, so daß der Durchbruch blockiert war. Nur Napoleons Gesicht und Waden ließen die bei Magenkrebs typische gräßliche Auszehrung ansatzweise erkennen; Magenbluten, -durchbruch und wahrscheinliche Bauchfellentzündung (sämtlich vermutlich durch Abführmittel forciert) haben Napoleon allem Anschein nach ein langes Leiden erspart. Ein kanzeröser, perforierter Magen wird heute überwiegend als Todesursache Napoleons angenommen.

Die britische Regierung und Sir Hudson Lowe müssen erfreut gewesen sein, behaupten zu können, daß Napoleon demselben Leiden erlegen sei wie sein Vater und mehrere seiner Verwandten auch. Aber seither bringt eine kleine, aber bedeutsame Minderheit von Ärzten und Historikern andere Behauptungen vor; sie reichen von zahlreichen Krankheiten über böswillige Vernachlässigung derselben bis hin zu regelrechtem Mord. Deren Ansichten bewegen sich zwischen ernsthaften wissenschaftlichen Theorien und politischen Unterstellungen.

Die angebliche Hepatitis – eine Diagnose, die der Kar-

---

*Arnott bezeugt, daß Napoleon Krebs befürchtete; sein Verlangen nach einer Autopsie ist bei Antommarchi belegt, manche Autoren indes zweifeln die Behauptungen der beiden an. Im Grunde genommen gibt es über Napoleons letzte Jahre nur wenige verläßliche Zeugnisse. Alles in allem halte ich dafür, Antommarchi und ganz besonders Arnott in diesem Punkte glauben zu dürfen.

riere zweier königlich-britischer Marineärzte ein Ende setzte – wird als Todesursache beinahe ebensooft in Betracht gezogen. Bei der Autopsie untersuchte und sezierte Antommarchi Napoleons Leber und erklärte sie für mit Blut überfüllt und vergrößert, indes frei von eitrigen oder krebsartigen Geschwülsten. Dr. Shortt, einer der der Obduktion beiwohnenden britischen Ärzte, behauptete, die Leber sei »sehr groß, blutgefüllt... und von chronischer Hepatitis angegriffen« gewesen. Dr. Arnott und drei weitere englische Ärzte bestritten dies. Gouverneur Lowe ließ Shortts Ansicht aus dem offiziellen Obduktionsbericht streichen und die Leber offiziell als »vielleicht ein wenig größer als normal« bezeichnen.

Shortts Auffassung wurde später wiederholt, denn Antommarchi schrieb in seinen Memoiren, daß die Leber tatsächlich von chronischer Hepatitis angegriffen gewesen sei und daß Napoleon im Grunde genommen an einer chronischen Entzündung des Magen-Darm-Kanals (wahrscheinlich Amöbenruhr) gestorben sei – eine auf St. Helena übliche Erkrankung. Heute fragt man sich, ob Antommarchi, um St. Helena und die Engländer in Schutz zu nehmen, in seinem Autopsiebericht gelogen hat oder ob er später die Unwahrheit sagte, um sein Außerachtlassen der Krebssymptome zu rechtfertigen. O'Meara und andere hatten geschrieben, St. Helena sei für Magen-Darm-Erkrankungen berüchtigt; Sir Walter Scott, der die Insel nur wenige Jahre nach Napoleons Tod besuchte, fand im dortigen Hospital nicht einen einzigen derartigen Krankenbericht vor. Manche französische Historiker behaupten, solche Berichte ließen sich ohne weiteres ändern.

Trotzdem behaupten manche Autoren, St. Helena sei wirklich ein einziger Sumpf von Hepatitis, Dysenterie und medizinischer Nachlässigkeit gewesen. Der französische Arzt R. Brice und der Amerikaner Ralph Korngold schrieben vor nicht langer Zeit, Napoleon sei an einem durch Amöbenhepatitis verursachten Leberabszeß gestorben. Ein französischer Arzt namens Abbatucci schießt gleich aus zwei Rohren: »Napoleon starb an den Folgen eines durch Amöbenruhr komplizierten Leberabszesses...« Manche dieser Autoren scheinen jederzeit geneigt, aus Napoleon ein Opfer oder gar einen Märtyrer zu machen, und da fragt man sich doch, wie ein verhängnisvoller Leberabszeß bei der Autopsie selbst unwilligen Augen entgehen konnte. Eigentlich aber geht es nur um die Frage, ob man der englischen Bosheit die Schuld geben will, daß Napoleon Amöben ausgesetzt wurde, die ihn schwächten und möglicherweise umbrachten.

Manche Anschuldigungen sind noch schwerer, dazu gehört auch der von Bonaparte selbst erhobene Vorwurf. In einem wenige Wochen vor seinem Tode verfaßten Testament führt er aus: »Ich sterbe vorzeitig, ermordet von der englischen Oligarchie durch die Hand des von ihr gedungenen Mörders. Das englische Volk wird nicht versäumen, mich zu rächen.« Wie ein großer Teil des Testaments auch, so scheint dies ein berechneter Hieb zu sein, denn Napoleon liebte das politische Dramatisieren. In diesem Testament wird auch der Glaube an eine Kirche, den er persönlich leugnete, und die Treue zu einer Ehefrau behauptet, die just die Geliebte eines anderen geworden war. Dennoch, die unmittelbare Anschuldigung des Giftmordes wurde erst 1962 erhoben – auf Grund von Beweismitteln, die von Napoleon selbst stammten.

In seinem Letzten Willen ordnete der sterbende Kaiser an, seinen Kopf kahlzurasieren und die Haarlocken Angehörigen seines Gefolges zu übergeben. Zwei seiner Diener stellten die Haare sicher, und fast anderthalb Jahrhunderte später wurde dieses Haar von Sten Forshufvud, einem an Toxikologie interessierten schwedischen Zahnarzt, mehreren Labortests unterzogen: Man entdeckte einen hohen Arsengehalt. Forshufvud brachte vor, daß Arsen in kleinen Dosen unauffällig verabreicht werden kann, bis sich im Organismus die tödliche Menge angesammelt hat. Die inneren Organe sind bald verwest; anders aber verhält es sich mit Haaren und Fingernägeln: In ihnen bleibt eine bestimmbare Menge des von einem Menschen aufgenommenen Arsens zurück; das Gift läßt sich noch Jahrzehnte oder gar Jahrhunderte später aufspüren. Forshufvud gab vor, Napoleon sei an vorsätzlicher oder versehentlicher Arsenvergiftung gestorben. Ein Versehen schloß er deswegen nicht aus, weil Arsen zu Napoleons Zeiten in der Medizin weithin verwendet wurde. Dieser Theorie wurde bei ihrem Aufkommen große internationale Beachtung zuteil, überzeugen konnte sie indes nur wenige.

Jahrzehnte später fand Forshufvuds Theorie noch einmal große Aufmerksamkeit; er hatte nicht davon abgelassen, und ein Autorenteam schrieb über seine Arbeiten ein populäres Buch (Ben Weider/David Hapgood: DER MÖRDER NAPOLEONS, Bayreuth 1983). Forshufvud ließ Napoleons Haare von Fachwissenschaftlern in kleine Stückchen zerschnitten untersuchen, um die Chronologie der Arsenaufnahme zu bestimmen. So gelangte er letztlich zu dem Schluß, daß Napoleon langsam und systematisch von einem seiner Gefolgsleute vergiftet worden sei – nicht im Auftrage der Engländer, sondern auf Veranlassung der französischen Royalisten. Vermeintliche verschwörerische Bemühungen französischer Wissenschaftler, Forshufvud bei seinen Forschungen zu behindern, stellte er als Beweis seiner These dar.

Als das Buch ›The Murder of Napoleon‹ mit diesen Einzelheiten 1982 im Original erschien, sprach ein Teil der Kritik von einem Meisterstück forensischer Medizin, der schließlich die Enthüllung eines vor anderthalb Jahrhunderten begangenen Verbrechens gelungen sei. Es gab Wissenschaftler, die weit weniger positiv reagierten. Drei Forscher, die Napoleons Haar untersuchten, fanden darin nur einen geringfügig erhöhten Arsengehalt, dafür aber um so mehr Antimon. Dieses Metall, zu Napoleons Zeiten weithin in medizinischem Gebrauch, kann bei Labortests zu Trugschlüssen auf Arsen führen. Einer dieser Forscher, Dr. Peter Lewin aus Toronto, kam zu dem Ergebnis, daß man die Giftmordtheorie begraben müsse, da der Autopsiebefund bestätigt worden sei. Ein englischer Chemiker, David Jones von der Universität Newcastle upon Tyne, untersuchte ein Stück der Tapete aus Napoleons Sterbezimmer und entdeckte darin einen hohen, wenngleich nicht tödlichen Arsengehalt. Daß ein Organismus vor oder nach dem Tode mit Arsen aus der Umwelt in Berührung kommt, gehört seit jeher zu den Schwierigkeiten, bei einer Obduktion Vergiftung zu diagnostizieren. Bleibt also der Sachverhalt bestehen, daß der Arsengehalt in Napoleons Haar hoch, aber nicht letal war und nicht als Beweis für einen Giftmord anzusehen ist.

Für Hepatitis, Dysenterie, Gift oder falsche Therapie als Todesursachen spricht meiner Ansicht nach weniger, als sich dagegen anführen läßt. Nach einer anderen Theorie, grandios und intellektuell reizvoll, aber wurde seit ihrem Aufkommen vor etwa zehn Jahren wohlwollende Aufmerksamkeit zuteil, deckt sie doch viele der Beschwerden Napoleons ab. In einem Artikel im New Yorker ›State Journal of Medicine‹ läßt Dr. Wardner D. Ayer Magenkrebs als Todesursache gelten, verweist aber zur Erklärung von Hepatitis, Dysurie, Hämorrhoiden und vielem anderen auf einen anderen Übeltäter: Schistosomiasis oder Bilharziose, die sich bei der Autopsie mumifizierter Pharaonen nachweisen ließ. Vielleicht hat sich Napoleon bei seinem ägyptischen Abenteuer mit dieser Krankheit infiziert.

Diese von Parasiten verursachte Seuche verkürzt in den tropischen und subtropischen Zonen die Lebenserwartung etlicher hundert Millionen Menschen – in letzter Zeit sind bis zu neunzig Prozent der schwarzen Rhodesier und ein Viertel der Eingeborenen Puerto Ricos und weiterer Karibikinseln betroffen. Die Krankheitsursache sind Trematoden (Saugwürmer), mikroskopisch kleine Lebewesen, denen in Tümpeln und Bewässerungsgräben lebende Schnecken als Zwischenwirt dienen. Die Larven bohren sich beim Menschen, der darin badet oder arbeitet, durch die Haut in die Blutgefäße ein und befallen Leber, Lunge, Eingeweide und ganz besonders Enddarm und Urogenitaltrakt. Dort legen sie winzige, stachelige Eier, aus denen Generationen von neuen Parasiten schlüpfen, die ihrerseits eine Vielzahl von Symptomen, Schwäche und Anfälligkeit gegen andere gesundheitliche Störungen bewirken. Beschreibungen der Krankheit finden sich schon auf mehr als dreitausend Jahre alten ägyptischen Papyri. Mark Armand Ruffer, ein früher Vertreter der Biohistorik, vermeldete im Jahre 1910, er habe sechs Mumien der zwanzigsten Dynastie obduziert und in zweien von ihnen verkalkte Eier der Schistosoma gefunden. Die Krankheitsursache war erst 1851 von dem Berliner Arzt Dr. Theodor Bilharz entdeckt worden. Nach ihm wurde die Krankheit Bilharziose, der Ursache wegen Schistosomiasis genannt; von englischen Soldaten in Afrika bekam sie den Spitznamen »Bill Harris«, während Napoleons Truppen sie als »Ägyptisches Blutpissen« verfluchten.

Napoleon war 1798/99 sechzehn Monate lang in Ägypten. Da er bereits damals schon ausgedehnte Bäder zu nehmen pflegte, mag er sich in verseuchtes Wasser gesetzt haben. Schließlich zeigte er einen Großteil der üblichen Symptome – brennenden Schmerz beim Urinieren, vergrößerte Leber, Schmerzen in der rechten Seite, Hämorrhoiden, Hautausschlag, geschwollene Knöchel, trockenen Husten und Blasengries. Von den Hämorrhoiden abgesehen, stellten sich alle diese Symptome nach seiner Rückkehr aus Ägypten ein. Unseres Wissens fanden sich bei ihm außer Hämaturie alle gravierenden Symptome. Der gelegentliche Husten und die bei der Autopsie festgestellten sog. Tuberkel in seinem oberen linken Lungenflügel mögen ebenfalls der Bilharziose zuzuschreiben sein. Anscheinend hat der Husten zu Napoleons Lebzeiten zu keinem Tuberkuloseverdacht geführt, aber Dr. Ayer weist darauf hin, daß die harten, stachligen Schistosoma-Eier Tuberkelknötchen ähnelnde Gewebeveränderungen hervorrufen können. Um zu wissen, ob dies der Fall war, bedürfte es einer mikroskopischen Untersuchung, aber die Symptome, die Napoleon zwanzig Jahre lang aufwies, lassen sich hervorragend der Bilharziose zuordnen.

Damit könnte man Napoleon mitsamt allen Theorien über Giftmord, Hämorrhoiden und Parasiten auf dem Obduktionstisch sich selbst überlassen, aber es bleibt noch eine weitere medizinische Frage, der wesentlich mehr Bedeutung als seiner Todesursache zukommt. Gemeint sind die dramatischen Veränderungen seines Aussehens, seiner Persönlichkeit und seiner Vitalität, die sich allesamt bei ihm als Enddreißiger bemerkbar machten. Napoleon beeinflußte seine Zeit mehr als jeder andere, und seine Führungseigenschaften wurden ihrerseits von den Veränderungen seines Gesundheitszustandes und seines Charakters beeinträchtigt. Damit wird unser Anfangsproblem erneut aufgeworfen: Napoleons Drüsen.

Als junger Mann war Napoleon schlank, drahtig und körperlich und geistig stark belastbar. Wie viele nach großer Macht strebende Männer verfügte er über eine ungeheure Energie; er konnte bei äußerster Konzentration intensiver und länger arbeiten als die meisten und kümmerte sich um zahllose Details. Manchmal schlief er des Nachts nur wenige Stunden und hielt tagsüber nur gelegentlich ein kurzes Nickerchen. Er war nicht nur ein bewährter Truppenführer im Felde, sondern bewies eine überschäumende intellektuelle und emotionale Vitalität – als waghalsiger Taktiker, meisterlicher Logistiker, Politiker, Gesetzgeber und Beherrscher der Massen wie Individuen. Napoleon besaß Kaltblütigkeit, Schneid und ein hervorragendes Gefühl für Theatralik – angefangen bei Wutausbrüchen, in die er sich nach Belieben steigern konnte, um sie nötigenfalls sofort wieder zu vergessen, bis hin zu einem Charme, der ihm neben Bewunderern gar Verehrer eintrug.

Mit sechsunddreißig Jahren hatte sich Napoleon gegen Ende 1804 zum Kaiser gekrönt. Im Verlauf der folgenden vier Jahre veränderte er sich rapide. Er bekam ein volles Gesicht und fleischige Hände, sein Haar wurde schütter und seidig, es zeigte sich ein erster Bauchansatz. Sein Gefühl für ›Grandeur‹ äußerte sich von vornherein so überzogen, wie sein Temperament explosiv war; mit schwindender Selbstdisziplin aber wurde beides offenbar nur schlimmer. Vertraute lernten seinen Ehrgeiz wie seine Wutanfälle fürchten. Manche glaubten ihn dem Wahnsinn nahe. Der gerissene Talleyrand zog sich von ihm zurück, er sah Napoleons Stern bereits im Sinken. Wenngleich Napoleon immer streitsüchtiger wurde, war er gelegentlich auch lethargisch und nicht fähig, sich zu konzentrieren. Während des Rußlandfeldzuges schrieb sein Kriegsminister Carnot: ›Ich erkenne ihn nicht mehr wieder. Früher war er hager, zurückhaltend und still. Jetzt ist er fett und geschwätzig. Er ist verschlafen, seine Gedanken sind unstet. Er, der Mann schneller Entscheidungen, der jedem einen Ratschlag verübelte, redet nun, anstatt zu handeln, und fragt andere nach ihren Ansichten.‹ Dies war der Napoleon, der bei Waterloo im entscheidenden Augenblick den kürzeren zog.

Diese Veränderungen wurden vor etlichen Jahrzehnten einer Schilddrüsenfehlfunktion zugeschrieben. Eine

Schilddrüsenüberfunktion allerdings reicht nicht hin, um jemanden von Napoleons Tatkraft und Genius außer sich geraten zu lassen. Und Napoleons Midlife-Veränderungen entsprechen kaum dem Erscheinungsbild eines Myxödems infolge von Schilddrüsenunterfunktion; hinzu kommt, daß schweres Schilddrüsenversagen gewöhnlich beständig oder progressiv ist, Napoleons Wesens- und Aussehensveränderungen aber waren intermittierend, atypisch. In der ersten Hälfte dieses Jahrhunderts, der Zeit großer Entdeckungen und Erwartungen auf dem Gebiet der Endokrinologie, gab es vielerlei Erklärungen auf der Basis von Störungen des Hormonhaushalts. Die Schilddrüsentheorie hat man inzwischen generell fallenlassen; von anderen, dramatischeren Mutmaßungen indes kann man das nicht sagen.

Die am hartnäckigsten vertretene dieser Theorien gründet sich auf eine Beobachtung Walter Henrys, eines der der Autopsie Napoleons beiwohnenden englischen Ärzte. Er schrieb, Bonaparte sei ganz fett gewesen, seine Haut fahl und zart bei Fehlen fast jeder Körperbehaarung. ›Das Schambein‹, schrieb er später, ›erinnerte stark an den Venushügel der Frauen. Die Brustmuskulatur war schwach ausgebildet, und die Schultern waren schmal, die Hüften breit. Penis und Testikel waren sehr klein, und der ganze Geschlechtsapparat lieferte offenbar die physische Ursache für das Fehlen jeden sexuellen Verlangens wie für die Enthaltsamkeit, was beides dem Verblichenen nachgesagt wird.‹

Fast hundert Jahre später, im Zuge bahnbrechender Erkenntnisse über die Wirkung von Sexual- und Wachstumshormonen, führten Henrys Aufzeichnungen dann zu einer neuen Diagnose: Dr. Leonard Guthrie, ein Londoner Neurologe, schrieb 1913, der Kaiser habe die Fröhlichsche Krankheit (Dystrophia adiposo-genitalis) gehabt. Darunter versteht man eine unzureichende Funktion der Hypophyse, der Hirnanhangdrüse, die den größten Teil des endokrinen Systems steuert und Wachstum, Sexualität und Gefühlsleben beeinflußt. In schweren Fällen kommen Körper- und Sexualentwicklung zum Stillstand, folgen Fettleibigkeit, Minderung der Verstandeskräfte und Nachlassen der physischen und geistigen Energie. Der britische Urologe J. Kemble schrieb Napoleon ›zurückgebliebene Genitalien‹ zu. Dr. A. Cabanes bezeichnete Napoleon unter Verweis auf dessen Korpulenz, seidiges Haar und fleischige Hände als Hypophyseneunuchen.

Andere gingen noch weiter. Sir Derrick Dunlop nannte eine Beschreibung Napoleons ›eine bewundernswerte Darstellung des jugendlichen Eunuchoiden bzw. Klinefelterschen Kranken‹. Beim Klinefelterschen Syndrom handelt es sich um eine genetische Abnormität, die oftmals von Kindheit an zu geringer Libido, Sterilität und femininem Aussehen führt. Heutzutage behaupten noch immer zahlreiche Autoren, eine zunächst überschäumende Hypophyse sei für Napoleons Höhenflug verantwortlich gewesen; als diese, ausgebrannt und erschöpft, die Hormonproduktion weitestgehend eingestellt habe, seien Fettleibigkeit, Impotenz, Übellaunigkeit und träge Stumpfheit die Folge gewesen. Andere behaupten, er sei zu seinen Taten getrieben worden, um physische – insbesondere geschlechtliche – Mängel zu kompensieren.

Die Suche nach Beweisen für Napoleons ›zurückgebliebene Genitalien‹ und seinen ›Hypogonadismus‹ führt in ein Gestrüpp von Unklarheiten. Zunächst einmal ist Henrys ursprüngliche Beobachtung mit Vorsicht aufzufassen; ihm ging es offenbar um Effekthascherei. Unmittelbar nach Betonen von Napoleons Korpulenz sagte er: ›Der ganze Körper war schmächtig und effeminiert.‹ Offensichtlich versuchte er den Eindruck mangelnder Virilität auf jede nur mögliche Weise zu stützen. Da fragt man sich, ob er überhaupt die simple Tatsache in Betracht zog, daß Penis und Skrotum sich oft nach Eintritt des Todes kontrahieren.

Jeder, der Napoleons Kurz- und Fettleibigkeit herausstrich, hat eigentlich wohl ein bißchen übertrieben. Napoleon war über 1,67 m groß, er hatte damit wahrscheinlich die Durchschnittsgröße des Franzosen seiner Tage. Die weithin unterstellte Kurzleibigkeit rührt von einer unzulänglichen Übersetzung des alten französischen Längenmaßes ›pieds de roi‹ her; die bei der Autopsie gemessenen französischen fünf Fuß und zwei Zoll kommen bei korrekter Umrechnung auf fünf Fuß und sechseinhalb Zoll nach englischem Maßsystem; seine wahre Größe entspricht also etwa 1,692 m. Während seiner untätigen, zumeist im Sitzen verbrachten Jahre auf St. Helena machte sich Napoleon über seine unsoldatische Plumpheit und glatte Haut lustig; eine Frau, sagte er, könnte ihn um seine Arme und Brüste beneiden. Man kann aber nicht mit Sicherheit davon ausgehen, daß seine körperlichen Veränderungen unnatürlich waren. Viele hormonell normale Männer haben nur geringe Körperbehaarung, und auch bei ihnen bilden sich, sobald sie mittleren Alters sind, Speckrollen über untrainierter Brustmuskulatur wie über dem Schambein. Selbst Kemble, der an eine Funktionsschwäche der Napoleonischen Hypophyse glaubt, verweist zur Vorsicht darauf, daß ›die breiten Hüften eher vermeintlicher als wahrer Natur waren und statt dessen auf Fettablagerungen zurückzuführen sein können, die ihrerseits die Schultern vergleichsweise schmal erscheinen ließen‹. Napoleons Hände wurden stets als klein bezeichnet; es überrascht kaum, daß sie pummelig wurden, sobald er Fett ansetzte. Schließlich sollten wir auch bedenken, daß alle, die einen Titanen erwartet hatten, vielleicht enttäuscht waren, auf einen durchschnittlich großen Mann mittleren Alters zu treffen, dessen schmächtiger Körperbau langsam von Fett überlagert wurde.

Auch Napoleons ›Keuschheit‹, Impotenz oder Sterilität – angeblich Beweis für eine problematische Hypophyse – sind anzuzweifeln. Napoleons Sexualleben war zu seinen Lebzeiten Thema unaufhörlicher Klatschereien – hauptsächlich, weil Josephine ihm keinen Erben zu schenken vermochte. Er schwängerte zwei andere Frauen, fühlte sich bestätigt, nahm sich eine zweite Frau und zeugte mit ihr und manchen Mätressen weitere Kinder. Er zeigte wenige, heftige romantische Gefühlsregungen – sie galten seinen beiden Frauen und seiner polnischen Geliebten, der Gräfin Maria Walewska –, ansonsten aber war er wohl ein hastiger ›Vergewaltiger‹. Allem Anschein nach faßte er Sex wie Nahrungsaufnahme auf; ließen ihm Feldherrnkunst und Regierungsgeschäfte einmal eine Atempause, brachte er beides in Windeseile hinter sich. Er ließ gelegentliche Bemerkungen über seine ›Schwäche beim Liebesspiel‹ fallen und kommentierte damit Vertrauten gegenüber das Gerede über seine angebliche Sterilität. Im Kontext lassen seine Worte höchstens auf gelegentliche psychogene Impotenz schließen, insbesondere während der letzten bitteren Jahre seiner kinderlosen Ehe mit Josephine. Kurzum, Napoleon war offenbar ein ungeschickter, sporadischer Liebhaber, den es mehr nach Macht als nach Frauen gelüstete – er selbst sagte: ›Meine Mätresse heißt Macht.‹ Aber er war wohl kaum impotent oder steril, was manche anscheinend zu beweisen suchten. Es gibt viele verläßliche Berichte über seine sexuellen Kontakte mit Frauen, und in seinem Letzten Willen erkannte er nicht nur seine gesetzlichen Erben, sondern auch zwei uneheliche Kinder an.

Wie die blinden Weisen mit dem Elefanten, so hält auch dieses manche nicht davon ab, sich auf ein Napoleonisches Organ zu stürzen und dessen Funktionsfähigkeit hartnäckig zu bestreiten. Der englische Autor Shaw Desmond behauptet in seinem Buch ›Personality and Power‹, Napoleon, selber zeugungsunfähig, habe seine zweite Frau, Marie-Louise von Habsburg, künstlich besamen lassen. Beweise bringt er nicht bei. Der Ahnherr dieser Theorie, ein kubanischer Arzt namens Diego Carbonell, behauptete, Napoleons Nachkommenschaft sei eigentlich von einem der ›Favoriten‹ des Kaisers gezeugt worden – das Wort ›Favoriten‹ wurde wohl deswegen gewählt, weil es an Homosexualität denken läßt. Dr. Frank Richardson, von Napoleons Sterilität ebenfalls überzeugt, nannte jüngst einen der Brüder des Kaisers als blaublütigen Zuchthengst. Über Richardson, der Napoleon im übrigen nach wie vor für ›bisexuell‹ oder ›latent homosexuell‹ hält, wird später noch einiges zu sagen sein.

Die sich um eine defekte Hypophyse rankenden Theorien mit ihren bisweilen grotesken Folgerungen gründen sich samt und sonders auf fragmentarische und fragwürdige Belege. Selbst wenn man die vereinfachende Analogie – daß die Drüse, einem Maschinenteil vergleichbar, wild rotierte und von selbst ausbrannte – akzeptieren könnte, bleibt die Tatsache bestehen, daß Napoleons letzte Jahre nicht vom lethargischen Trübsinn des Opfers einer Unterfunktion der Hirnanhangdrüse gekennzeichnet waren. Allen Persönlichkeitsveränderungen zum Trotz blieb er zu Zeiten einer erstaunlichen Energie und geistigen Wendigkeit fähig. Auf Elba war er von Tagesanbruch bis in den Nachmittag hinein alles andere als untätig und ritt anschließend drei Stunden lang zur Entspannung. Der Oberst Sir Neil Campbell sagte: ›Man möchte meinen, er hätte das Geheimnis (der Triebkräfte) des Perpetuum mobile entdeckt.‹ Er konnte zu seiner lebhaften Entschlußfreude zurückfinden; als er 1815 das ihm von Paris aus entgegengeschickte Regiment Soldaten gewahr wurde, das ihn aufhalten sollte, ging er darauf zu und sagte: ›Wenn einer von euch seinen Kaiser töten möchte, da bin ich.‹ Die Soldaten senkten die Waffen und stellten sich unter seinen Befehl. Er brachte sodann ein fast fünfhunderttausend Mann starkes Heer auf die Beine und drohte Europa ein zweites Mal zu erobern. Am Vorabend der Schlacht von Waterloo inspizierte er, nachdem er die Nacht davor nur vier Stunden geschlafen hatte, hoch zu Roß bei strömendem Regen bis in die frühen Morgenstunden seine vorgeschobenen Posten und eröffnete danach das Feuer. Bis an sein Lebensende wußte er zu faszinieren und die Loyalität selbst seiner Feinde und Häscher zu gewinnen.

Napoleons Wesensveränderung und Triebkräfte, von vielen dämonisch genannt, konnten Psychologie und Psychoanalyse nur wenig besser erklären als die Medizin. Wilhelm Stekel, in den Anfangstagen der Psychoanalyse einer der Großen, vertat sich sehr, als er sich in seinem Buch ›Impotence in the Male‹ über den Eroberer ausließ. Er bezog Napoleons ›hypertrophischen Ehrgeiz‹ auf dessen ›auffällig kleine, infantile, unterentwickelte Geschlechtsteile‹. Überzogener Ehrgeiz ist nur allzu wahr, aber die Beschreibung der Napoleonischen Genitalien ist ein unvermittelter Rückgriff auf Henrys ›Obduktionsbefund‹. In seinem Buch ›Napoleon: Bisexual Emperor‹ kommt Dr. Frank Richardson 1973 zu einer noch sensationelleren Analyse. Er windet sich durch die verwickeltsten Analysen des Napoleonischen Seelen- und Sexuallebens und kommt dann zu dem Schluß, Bonaparte habe ›homosexuelle Tendenzen‹ oder eine ›unausgereifte homosexuelle Komponente‹ gehabt. (Der Gedanke stammt nicht von Richardson allein; er wurde bereits ein halbes Jahrhundert vorher von einem Homosexuellen, der sich hinter dem Pseudonym ›Numa Praetorius‹ verbarg, aufgebracht; letzterem gelang es, bei allen berühmten Männern entsprechende Tendenzen zu entdecken.) Richardson geht weit genug, um Napoleon auf der von Kinsey entwickelten sechsstufigen Skala der Hetero-/Homosexualität Stufe 3 zuzuweisen – auf einer Grundlage, die von Kinsey niemals gebilligt worden wäre. Richardson fügt allerdings eilig hinzu, daß Napoleons Verhalten diesem Wesenszug niemals entsprochen habe: ›Es wäre Napoleon wesensfremd gewesen, sich zur Homosexualität herabzulassen.‹* Mit dieser kläglichen Formulierung und Anspielungen darauf, daß Napoleon Untergebene gern in die – symbolträchtige – Nase kniff, gibt er sich zufrieden, um den Kaiser für ›bisexuell‹ zu erklären; seine Homosexualität sei unbewußt oder latent gewesen. In Wirklichkeit war Napoleon der Homosexualität gegenüber tolerant, fand sie aber verächtlich; seine eigene Homosexualität scheint nur in den Köpfen von ein paar beflissen danach Suchenden zu existieren.

In Briefen an Arnold Zweig und Thomas Mann analysierte Freud schon behutsamer. ›Napoleon‹, so schrieb er Zweig,** ›hatte einen ungeheuren Joseph-Komplex‹, unbewußt habe er seinen älteren Bruder Lucien zu übertreffen gesucht. In manchen Studien über das Geburtsrecht wird gezeigt, daß sich die Persönlichkeitsstrukturen von erst-, nach- und letztgeborenen Kindern unterscheiden; diese Untersuchungen sind aber nicht allgemeingültig und sondern Napoleon auch nicht von Millionen ande-

---

* Der Originaltext ›... to have stooped to sodomy‹ muß im angelsächsischen Sprachraum gleichzeitig so verstanden werden: ›... sich zum Analverkehr gebückt zu haben‹. A. d. Ü.

** Hier muß der Autor sich vertan haben: Thomas Mann schrieb in den Jahren 1933 bis 1943 an seiner Joseph-Tetralogie, und ihm schrieb Freud am 29. November 1936: ›... unbewußt feindselig gegen Bruder (er war Korse), ein zweiter Sohn einer Schar von Geschwistern. Der älteste der Brüder vor ihm hieß Joseph, und dieser Umstand wurde, wie sich nun einmal Zufälligkeiten und Notwendiges im Menschenleben verketten, schicksalhaft für ihn. In der korsischen Familie wird das Vorrecht des Ältesten von einer ganz besonders heiligen Scheu beschattet. . Wir erschließen, daß er Joseph ... glühend gehaßt hat ...‹
(Freud, Briefe 1873–1939; Fischer, Frankfurt, S. 425) A. d. Ü.

rer zweitältester Söhne ab. Mit mindestens demselben Recht könnte man auf die Bedeutung der korsischen Herkunft des Kaisers verweisen: ist der Korse doch in den Augen vieler Franzosen nur Staatsbürger zweiter Klasse.

Alfred Adler hat mit den Begriffen ›Minderwertigkeitskomplex‹ und ›Überkompensation‹ wohl am meisten dazu beigetragen, Napoleons Psychogramm im Bewußtsein der Öffentlichkeit zu verankern. Adler stellte Napoleon als einen Kampfhahn hin, der über mangelnde Leibeslänge durch Rücksichtslosigkeit, Anmaßung und schließlich Tyrannei hinwegspielte. Dazu war auch er der Ansicht, Napoleon sei ein typisches Zweitkind gewesen, ›kaum fähig, die straffe Führerschaft anderer zu ertragen... zu glauben geneigt, zu Recht oder auch nicht, daß es auf der Erde keine Macht gebe, die sich nicht überwinden ließe‹. Wir haben schon gesehen, daß Napoleon keineswegs sehr klein war, aber Adlers Vorstellung von einem mickrigen Tyrannen ist uns eingeprägt, und noch heute werden nur Menschen mit dem Attribut ›napoleonisch‹ belegt, die ebensowenig passiv wie hochgewachsen sind. Grandiose Psychotiker läßt man sich im Film und auf der Bühne wie Napoleon geben; das Leben aber übertrifft gewöhnlich Kunst und Phantasie. Der große chilenische Dichter Pablo Neruda erzählt, daß Guatemala in den späten dreißiger Jahren von einem Militärdiktator namens Ubico regiert wurde. Er hatte ›einen Napoleon-Komplex. Er ließ sich eine Haarlocke in die Stirn hängen und ließ sich mehrfach in Napoleons berühmter Pose fotografieren‹.

Manche Psychiater haben Napoleon einen Geisteskranken genannt, andere schrieben von ungeheurem Narzißmus. Mit zunehmendem Machtzuwachs ließ er Größenwahn erkennen. Während des ersten Kaiserreichs schickte er fähige Berater in die Wüste und umgab sich mit Jasagern. »Jetzt«, sagte Chateaubriand, »sprach er nicht mehr vom Volk, dessen Revolution er zu verkörpern vorgegeben hatte, sondern statt dessen von sich: ›Ich habe befohlen, ich habe erobert, ich habe gesprochen: meine Adler, meine Krone, mein Blut, meine Familie, meine Untertanen.‹« Inmitten prachtvoll gewandeter Offiziere hatte er früher eine schlichte Uniform getragen. Jetzt entwarf er seine juwelenbesetzten Krönungsgewänder selbst, erhob sich selbst zum Kaiser, eignete sich Schwert und Reichsinsignien Karls des Großen an und beauftragte den berühmten Canova mit einer Skulptur: Napoleon als antiker Halbgott, nackt bis auf ein Feigenblatt. Im Jahre 1808 proklamierte er: ›Gott hat mir den Willen und die Macht gegeben, alle Hindernisse zu überwinden.‹ 1811 prophezeite er, innerhalb von fünf Jahren würde ihm die ganze Welt gehören.

Manche Autoren, so auch Thiers, der berühmte Historiker des neunzehnten Jahrhunderts, behaupten, Napoleons Persönlichkeitsveränderungen gingen mit seinem Machtmißbrauch einher. Der Autor Hugh L'Estaing bezeichnet den Drang zu erobern und zu beherrschen als ›das Krankheitsbild der Führerschaft‹. Andere haben von Caesarismus oder Krankheit der Macht gesprochen. Dr. Sokoloff, Mediziner und Biograph, machte einen unmittelbaren Zusammenhang zwischen Napoleons Geistes- und Körperverfassung geltend; die Energie, die Übellaunigkeit, die Wut- und Tränenausbrüche hätten Napoleons endokrines System strapaziert und aus dem Gleichgewicht gebracht, dieses Ungleichgewicht hätte Napoleons Verhalten noch verschlimmert usw. – ein Teufelskreis, der den Mann zum Opfer seines innersekretorischen Systems gemacht habe. Bei Caesar und Alexander dem Großen stellte Sokoloff dasselbe explosive Temperament und die gleichen nervlichen Symptome fest; er sagt daher: ›Erben des gleichen physiologischen Komplexes, angetan von bombastischen Wunschvorstellungen von Caesarismus, gingen sie alle den gleichen Weg, sie alle gingen an einem

Übermaß von Macht zugrunde.‹ Der Gedanke, daß wuchernder Ehrgeiz gewissermaßen eine Sollbruchstelle hat, ist verlockend. Auch ich möchte gern glauben, daß es so ist, wie es ein berühmterer Autor als Sokoloff formulierte: ›Denn wer das Schwert nimmt, der soll durchs Schwert umkommen‹ (Matthäus 26,52). Leider beweist die Geschichte, daß viele Despoten erst im hohen Alter starben.

Die Erklärungen für Napoleons Gesundheitszustand, seine Psyche, seine Persönlichkeitsveränderungen und seinen Tod sind allerdings noch nicht erschöpft. Eine Minderheit neigt der Auffassung zu, der dünne, bleiche Napoleon sei durch tuberkulös bedingte krampfhafte Exaltation zur Macht aufgestiegen. Von der Krankheit genesen und nicht länger von den febrilen Schwingen dieser Exaltation getragen, sei Napoleon daher zu einem gewöhnlichen Menschen mit allen seinen Schwächen geworden. Andere meinen, daß die Malaria – er soll sie sich angeblich bereits als junger Mann zugezogen haben – seine Konstitution fortwährend geschwächt habe. Dritte glauben, er habe an einer Herzkrankheit – dem sogenannten Adams-Stokes-Syndrom – gelitten; diese Ansicht beruht auf wahrscheinlich unzutreffenden Berichten, daß Napoleon einen abnorm langsamen Puls gehabt und dessen Rhythmus habe steuern können. Diese Theorien sind – wie angebliche Syphilis, heimtückische Vergiftung, tödliche Dysenterie bzw. Hepatitis – durchaus angebracht, sie alle haben aber gewisse Schwächen. Die Theorien, er habe an einer Unterfunktion der Hypophyse gelitten bzw. sei durch eine falsche Therapie in den Tod befördert worden, sind ebenfalls möglich, indes unbewiesen; meiner Ansicht nach spricht weniger dafür als dagegen. Die Bilharziose ist gleichfalls unbewiesen, kommt mir allerdings wahrscheinlich vor. Das gleiche gilt für ein paar andere Behauptungen.

Eine Auffassung, die man in jüngster Zeit vielleicht zu

voreilig fallenließ, ging von leichter Epilepsie aus. Sokoloff brachte die Krankheit der Macht mit Epilepsie in Verbindung, an der auch Caesar, Mohammed und andere Führerpersönlichkeiten augenscheinlich litten. Napoleon durchlitt etliche Ohnmachten und Bewußtseinsstörungen; daß er Epileptiker gewesen sein soll, wurde erstmalig vor fast hundert Jahren von dem Anthropologen Cesare Lombroso behauptet. Die wenigen sogenannten ›Anfälle‹ Napoleons decken sich aber nicht mit den typischen Symptomen eines Grand mal, und Epilepsie ist kaum als Grundvoraussetzung der Macht anzusehen. Sein Charakter und seine Krankengeschichte sind allerdings mit einer milden Verlaufsform der Epilepsie vereinbar – zum Beispiel seine Wutausbrüche aus geringstem Anlasse, bei denen er sich zum Schluß gelegentlich auf dem Boden wälzte oder seinen Kopf mit den Fäusten bearbeitete; oder seine Lethargie oder seine psychosomatischen Leiden zu Zeiten großer Aktivität oder innerer Anspannung. Indes, all dies bleibt reine Spekulation.

Die immer wiederkehrende Behauptung, Napoleon sei an Enttäuschung und Langeweile gestorben, mag ebenfalls etwas für sich haben. Der Mann, der die Welt ins Wanken gebracht hatte, mußte seine Zeit als Gefangener auf einer winzigen Insel verbringen, ohne seine Energien auf mehr als örtlichen Klatsch und Intrigen konzentrieren zu können. Wenn man jemals jemandem nachsagen konnte, ›Untätigkeit würde ihn umbringen‹, dann war es Napoleon. Las Cases, Napoleons Memoirenschreiber, stellte 1823 fest, daß Napoleon wirklich an Enttäuschung und Hoffnungslosigkeit gestorben sei. Immunologische und psychosomatische Forschung unserer Tage hat aufgezeigt, daß es einen Zusammenhang zwischen Depressionen und Anfälligkeit gegen Krankheiten gibt, angefangen bei Grippe bis hin zum Krebs.

Von allen, die über Napoleons Charakterveränderungen schreiben, tragen zu wenig dem normalen Alterungsprozeß Rechnung – normal heißt hier: bei einem Mann von Napoleons Charakter und Lebenserfahrung üblich. Ich kenne einige Männer von ungewöhnlicher Antriebsstärke und Energie und habe bei manchen von ihnen die gleichen Persönlichkeitsveränderungen wahrgenommen. Napoleon, im Machiavellschen Sinne ein Meister der Politik und der Kriegskunst, wurde kalt und zynisch und war schließlich irgendwie ausgelaugt. Eine Zeitlang erlaubte es ihm seine Macht, sich den üblichen Widrigkeiten der Realität zu entziehen und anderen seine Launen ohne deren Widerspruch zuzumuten. Er wurde selbstgerecht und engstirnig-tyrannisch wie ein Pascha in Knabenträumen. Und dann hat er vielleicht entdeckt, daß es einer der schmutzigsten Tricks des Lebens ist, einem Mann zu geben, was er am heißesten begehrt. Manch einen der Allermächtigsten plagt trostloser Überdruß. Ihr Ehrgeiz ist befriedigt; da sie die Macht nicht aufgeben können, giert es sie nun auf andere Weise nach ihr; es geht ihnen wie Männern, die an ihren Geliebten festhalten, wenngleich sie sie eigentlich verachten. Sie kennen die schmutzige Seite der Macht, die dazugehörigen Brutalitäten, und können sie nicht länger romantisch verklären. Und angesichts der seltsamen Fügungen beim Kampf um die Macht werden sie zu Fatalisten. Gegen Ende seines Lebens sah Napoleon sich als einen durch den Raum geschleuderten Gesteinssplitter, als Spielball des Schicksals. Der Napoleon mittleren Alters – eine eigenartige Mischung von Tatkraft und Selbstgerechtigkeit, Unersättlichkeit und träger geistiger Abwesenheit – ähnelt, wenngleich mit anderem Maß zu messen, zahlreichen alternden Männern, die mir auf luxuriösen Vorstandsetagen begegnet sind.

Trotz allem darf man Napoleon letztendlich nicht auf das Maß eines wandelnden Krankenblatts reduzieren. Allen Gebrechen und Schrullen zum Trotz besaß er einen Einfluß und eine sittliche Kraft, die, wie sich der Historiker Herbert Butterfield ausdrückte, ›einen die Seiten des Buchs der Geschichte erhellenden Blitzstrahl hinterließen‹. Diese Energie und dieser Einfluß haben Generationen von Wissenschaftlern sich auf seine Spuren setzen und den Sinn und Unsinn jeder historischen Betrachtungsweise demonstrieren lassen. Napoleon aber entzieht sich weiterhin allen Simplifizierungsversuchen. Er war ein Despot und weiser Reformer; er riß die Mauern der europäischen Gettos nieder und führte erstmalig den totalen Krieg vor; er war für den ersten aktenbesessenen modernen Beamtenstaat ebenso verantwortlich wie für ein reformistisches Bürgerliches Recht, auf das sich noch heute ein großer Teil des europäischen Rechtslebens beruft; er förderte Erziehung und Wissenschaft, ging aber in der Hoffnung, die Welt zu erobern, über Millionen von Leichen.

Folglich haben die Historiker eine Vielzahl von Theorien über Napoleons Leichnam zu beweisen gesucht – Theorien über Gesundheit, Psychologie, Ökonomie, Gesellschaft und Politik. Man hat einen Helden aus ihm gemacht oder ihn aber als Ungeheuer hingestellt. Manche versuchten ihn als Spielball biologischer Kräfte außerhalb seiner selbst aufzufassen. Napoleons Marschall Ney schrieb, der Hunger und der Winter hätten die Große Armee in Rußland bezwungen; Medizinhistoriker fügen hinzu, auch der Typhus habe eine Rolle gespielt. Sie alle haben wohl ebenso teilweise recht wie so viele, die in Napoleons Überresten die Antwort suchen.

Allererste Aufgabe des Biohistorikers ist es zweifellos, sich Aufklärung zu verschaffen – die Wahrscheinlichkeit nachzuprüfen, daß Napoleon ermordet wurde; festzustellen, ob sein Urteilsvermögen durch körperliche oder geistige Beeinträchtigungen getrübt war. Die Interpretation der

Fakten und Wahrscheinlichkeiten ist ein schwierigeres Unterfangen. Als Versuch, die Gegenwart zu verstehen und zu rechtfertigen und eine Zukunftsperspektive zu eröffnen, wird Geschichte von einer Generation zur anderen immer wieder umgeschrieben. Die historische Vergangenheit ist natürlich Prüfstein der Interpretation. Der französische Chauvinist und Napoleonverehrer sollte uns nicht weismachen dürfen, daß der Kaiser auf St. Helena den Märtyrertod starb, wenn dies nicht auch der Fall war. Die gleichen Grundsätze der Beweisführung gelten für den englischen Moralisten, der in Napoleons Krankheit und Scheitern die Rache der Natur für die Herausforderung des britischen Imperialismus sieht. Psychologen und Philosophen sollten nicht unangefochten ihre wilden Spekulationen über Napoleons Psyche und Physis zur Bestätigung ihrer Lieblingstheorien mißbrauchen dürfen.

Der Spezialist für Darmkrankheiten, der sich mit Napoleons Eingeweiden befaßt; der Urologe, der sich auf seine Blase konzentriert; der Psychoanalytiker, der in seiner Kindheit Aufschlüsse sucht – sie alle können zur historischen Wahrheit beitragen und neue Interpretationsmöglichkeiten eröffnen. Leider ist damit zu rechnen, daß das Sichbefassen mit nur einem Charakteristikum für intellektuelles Geschwätz oder gar für einen geistreichen Witz gehalten wird. Berechtigt oder nicht: wir sind anfänglich gern fasziniert, werden schließlich jedoch skeptisch, denn vermutlich braucht es mehr als Verstopfung, Parasiten oder geschwisterliche Rivalität, um einen Mann oder ein Ereignis umfassend zu erklären.

Die nachträgliche ›Obduktion‹ Napoleons geht weiter, einen zuverlässigen ›Befund‹ wird es vielleicht niemals geben. Gegenwärtig führen diese Versuche zu einer gewissen Aufklärung, eröffnen sich dabei ein paar interessante Möglichkeiten; einige Albernheiten und außergewöhnliche Aussagen gehören ebenfalls dazu. Gleichzeitig sind diese Versuche ein Beispiel für die Grenzen der Biographie aus medizinischer Sicht – dies gilt jedenfalls für die gängige Vorgehensweise. Falsche Fährten und Mehrdeutigkeiten appellieren an künftige Biohistoriker, ihre Methoden zu verbessern, größere Sorgfalt und Phantasie walten zu lassen und ihren Gesichtskreis zu erweitern. Wie dies machbar ist, zeigt das nächste Kapitel.

Bevor wir uns aber von Napoleon abwenden, sollten wir noch einmal abschließend die Frage beleuchten, die von der traditionellen Biographie seit jeher aufgeworfen wird: ob man sich kratzen mußte, wenn es ihn juckte. Die Frage, ›wie die Geschichte verlaufen wäre, wenn ...‹ lädt zu Wunschdenken ein und leistet den ausgefallensten Ansichten Vorschub. Napoleon hätte anscheinend die Schlachten von Borodino und Waterloo gewinnen können, wenn er nicht krank gewesen wäre. Nur wenige bezweifeln, daß Roosevelts sich verschlechternder Gesundheitszustand die Ergebnisse der Konferenz von Jalta beeinflußte oder daß die Langlebigkeit Titos oder Francos bei der Gestaltung des Europas des zwanzigsten Jahrhunderts mithalf. Die Frage gilt dem Ausmaß der Einflußnahme. Die Antwort mag weniger von unumstößlichen Beweisen als vielmehr von den Überzeugungen und Lebensanschauungen des einzelnen abhängen.

Seit zwei Jahrtausenden gehen viele bzw. die meisten Historiker von dem aus, was Thomas Carlyle in seiner Theorie von den ›Großen Männern‹ vertritt: daß außergewöhnliche Individuen, Leuchtfeuern gleich, der Menschheit den Weg gewiesen hätten. Während des letzten Jahrhunderts ließ die Beliebtheit dieser Auffassung nach. In ›Krieg und Frieden‹ versucht Tolstoi anhand Napoleons zu zeigen, daß nicht große Führergestalten oder Eliten die formende Kraft der Geschichte sind, sondern die von den Volksmassen ausgehende Energie – eine Flut, die hilflose Generale und Potentaten in ihrem Sog mitreißt. Er kommt auf die ›Erkältung‹ (oder sonstige Erkrankung) zu sprechen, derentwegen Napoleon bei Borodino den Oberbefehl abgab, und weist die Bedeutung des Zufalls als gestaltendes Element der Ereignisse zurück. Wäre die Geschichte anders verlaufen, wenn Napoleon bei Borodino im Vollbesitz seiner Kräfte gewesen wäre? Als russischer Patriot und Anhänger einer irgendwie mystischen Auffassung von der Kraft ›des Volkes‹ meint Tolstoi, wenn dies zutreffe, dann wäre der wahre Retter Rußlands jener Diener gewesen, der Napoleons wasserdichte Stiefel herauszustellen vergaß.

In Gedanken können wir die Auseinandersetzung zwischen Carlyle, Tolstoi und zahllosen modernen Deterministen – angefangen bei den Marxisten bis hin zu doktrinären Psychohistorikern – fortführen. Ich möchte nebenher einmal Stendhal anführen. Auf Tolstois Auslegung, der Diener hätte Rußland gerettet, hätte Stendhal vielleicht verschmitzt geantwortet: ›Wohlan, das mag schon sein.‹ Es gibt eine Kriegsgeschichte, die Stendhal gern erzählte: Ein Offizier – seine Mannen wanken in der Schlacht und denken an Flucht – springt verzweifelt auf, fuchtelt mit dem Säbel herum und brüllt erregt den ersten Gedanken heraus, der ihm durch den Kopf geht: ›Mir nach, Leute. Mein Arsch ist so rund wie ein glänzender roter Apfel!‹ Irgend etwas in diesem improvisierten Befehl traf seine Männer offenbar genau an der richtigen Stelle. Sie stürmten und siegten.

Warum solche Worte? Warum diese Reaktion? Welche ausgefallene Antriebsquelle...? Nun ja, die meisten Geschichtsprofessoren würden achselzuckend darüber hinweggehen und nach den ›wahren‹ sozio-ökonomischen Wurzeln des Sieges suchen. Jonas* hätte gesagt, daß der

* Jonas, A. D., ›Reden ist Gold, Schweizer Verlagshaus, 1978.

Offizier eine Verbalstrategie angewendet hat, die durch eine verblüffende Feststellung eine ungewöhnliche Reaktion nach sich zieht. ›Große-Männer-Theoretiker‹ würden sich eiligst daran machen, irgend etwas über den Offizier zu schreiben. Tolstoi hätte wahrscheinlich gesagt, der Offizier sei von seinen Truppen dazu veranlaßt worden. Stendhal aber würde vermutlich lächeln – skeptisch, wenngleich wissend – und erkennen lassen, daß ihn das Leben zu überraschen vermochte und er sich den Respekt vor Zufälligem und Rätselhaftem zu bewahren wußte.

2. Kapitel

GOYA SANS SYPHILIS

Biohistorik als Entdeckung

Mit sechsundvierzig befiel Francisco Goya eine qualvolle, mysteriöse Krankheit, der er beinahe erlegen wäre. Wieder genesen, war er stocktaub, hatten sich seine Persönlichkeit und Kunst verändert. Er, der zuvor ein talentierter, erfolgreicher und eher konventioneller Maler gewesen war, erhob sich vom Krankenlager als revolutionärer Gigant der Kunst der Romantik.

Die anfängliche Vermutung, Goyas Krankheit sei die Syphilis gewesen, wurde von Biohistoriker spielenden Biographen und Ärzten immer wieder mechanisch wiederholt. Im Rückblick sollten selbst einem halbgescheiten Medizinstudenten Zweifel kommen. Schließlich fand sich eine bessere Erklärung, weil just zu der Zeit, als die Rheinbrücken gestrichen wurden, ein junger Arzt im Düsseldorfer Gesundheitsamt Dienst tat. Seine nachträgliche Diagnose von Goyas Krankheit ist ein schönes Beispiel für biohistorische Entdeckung. Und es zeigt, wie das Korrigieren einer Biographie aus medizinischer Sicht über unbedeutende Tatsachenfeststellungen hinausgehen und Fragen aufwerfen kann nach den Methoden der Biohistorik, nach Berufs- und umweltbedingten Krankheiten und nach dem Wesen von Persönlichkeit und Kreativität.

Eine definitive Biographie Goyas gibt es noch nicht. Wie Picasso, sein modernes Gegenstück, lebte und arbeitete Goya mit solch unbändiger Energie und Schaffenskraft, daß eine Beschreibung von Leben und Werk lebenslange Vorarbeiten erforderlich machte. Wir wissen, daß Goya im Jahre 1746 in Fuendetodos, einem staubigen Dorf in der Nähe Saragossas, als Sohn eines Vergolders geboren wurde. Saragossa war einmal die Hauptstadt des auf seine Unabhängigkeit stolzen Königreichs Aragonien gewesen. Auch heute noch ist der Stolz der Aragonier berüchtigt. Diese Leute sind traditionell stur, kurz angebunden, ungehobelt, selbständig und störrisch – ›sie bringen es fertig‹, sagte Wyndham Lewis, ›mit dem Kopf Nägel in Steinmauern zu treiben und Seife erst als Käse auszugeben, um sie dann zum Beweis zu essen‹. Hier handelt es sich, wie bei so vielen anderen Pauschalurteilen auch, wahrscheinlich um eine überspitzte Halbwahrheit; auf Goya indes trifft solche Charakterisierung voll und ganz zu. Er stellte sich zeitlebens stur gegen den Wind und verzehrte sich mit unheilvollem Elan.

Während seiner Schulzeit in Saragossa begegnete Goya zwei Menschen, die seinen Lebensweg beeinflussen und darüber berichten sollten. Der eine war Martin Zapater, ein Schulkamerad, der ebenfalls Maler wurde und mit Goya jahrzehntelang korrespondierte. Der andere hieß Francisco Bayeu; er war ein junger ortsansässiger Künstler, der später Goyas Schwager wurde und, inzwischen zum Hofmaler avanciert, Goya in höfische Kreise einführte.

Goya bewies eine solche künstlerische Frühreife, daß er mit vierzehn Jahren bereits beim Ausmalen der Kirche von Fuendetodos mithelfen durfte. Er studierte Malerei bei Bayeus altem Lehrer und begab sich 1763 nach Madrid, um dort seiner Kunst nachzugehen. Sollte seine Ankunft dort gewisse Wellen verursacht haben, so hinterließ sie jedenfalls keinen bleibenden Nachhall. Nach ein paar Jahren reiste er nach Rom, wo er vermutlich mehr oder weniger von der Malerei lebte. Es sind weniger belegte Fakten als vielmehr Legende und Spekulation, wenn behauptet wird, Goya habe in Madrid und Rom das Straßenleben kennengelernt – angefangen bei Raufhändeln bis hin zu Liebesabenteuern und Prostitution. Manchen Berichten nach soll der junge Künstler aus Saragossa geflohen sein, um sich der Festnahme wegen einer Rauferei zu entziehen; er soll in Rom auf die Kuppel der Peterskirche geklettert sein und eine hübsche Novizin bis in ihr Nonnenkloster verfolgt haben.

Vieles hiervon ist als Legende abzutun. Wahr ist allerdings, daß Goya nach Zapaters Angaben sowohl in Fuendetodos wie auch in Saragossa als ›unruhig und wild‹ galt; er mag durchaus seine Fäuste zu gebrauchen und das Messer vielleicht auch recht locker zu tragen gewußt haben. Ein junger Provinzkünstler von Goyas Energie muß buchstäblich jede belebte Gasse solcher glanzvollen, geschäftigen Großstädte wie Madrid und Rom erforscht haben. Mit Sicherheit gefiel es ihm stets, die Straßen, Menschenmassen, Stierkampfarenen, die Armen, die Stutzer, Fiestas und Bälle Madrids abzubilden. Zu allen Zeiten aber galt Goyas größte Leidenschaft seiner Arbeit; Bohèmehaftes à la Murger* und Metro-Goldwyn-Mayer entsprach wohl mehr den Erwartungen des Publikums als der Realität. Trotzdem ist die Vorstellung von Goya als eines rauflustigen, starrköpfigen, ausschweifend-liederlichen jungen Künstlers auf uns überkommen, und darauf gründet sich dann die Annahme, seine schwere Erkrankung sei auf eine in der Jugend erworbene Syphilis zurückzuführen.

Was immer sich der junge Goya erwarb – Ruhm war es ganz gewiß nicht. In zahlreichen Malwettbewerben unter-

*Henri Murger, 1822–1861, beschrieb in ›Scènes de la vie de bohème‹ i. J. 1848 das harte, entbehrungsreiche Leben der Künstler. ›La Bohème‹ von Puccini greift knapp 50 Jahre später den Stoff noch einmal auf. A. d. Ü.

legen, kehrte er nach ein paar Jahren nach Saragossa zurück, arbeitete verbissen an Kirchenfresken und heiratete Bayeus Schwester Josefa. Nach und nach fand er schließlich Anerkennung. Er erwarb sich am Platze einen gewissen Ruf als Portraitmaler und konnte mit Bayeus Hilfe Beziehungen zur Königlichen Akademie anknüpfen; er bekam Aufträge von der königlichen Tapisserie-Faktorei. Rückschläge blieben nicht aus: einige seiner Kinder starben bei oder kurz nach der Geburt; Goya legte sich mit der Kirche wegen eines der orthodoxen Lehre angeblich nicht entsprechenden Freskos an; 1778 erkrankte er, zweiunddreißig Jahre alt, so schwer, daß er seine Genesung selbst für ein Wunder hielt. Diese Erkrankung wird, wie seine angeblich wilde Jugend, bei der Behauptung, er sei Syphilitiker gewesen, immer wieder mit vorgebracht.

Goyas Erfolg wurde stetig größer. Er wurde in die Königliche Akademie aufgenommen, zog nach Madrid, fand wohlhabende Gönner und wurde 1786 zum Hofmaler ernannt. Er kaufte sich eine Kalesche und durfte sich Exzellenz nennen lassen. Er stürzte sich in eine Affäre mit der quecksilbrigen, schönen jungen Herzogin von Alba, die er dann, welch Skandal, als ›Nackte Maja‹ malte. 1790 vollendete er ein Portrait des Königs Karl VI., der ihn rühmte und in die Arme schloß. Der Sohn des Dorfvergolders schrieb seinem alten Schulfreund Zapater verdrießlich, er habe sich schließlich doch ›einen beneidenswerten Lebensstil‹ erkämpft, allerdings auf Kosten von Runzeln und eines bedrückenden Eindrucks des Alterns. Er schickte Zapater ein paar in den Kaschemmen Madrids damals populäre Lieder und klagte in einem Brief:

»Ich gehe nicht mehr dorthin, wo ich sie zu hören bekommen könnte; der Grund ist, daß ich zu der Ansicht gelangt bin, ich müßte (eine) gewisse Würde wahren, die der Mensch haben sollte – bei alledem bin ich, wie du dir vielleicht vorstellen kannst, nicht sehr glücklich.« Seine

Selbstportraits zeigen einen eigensinnigen untersetzten Mann mit einem zwischen prachtvollen Kragen und Hüten hervorschauenden streitlustigen Gesicht – verdrießlich und gelangweilt.

Wäre Goyas Karriere zu dieser Zeit beendet gewesen, wäre er in Erinnerung geblieben als einer jener begabten, beliebten Künstler, die sich Ruhm erwerben, Größe jedoch dafür aber um so spürbarer vermissen lassen. Seine Arbeiten, beeinflußt hauptsächlich von Tiepolo, waren kunstvoll und herrlich, manche gar beinahe widerlich süßlich. Bezaubernde ländliche Bilder oder Straßenszenen lagen ihm besonders, und da er seine Leinwände mit sattem Weiß zu grundieren pflegte, bekamen seine Bilder eine verblüffende Leuchtkraft. Und seine Portraits trafen die Abgebildeten fast bis aufs Haar genau; nur in Spanien mit seinem grausam unverfälschten traditionellen Realismus und seinen bemalten hölzernen Christusfiguren, mit richtigen Nägeln ans Kreuz geheftet, pflegte man für derlei aufrichtige Sorgfalt und Wiedergabetreue zu bezahlen. An höchsten Maßstäben gemessen, war Goya nichtsdestoweniger nur ein zweitrangiger Künstler. Vielleicht hätte er sich von seinen feinen Kragen und fetten Aufträgen befreien können, als sein von weiter voraussagbaren Erfolgen gekrönter mittlerer Lebensabschnitt immer bedrückender wurde. Wir werden es nie erfahren. Ende 1792 brachte die Erkrankung dann den jähen Wandel.

Der entsetzliche Anfall kam plötzlich und unerwartet. Goya litt unter Schwindelanfällen, Gleichgewichtsstörungen, geistiger Verwirrung, möglicherweise gar Halluzinationen, Krämpfen und tiefer Bewußtlosigkeit; rechtsseitige Lähmung, Gehör- und Sprachstörungen und fortwährendes Ohrensausen kamen hinzu. Desgleichen eine teilweise Erblindung, für einen Künstler wohl das Entsetzlichste. Alle Symptome lassen auf eine üble Schädigung seines Nervensystems schließen. Ein Wunder, daß er überhaupt durchkam.

Im März 1793 schrieb Zapater an die Herzogin von Alba: »Goya geht es etwas besser, aber die Genesung kommt nur langsam voran. Der Lärm in seinem Kopf und die Taubheit sind geblieben; er kann allerdings schon etwas besser sehen und hat keine Schwindelanfälle mehr; er kann ohne Mühe treppauf und treppab gehen.« Es dauerte noch viele Monate, bis die meisten Symptome verschwanden. Schließlich nahm ein gründlich veränderter Goya seine Arbeit wieder auf. Er blieb bis an sein Lebensende stocktaub, und seine Persönlichkeit und seine Kunst wurden einer großartigen, grausamen Wandlung unterworfen.

Die Wandlung kommt allen Kritikern und Biographen grundlegend und umwälzend vor. John Canaday zum Beispiel schreibt: »Durch eine Krankheit, der er beinahe erlegen wäre, wurde Goya gegen Mitte seines Lebens schlagartig ein anderer... ein neuer Goya. Goya, der wohlmeinende und bittere Beobachter der Gesellschaft, der geißelnde und verzweifelnde Schilderer des Lasters und der Grausamkeit.« Alle diese Beschreibungen verblassen angesichts seiner Kunstwerke selbst. Schon vor Goyas Krankheit hatte es gelegentlich spöttische oder unheilverkündende Hinweise gegeben, aber nichts, was die verzweifelte Wildheit der ›Caprichos‹ hätte ahnen lassen.

Bei diesen Radierungen wechseln Verrücktheiten, Heuchelei und Beklemmung einander ab. Gecken, Mönche, Inquisitoren und Pedanten tragen Tierköpfe. Junge Stutzer machen reichen alten Vetteln den Hof; müßige, selbstgefällige Damen tragen rätselhafterweise Stühle auf dem Kopf, Bestien begleiten das Schöne, Dummköpfe unterweisen Dummköpfe, das Tier reitet den Menschen. Die brutalen Armen; die hochmütigen Reichen; die stolze, tyrannische geistliche Hierarchie – sie alle stellen ihre

Bosheit, Habsucht und Gier zur Schau. Wesen mit Menschenköpfen auf gerupften Geflügelleibern werden aufgespießt, bei lebendigem Leibe geröstet. Frauen reißen gehenkten Männern Zähne aus, Huren schicken ihre bettelnden Mütter fort, kreischende Hexen kämpfen in den Lüften. Ein Mann läßt sich mit dem Gesicht nach unten inmitten von geflügelten Wesen, Fledermäusen und Katzen ähnlich, fallen, und die Bildunterschrift lautet: ›Der Schlaf der Vernunft bringt Ungeheuer hervor.‹

Der taube, gepeinigte Goya wird mit Cruikshank, Callot und Bosch verglichen. Den ›Caprichos‹ gegenüber erscheint Cruikshank allerdings affektiert, wirkt Callot wunderlich, kommt Bosch einem absichtsvoll geziert vor. Goyas ›Caprichos‹ sind nicht die Produkte von Traumzuständen, sondern wahr gewordene Alpträume, ebenso unbarmherzig realistisch wie die bewußten bäuerlichen spanischen Kruzifixe. Goyas viehische, gemarterte Gestalten gehören zu einer besonderen Kunstkategorie; sie hinterlassen bei jedem, der sie gesehen hat, ein nachhaltiges Gefühl der Bedrückung. Wie Oedipus mit seinen tränenfließenden Augenhöhlen, wie der an seinem Kopf herumtastende Lear, wie El Grecos sich vor Toledo windender Christus – genauso brennen sich die ›Caprichos‹ ins Gedächtnis des Betrachters ein und bleiben dort für immer lebendig. Sie sind der Aufschrei eines Künstlers, der nach einer Bewußtseinsveränderung den Menschen nur noch als hoffnungslos mißratenen Tonklumpen zu sehen vermochte.

Wie nicht anders zu erwarten, erkannten sich seine Feinde auf seinen Bildern wieder und mißbilligten deren antiklerikale Grundtendenz. Ebensowenig schätzten sie den Anblick von, wie Baudelaire es nannte, ›nackten jungen Mädchen, die sich, um Dämonen in Versuchung zu führen, die Strumpfnähte richten‹. Die Inquisition stürzte sich unverzüglich auf Goya. Um ihn in Schutz zu nehmen, mußte der König unter dem Vorwand, sie in Auftrag gegeben zu haben, die Platten kaufen und die Drucke unter Verschluß halten.

Der störrische, ehrgeizige Aragonier wußte zu überleben und sich weiteren Erfolg zu sichern. Er malte weiterhin Portraits, Landschaften und religiöse Bilder und wurde, Krönung seiner Karriere, zum Ersten Königlichen Hofmaler ernannt. Don Manuel Godoy, Erster Minister seines Königs, erlernte mühsam die Zeichensprache, um sich mit dem tauben Künstler unterhalten zu können.

Aber das Groteske und Quälerische hatte in Goyas Arbeiten einen bleibenden Platz gefunden, der durch private und politische Tragödien nur noch gesichert wurde. Seine geliebte Herzogin ließ ihn fallen und starb kurz darauf. Spanien wurde von Napoleon mit Krieg überdeckt und litt unter den langen Nachwehen von Bürgerkrieg, Hungersnot und Greueltaten. Man sagt, daß sich Goya – in der einen Hand die Donnerbüchse, in der anderen die Mappe – nach Ausbruch der Revolte gegen die Napoleonischen Besatzungstruppen eines Nachts aufmachte, um bei Fakkelschein die Leichenberge abgeschlachteter Zivilisten zu skizzieren. Nach Vertreibung der Franzosen brach zwischen Liberalen und Reaktionären ein erbarmungsloser Bürgerkrieg aus. Wie nach Spaniens unheilvoller Geschichte kaum anders zu erwarten, obsiegte der Despotismus. Goya ließ knapp zehn Jahre lang in seinen Radierungen ›Desastres de la guerra‹ die Schrecken des Krieges wiederaufleben. Diese Blätter sind noch entsetzlicher als die ›Caprichos‹ – ein Panorama nicht geträumten, sondern höchst realistischen Grauens.

Nicht eine Szene dieser Blätter zeigt eine militärische Operation. Gefesselte Zivilisten knien vor ihren Henkern, und neben den Leichen ihrer ermordeten Kinder sehen Frauen ihrer Vergewaltigung entgegen. Einzeln und gruppenweise werden Menschen gefoltert, mit Gewehrkolben bearbeitet, kastriert, erwürgt, gehängt, erschossen, zu Tode geschleift. Ihre verstümmelten Leiber, abgehackten Köpfe und Gliedmaßen zieren die Bäume Spaniens. Unter den Radierungen steht schlicht ›Dies sah ich‹ und ›Warum‹ und ›Nutzlos, zu jammern‹. Der Mensch erniedrigt den Menschen zu einem blutigen Stück Fleisch. Nichts zu sehen, was Roheit und Gräßlichkeit mildern könnte. Goya stellt nicht Geschichte, sondern die widerwärtigste Seite der Natur des Menschen dar. Die ›Desastres‹ sind in der Kunst bis heute der verzweifeltste Aufschrei gegen die Lust an Grausamkeiten und gegen den Krieg, mit welchem man erstere entschuldigt.

Goya hat die Reihe der ›Desastres‹ wahrscheinlich wenige Jahre vor 1820 abgeschlossen; die große Politik hat die Radierungen noch lange nach seinem Tode der Öffentlichkeit vorenthalten. In der Zwischenzeit war Goyas Frau Josefa gestorben; er selbst wurde 1809 erneut von schwerer Krankheit ans Bett gefesselt. Gegen Ende 1814 nahm sich die Inquisition noch einmal seiner an; jetzt warf man ihm die ›Nackte Maja‹ vor – eine nackte Frau zu malen, hatte in der spanischen Kunst nur einer vor ihm gewagt: Velázquez. Mit Leocadia Weiß, seiner Haushälterin und offensichtlichen Geliebten, zog Goya sich 1818 in ein Haus zurück, das er außerhalb Madrids erworben hatte; es wurde bald als ›Quinta del Sordo‹, Behausung des Tauben, bekannt. Auf den Wänden dieses Landhauses schuf er die ›Schwarzen Bilder‹, gräßliche Darstellungen, in deren Gegenwart der taube alte Künstler aß, schlief und arbeitete.

Eines dieser Bilder zeigt zwei Männer, knietief im Morast, bei urzeitlicher Morgendämmerung sich mit Keulen bekämpfen. Auf anderen finden sich ein Hexensabbat, Judith mit blutigem Schwert, finstere Gestalten, die sich einem wahnsinnigen Rembrandt zuschreiben ließen. Das fürchterlichste aller Bilder aber ist ›Saturn verschlingt eins seiner Kinder‹ – der Gott der Schwermut, ein wahnsinniger, glotzäugiger Riese, nagt am blutigen Armstumpf eines Mannes, dessen Kopf er bereits abgekaut hat. Die Bilder werden nicht nur ihrer ausgeprägten mysteriösen, nihilistischen Tendenz wegen ›schwarz‹ genannt; einige von ihnen haben auch einen schwarzen Hintergrund, vor dem die Gestalten kaum erkennbar sind. Diese unheilverkündende Figurengruppe schwebt in der Düsternis des ›Selbstbildnis mit Dr. Arieta‹, gemalt 1820. Die Aufschrift lautet: ›Goya seinem Freunde Arieta in Dankbarkeit für Können und Fürsorge, die dieser, sein Leben rettend, ihm Ende 1819 bei schwerer, gefährlicher Krankheit im Alter von 73 Jahren angedeihen ließ.‹ Das Bild zeigt den niedergestreckten Künstler mit vor Schmerz und Erschöpfung zurückgeworfenem Kopf, eine Hand in die Laken gekrallt, und einen Arzt, der den Patienten stützt und ihn aus einem Glase trinken zu lassen versucht.

Die Reaktion in Spanien gewann immer mehr die Oberhand; wer für liberale und antiklerikale Ansichten bekannt war, war seines Lebens nicht mehr sicher. 1824 floh Goya über die Pyrenäen und ließ sich in Bordeaux nieder. Trotz Exil, wiederkehrender Krankheit, Isolation des Gehörlosen und anderer privater Tragödien suchte er bis zuletzt künstlerische Vervollkommnung. Er experimentierte mit neuen Techniken, arbeitete mit jedem Material, befaßte sich mit jedem Genre und brachte eine ungeheure Gefühlsbreite zum Ausdruck, angefangen bei äußerst düsteren, dämonischen Visionen bis hin zu zarten, lyrischen Anklängen. Bereits über die Achtzig hinaus, schuf er ›Das Milchmädchen von Bordeaux‹, ein liebliches Schäferstück, das seinen frühen süßlichen Stil noch übertraf. Wie der taube Beethoven, in etwa sein Zeitgenosse, war Goya ein wandelbarer Künstler von rastloser Energie, der sich über die überkommenen klassischen Formen hinwegsetzte, um in seinem Metier der erste moderne Meister zu werden. 1828, zwei Wochen nach Vollendung seines zweiundachtzigsten Lebensjahres, starb er an einem Schlaganfall.

Noch zu seinen Lebzeiten versuchte man bereits die Krankheit zu erklären, die zur Wegscheide seines Lebens geworden war. Den Weg wies Zapater, der in einem Brief schalkhaft anmerkte, ›mangelnde Überlegung‹ habe zur Krankheit geführt. Der Implikation, daß Herumhuren während seiner Jugend oder Affären mit Damen der Gesellschaft ihn während seiner späteren Jahre zum Syphilitiker hatten werden lassen, bemächtigten sich seine Biographen. Der Gedanke befriedigte natürlich jeden geilen Moralisten, gibt er sich doch gern der Überzeugung hin, der Künstler lebe seine Phantasien aus und zahle den Preis dafür. Manche behaupteten, es gebe noch weitere Beweise; angeblich war Josefa Goya zwanzigmal schwanger, aber nur ein Kind wuchs aus den Kinderschuhen heraus. Offenbar habe ihr Mann sie mit Syphilis infiziert, und die Krankheit habe von der Nachkommenschaft ihren Tribut verlangt.

Zu Zapaters Zeit und auch später noch war Syphilis gefahrlos zu unterstellen, denn deren Ursachen waren unbekannt, und eine verläßliche Diagnose war bis zum Beginn dieses Jahrhunderts nicht möglich. Syphilis gehört zu den problematischsten Krankheiten, ihre Erscheinungsformen sind ohne Zahl, der Krankheitsverlauf ist nicht vorausbestimmbar. Ein altes Sprichwort besagt, wer die Syphilis begreift, hat die Medizin begriffen. Wie heutzutage Schizophrenie, so wurde lange Zeit bei einer großen Anzahl von rätselhaften Krankheiten Syphilis diagnostiziert; manchmal hat man den Eindruck, daß im Verlauf der Geschichte die Hälfte aller Leute, die nicht gerade öffentlichen Hinrichtungen zum Opfer fielen, mit diesem Etikett bedacht wurde.

Eines allerdings läßt sich über die Syphilis gemeinhin

vorab sagen. In ihrem dritten und letzten Stadium greift unbehandelte Syphilis gewöhnlich das Gehirn an und führt normalerweise zu gestörtem Denkvermögen, zu Seh-, Hör-, Sprachstörungen und unkontrollierter Motorik; schließlich folgen Lähmung, Irresein und Tod. Ein typisches, beklagenswertes Beispiel für tertiäre Syphilis war Maupassant, der, ehe er mit vierundvierzig Jahren starb, in einer Irrenanstalt herumkroch und die eigenen Exkremente auffraß.

Noch 1965 schrieb ein Otolaryngologe bzw. Hals-Nasen-Ohren-Arzt namens Böhme voller Überzeugung, daß Goyas Erkrankungen mit zweiunddreißig und sechsundvierzig Jahren als zweites und drittes Stadium der Syphilis und mithin als Ursache seiner Taubheit aufzufassen seien. Im Jahr darauf verwies ein anderer HNO-Arzt, Dr. S. L. Shapiro, auf die lange Pause zwischen den beiden Krankheitsausbrüchen und stellte eine Variation des Themas in den Raum: ›prinzipiell luetische (syphilitische) Meningitis bei gleichzeitiger Endarteriitis der Zerebralgefäße... Eine solche Diagnose würde die zeitweilige Blindheit (Einbeziehung des Sehnervs), die Kopfschmerzen, die vorübergehenden Sprachstörungen und die zeitweilige Lähmung sowie die bleibende Taubheit erklären.‹ Mit anderen Worten, Syphilis habe zu Hirnschäden und Schädigungen des Gefäßsystems geführt, denen dann im Alter von zweiundachtzig der Schlaganfall folgte.

Welch krause Gedanken. Erstens: Mit sechsundvierzig litt Goya an fortgeschrittener Syphilis inklusive Hirnschäden. Zweitens: Dies kann nicht dieselbe Krankheit gewesen sein, an der er mit zweiunddreißig litt, denn Syphilis verlangt einen ärgeren und früheren Tribut. Drittens: Nach beinahe tödlicher Syphilis verbrachte Goya noch sechsunddreißig weitere Jahre in erstaunlicher Frische, und außer Hörvermögen und guter Laune standen ihm die ganze Zeit über alle seine früheren Fähigkeiten zu Gebote.

Hier nämlich liegt der wunde Punkt der Syphilis-Theorie. Unbeschadet der vielfältigen Erscheinungs- und Verlaufsformen der Krankheit stehen die Chancen sehr schlecht, daß jemand, der mit zweiunddreißig oder sechsundvierzig Jahren die übelsten neurologischen Verwüstungen aufweist, danach noch bis ins hohe Alter von zweiundachtzig Jahren robust und schaffensfroh weiterlebt. Und Goya war trotz aller Härten, Erkrankungen und Kümmernisse jederzeit robust, taub zwar, aber ansonsten ein ganzer Mann, dessen kreative Kräfte mit vorrückendem Alter nur zunahmen.

Eigentlich ist Zapaters Anspielung der einzige ›Beweis‹ für Syphilis. Heute behaupten manche Historiker, daß Josefa keineswegs zwanzigmal in Umständen war, sondern vielleicht vier- oder fünfmal schwanger ging. Daß von entsprechend vielen ausgetragenen Kindern nur eines überlebte, war zu Goyas Zeit nicht ungewöhnlich. Interessanterweise wird die Vorstellung von Goya als einem leidenden, lasterhaften Künstler durch einen Analogieschluß gestützt – auch Beethovens Taubheit wird von manchen auf angebliche Syphilis zurückgeführt. Die Unterstellung ist ebenso weit hergeholt; zumindest gibt es guten Grund für die Annahme, daß Beethoven das Opfer einer Nerventaubheit war.

Das Festhalten an der Theorie, daß Goyas Midlife Crisis, was Gesundheit und Persönlichkeitsbild betrifft, auf Syphilis zurückzuführen sei, setzt entweder Ignoranz oder aber einen ehrfürchtigen Kniefall vor dieser Auffassung voraus. Warum haben sich so viele Biographen und Ärzte dafür hergegeben? Einzige Erklärung dafür ist das Gesetz der Wiederholung. Bei unserem zweiten Ausflug auf das Gebiet der Biohistorik müssen wir gewundenere Pfade einschlagen, und das ist ausschlaggebend, denn bei weiterem Vorankommen werden wir immer wieder auf dieses Gesetz stoßen.

Vom Gesetz der Wiederholung erfuhr ich erstmalig durch einen meiner Professoren. Ich wollte mich mit einem Dichter befassen, der in allen Anthologien immer wieder mit ein und demselben Gedicht vertreten ist. Ich las sein Gesamtwerk, fand ein Dutzend ebenso guter Gedichte und fragte in meiner Abhandlung, warum sich die Herausgeber der Anthologien immer nur an das bewußte eine halten. Mein Lehrer schrieb mir auf den Rand: ›Weil sich die meisten von ihnen immer nur die Mühe machen, andere Anthologien zu lesen‹.

Dieses Prinzip der gedankenlosen Wiederholung finden wir hinter so vielen überlieferten Irrtümern, und besonders gedeiht es dann, wenn sich Spezialisten auf andere Spezialgebiete begeben. Ein Historiker, gelehrt, selbst Augenzeugenberichte mit der Skepsis des Staatsanwalts in Frage zu ziehen, kauft vielleicht einem Arzt jede Aussage aus medizinischer Sicht ab. Ein Arzt, gewohnt, Laborbeweise zu verlangen, käut möglicherweise den albernsten historischen Abriß wieder, bloß weil der Autor einen höheren akademischen Grad erworben hat. Ein jeder kennt sein kompliziertes Sachgebiet in allen Einzelheiten, aber Ehrfurcht vor dem Sachverstand kann ihn auf anderen Gebieten zur Leichtgläubigkeit verführen. Statt nachzuprüfen und sich um Verifikation zu bemühen, gibt er die Auffassung der erstbesten ›Autorität‹ wieder oder schließt sich gar aus der hohlen Hand gezauberten Ansichten und Zusammenfassungen aus zweiter Hand an.

Zapaters Hinweis, daß Goya Syphilis gehabt haben könnte, kam Moralisten, Phantasten und Dramatikern gerade recht, eignete er sich doch vorzüglich zur Lösung eines biographischen Rätsels. Historiker und Ärzte verzichteten auf die Suche nach weiteren Auffassungen, und der Patient war zu keinem Protest mehr fähig.

Aber wenn es keine Syphilis war – was dann? Manche Hals-, Nasen- und Ohrenspezialisten vermuten Otosklerose bzw. Menièreschen Symptomenkomplex; beidem ließen sich Goyas Taubheit und Schwindelgefühle zuschreiben, aber nur wenig mehr. Manche Psychiater stellen auf schizophrene oder depressive Psychose ab, aber dadurch läßt sich noch weniger erklären, und für beides gibt es kaum Beweise. Jeder Spezialist schnappt sich seinen Teil vom Elefanten; von den Fachärzten für Fußleiden oder für Darmerkrankungen stehen die Ansichten noch aus.

Eine Mutmaßung aus jüngerer Zeit verdient indes ernsthafte Beachtung, denn sie beruht ebensosehr auf klinischer Erfahrung wie auf gewissen historischen Überlegungen. Der englische Arzt Dr. Terence Cawthorne verwies 1962 auf eine Krankheit, die ebenso häufig ist, wie einem ihr Name glatt über die Zunge geht. Gemeint ist das Vogt-Koyanagi-Syndrom.

Cawthorne erinnert an eine Begebenheit aus Goyas Leben. Nicht lange vor seiner kritischen Erkrankung reiste er im Wagen der Herzogin von Alba über die Sierra Morena, als bei heftigem Sturm eine Achse brach. Goya holte Werkzeug herbei und beteiligte sich an den Reparaturarbeiten; anschließend bekam er Fieber. Ein paar Einzelheiten und das genaue Datum des Vorfalls sind umstritten, das Ereignis an sich und das annähernde Datum sind jedoch hinreichend wahrscheinlich.

Cawthorne ließ den Gedanken an Syphilis fahren, gibt eine andere Krankheit zu bedenken und ruft Heureka: ›Kälte und Überanstrengung beim Versuch der Achsreparatur… werden als auslösende Momente der Krankheit genannt, aber natürlich hatte seinerzeit wie heute jedermann allein (Syphilis) im Auge. Dennoch, der Umstand, daß er genas… weist darauf hin, daß es sich um eine plötzliche Episode ohne jede progressive Ausbreitung der

Krankheit auf das Nerven- oder Herzgefäßsystem handelte, was indes im Falle einer fortgeschrittenen Syphilis zu erwarten gewesen wäre. Mit viel größerer Wahrscheinlichkeit hat es sich dabei um ein eigenartiges Syndrom gehandelt, bei dem eine vorübergehende Entzündung des Uveatrakts mit bleibender Taubheit einhergeht... Mit dem voll ausgeprägten Syndrom verbinden sich die Namen Vogt und Koyanagi, und ich kenne fünf Patienten, die alle oder die meisten Merkmale dieser Störung aufwiesen.‹

Der Einfall kam Cawthorne bei der Behandlung eines Sechsundvierzigjährigen; der Patient war also ebenso alt wie Goya zur Zeit seiner Erkrankung. Der Patient wurde urplötzlich bei gleichzeitigem heftigem Schwindelgefühl und einer Augenentzündung mit Taubheit geschlagen. Nach zwei Monaten hatten sich seine Augen gebessert, aber Hörvermögen und Gleichgewichtssinn kehrten nicht zurück. Cawthorne zog einen Kollegen hinzu, der seine Diagnose bestätigte. ›Ich glaube‹, so schloß er, ›daß dies das Syndrom war, an dem Goya litt.‹

Ganz sicher ist dies mit Goya weitaus besser als die Syphilis zu vereinbaren. Das Syndrom, wenngleich noch wenig erklärt, wird wahrscheinlich von einem Virus verursacht; die Betroffenen bleiben gelegentlich zeitlebens taub. Was die Persönlichkeitsveränderung betrifft, so meint Cawthorne, sie habe von der Krankheit, von der Taubheit oder vom Erleben des grausigen Peninsularkrieges herrühren können. Er vergleicht Goya mit Swift, ›der ein Jahrhundert zuvor aufgrund der Menièreschen Krankheit wiederkehrenden Anfällen von Taubheit und Schwindelgefühl unterworfen war... Beide waren gesellig, lebhaft und in der feinen Gesellschaft beliebt. Jeder von ihnen verlor in mittlerem Alter das Gehör und wurde aufgrund aufgezwungener Vereinsamung zum Opfer morbider Gedanken, die die künstlerischen Äußerungen eines jeden durchaus beeinflußt haben mögen.‹

Eine seltene, unzureichend erklärbare Viruserkrankung? Wohl möglich, aber eine andere Diagnose ist offenbar noch besser; sie beruht auf einem längeren, feineren Sieben der Belege für Goyas Gesundheit, Persönlichkeit und Kunst. Im Grunde genommen wird diese Erklärung durch so entfernt liegende Quellen wie Untersuchungen von giftigen Substanzen ausgesetzten Slumkindern und Industriearbeitern von Jahr zu Jahr immer mehr erhärtet. Der Urheber dieser Theorie hatte, wie Cawthorne auch, eine blitzartige Erkenntnis, als er Goyas Symptome mit denen seiner eigenen Patienten verglich. Die Anfänge dieser Geschichte reichen mehr als fünfzig Jahre zurück.

Zu Beginn der dreißiger Jahre absolvierte Dr. Wilhelm Niederland in Düsseldorf seine Medizinalassistentenzeit. Um sich etwas Geld nebenher zu verdienen, arbeitete er im öffentlichen Gesundheitswesen und betreute dabei die Arbeiter, die die Rheinbrücken entrosteten und neu strichen. Die Männer, die es mit großen Mengen von Bleimennige zu tun hatten und bei der Arbeit die Dämpfe der Rostschutzfarbe einatmeten, litten an Saturnismus, d. h. Bleivergiftung. Viele von ihnen zeigten akute Enzephalopathia saturnina, also eine durch chronische Bleivergiftung bedingte Gehirnerkrankung. Niederlands Umgang mit den Anstreichern bewog ihn zu einer gründlichen Erforschung der Bleivergiftung; einen Bericht über seine Untersuchungen der Bleivergiftung als einem Problem der allgemeinen und industriellen Umwelt leitete er der Gesundheitsorganisation des Völkerbundes zu.

Zusätzlich zur naturwissenschaftlichen Medizin beschäftigte sich Niederland daraufhin mit der Psychiatrie. Dann aber wechselte sein Lebensweg abrupt die Richtung, denn als Jude sah sich Niederland bald darauf zum Verlassen Nazi-Deutschlands genötigt. Er setzte seine psychoanalytische Ausbildung in den Vereinigten Staaten fort und eröffnete in der Stadt New York eine Privatpraxis.

Seine Liebe zur Kunst sprach sich herum, so daß schließlich viele Künstler, insbesondere Maler und Bildhauer, in seine Sprechstunde kamen. Im Laufe der Jahre eignete sich Niederland noch ein weiteres Interessengebiet an; neben allgemeiner und Arbeitsmedizin und Psychoanalyse befaßte er sich nicht nur mit Kunst, sondern er beschäftigte sich nun auch noch nachhaltig mit Geschichte. Er schrieb eine fesselnde psychoanalytische Abhandlung über Leben, Werk und Persönlichkeit Heinrich Schliemanns, jenes leidenschaftlichen, verschrobenen Abenteurers des neunzehnten Jahrhunderts, der sich über die konventionellen Auffassungen seiner Zeit hinwegsetzte, die Ruinen Trojas suchte und fand und zu einem Mitbegründer der wissenschaftlichen Archäologie wurde.

Etwa gegen 1960 konzentrierte Niederland seine zahlreichen Fähigkeiten und Interessen auf einen Künstler, dessen Werk ihm lieb und teuer war. Als er Berichte über Goyas Krankheit las, fielen ihm sofort wieder die Anstreicher ein, die er dreißig Jahre zuvor in Düsseldorf behandelt hatte. Die klinische Übereinstimmung war offenbar vollkommen; die Standarddiagnose, Syphilis, kam Niederland leichtfertig und unwahrscheinlich vor.

›Je mehr ich der Sache auf den Grund ging‹, sagte er, als ich mit ihm über seine Untersuchungen sprach, ›desto weniger kam mir Syphilis argumentativ haltbar vor. Es erschien mir um so notwendiger, den nach der Krankheit eingetretenen gravierenden Persönlichkeitswandel des Künstlers zu begreifen. Dieser Wandel war mir in wissenschaftlichem und künstlerischem Sinne ungemein rätselhaft. Man sehe sich doch einmal Goyas frühere Werke an – Rokoko, beinahe übermäßig zahm. Nach seiner Krankheit kam ein anderer Künstler zum Vorschein, ein verbitterter, beinahe herzlos strenger Mann. Warum? Wieso? Die Frage interessierte mich so sehr, daß ich mich wirklich dahinterklemmte. Ich mußte nicht nur Bleivergiftung als mögliche Diagnose überprüfen, sondern auch das eine solche Vermutung stützende historische Material begutachten.‹

In genau diesem Punkt unterscheidet sich Niederland grundlegend von vielen anderen Ärzten und Biographen. Unzufrieden, daß es keine verbindliche Lebensbeschreibung des Künstlers gab, stellte er eigene Nachforschungen an, wobei er nicht vergaß, gegen seine Theorie sprechende Beweismittel und Ungewißheiten zu bedenken. Zu viele Ärzte, die historische Gestalten zu diagnostizieren versuchten, haben sich mit einem oder zwei Büchern beschäftigt und die Darlegungen des Historikers als der Weisheit letzten Schluß aufgefaßt.

›Ich wußte‹, sagte Niederland, ›daß in den Archiven des Madrider Prado unveröffentlichtes Material über Goya in reicher Fülle lagert – Tausende von Anmerkungen und Notizen in vielen verschiedenen Sprachen. Ich kann, außer in Spanisch, in mehreren Sprachen verfaßte Dokumente lesen, und das Spanische beherrscht meine Frau. Im Laufe etlicher Jahre reisten wir mehrmals nach Spanien.‹

Seine jahrelangen Nachforschungen lohnten sich, Niederland fand zahlreiche Details bestätigt. Er mußte beim Eruieren aber auch viele Nebenwege einschlagen, die indes nicht weniger interessant als sein Hauptthema waren. So galt es zum Beispiel Goyas Arbeitsgewohnheiten zu rekonstruieren, sich über die von ihm bevorzugten Farben Gewißheit zu verschaffen und sich erneut in die Problematik der Bleivergiftung zu vertiefen, die inzwischen wieder als eine der weitestverbreiteten und bösartigsten umweltbedingten Krankheiten des Menschen zum Gegenstand intensiver Forschungen geworden ist.

Bleivergiftung ist wie Syphilis nur schwer zu diagnostizieren, da ihre Symptome so unterschiedlich sind, wie die Heftigkeit der Krankheit von Fall zu Fall schwankt. Trotzdem gehört Bleivergiftung zu den Krankheiten, die in der

Geschichte der Medizin als erste eindeutig beschrieben wurden. Die Ägypter arbeiteten mit Blei, und der griechische Arzt und Dichter Nicander hat die Bleikrankheit schon vor mehr als zweitausend Jahren unmißverständlich geschildert. In seiner großen Abhandlung über Architektur warnte der Römer Vitruvius davor, Bleirohre als Trinkwasserleitungen zu benutzen. Plinius erwähnt durch das Blei in Keramikglasuren, Nahrungsmittelzusatzstoffen und Aufbewahrungsgefäßen verursachte Vergiftungserscheinungen. (In Rom und Athen benutzten die Frauen das Bleiweiß – jene chemische Verbindung, die bis in unser Jahrhundert hinein als Grundstoff der weißen Farbe diente – auch als Kosmetikmittel.) Die Griechen und Römer wußten nicht, daß Blei nicht nur dann zu Vergiftungen führt, wenn es verschluckt oder inhaliert wird (als Staub oder in Form flüchtiger Verbindungen), sondern auch, wenn es durch die unversehrte Haut absorbiert wird. Trotzdem kannten sie die Anzeichen einer chronischen Bleivergiftung: Nierenschäden, geschwollener Leib, anämisch fahle Haut, kraftlose Handgelenke und schlaffe Gliedmaßen.

Im ausgehenden Mittelalter, als die Ausweitung des Bergbaus und Hüttenwesens ein neues Interesse an den Krankheiten der Metallarbeiter weckte, kamen ein paar neue Erkenntnisse hinzu. Im Jahre 1700 brachte dann Bernardino Ramazzini, ein venezianischer Arzt, sein Buch ›De morbis artificum diatriba‹ – über die Krankheiten der Gewerbetreibenden – heraus; in diesem Werk, klassische Grundlage der Arbeitsmedizin, stellte er die Bleivergiftung deutlicher und detaillierter als je zuvor dar. 1839 beschrieb der französische Arzt Tanquerel des Planches eine bestimmte Neuropathie, die oftmals die Folge einer akuten Bleivergiftung ist. Anhand der Symptome legte er vier Erscheinungsformen fest, charakterisiert durch Fieberwahn, tiefe Bewußtlosigkeit, Krämpfe oder durch eine

Kombination dieser drei Kriterien. Weil diese fürchterliche Krankheit oftmals zu tiefen Depressionen führt, wurde sie von des Planches ›Enzephalopathia saturnina‹ genannt; er berief sich bei seiner Namensgebung also auf jenen Gott der Schwermut, den Goya auf dem schaurigsten seiner Schwarzen Bilder dargestellt hat.*

Die Beschreibungen der Ärzte Ramazzini und des Planches, Goyas belegte Symptome, die Leiden der Düsseldorfer Anstreicher – alles harmonierte miteinander: Gliederlähmung, Tremor, Bewußtlosigkeit, Wahnvorstellungen, zeitweilige Erblindung, geistige Verwirrung, Depressionen, paranoides Denken, Schwindelanfälle. Zwei der Düsseldorfer Anstreicher hatten ein Jahr lang wiederkehrende Depressionen – genau wie Goya. Nach Ablauf der kritischen Krankheitsphase blieben Schwindelgefühle, beeinträchtigtes Seh- und Hörvermögen und Persönlichkeitsveränderungen. Auch eine verblüffende Genesung von dieser verheerenden Krankheit ließ sich beobachten: Wie Goya, der ebenfalls an der Schwelle des Todes gestanden hatte, so erholte sich einer der Düsseldorfer Anstreicher von vollständiger einseitiger Lähmung, epileptischen Anfällen, geistiger Verwirrung und Paranoia. Gesund bleiben hieß also jeden Umgang mit bleihaltigen Farben meiden; als die Anstreicher ihren Beruf wieder-

* Diese Auslegung ist m. E. nicht haltbar, sondern vom Autor willkürlich konstruiert. Die Alchimie wurde von jeher in engem Zusammenhang mit den Konstellationen der Himmelskörper und mystischen Beschwörungen gesehen. Da auch viel Schindluder getrieben wurde, hatte man sich bald eine immer unverständlicher werdende Fachsprache ausgedacht; so wurden manche Elemente zum Beispiel mit den Namen von Planeten belegt. Quecksilber heißt auf Englisch heute noch ›Mercury‹; die Namen ›Uranium‹ und ›Plutonium‹ kommen auch nicht von ungefähr; nun ja, und Blei wurde eben ›Saturnus‹ genannt (denn es galt seit der Antike als das Urmetall und wurde daher mit dem Namen des Urvaters der römischen Götter belegt). ›Encephalopathia saturnina‹ heißt also nichts anderes als ›durch Blei verursachte Gehirnerkrankung‹. Daß Saturn in der Antike der Gott der Schwermut gewesen sein soll, fand ich übrigens nirgends belegt – was mich auch nicht wundert, galten doch die Saturnalien im alten Rom als fröhlichstes, ausgelassenstes Fest des Jahres. A. d. Ü.

aufnahmen, stellten sich bei vielen die alten Symptome wieder ein. Bei keinem der Düsseldorfer Patienten war absolute, bleibende Taubheit feststellbar, ansonsten aber deckten sich ihre Symptome mit Goyas Krankheitsbild vollkommen.

Die Übereinstimmung war verlockend; viele Ärzte und Biographen hätten sich triumphierend damit zufriedengegeben. Niederland aber hielt die Zusammenhänge für zufällig, denn noch ließ sich ein logischer Einwand nicht entkräften. Woher will man wissen, daß Goya der gleichen Bleimenge ausgesetzt war wie die Düsseldorfer Arbeiter – einer Menge, die ausreichend gewesen wäre, um auf bleiernen Schwingen Besucher vom Saturn nahen zu sehen?

Ein Teil der Antwort findet sich in Ramazzinis klassischer Schrift aus dem Jahre 1700. Heutzutage sind viele hochgiftige Bleiverbindungen bei der Farbenherstellung nicht mehr zulässig. Zu Ramazzinis Lebzeiten aber waren die Materialien der Künstler so giftig, daß er ihren Krankheiten ein ganzes Kapitel widmete, worin er sich überwiegend mit den Symptomen von Blei- und Quecksilbervergiftungen beschäftigte (auch Quecksilber wurde zur Farbherstellung verwendet; es zeitigt mancherlei vergleichbare Wirkungen). Ramazzini schrieb, daß neben Bergleuten und Töpfern auch ›Maler heimgesucht werden von zahlreichen Unpäßlichkeiten wie Gliederzittern, Kräfteverfall, geschwärzte Zähne, Trübsinn und Verlust des Geruchssinns. Maler sehen nur höchst selten frisch und gesund aus... (unmittelbarste Ursache sind) die Materialien der Farben, die sie benutzen und fortwährend riechen, so zum Beispiel Mennige, Zinnober (quecksilberhaltig), Bleiweiß... und die zahlreichen Farbpulver aus den verschiedensten mineralischen Substanzen... Zudem tragen die Maler bei der Arbeit schmutzige, farbbeschmierte Kleidung, so daß sie durch Mund und Nase fortwährend vergiftete Luft einatmen...‹

Fernel veranschaulicht dies und berichtet vom recht merkwürdigen Fall eines Malers aus Anjou, dessen Finger und Hände zunächst matt und kraftlos wurden und sich alsdann verkrampften. Anschließend wurde der ganze Arm entsprechend in Mitleidenschaft gezogen; später griff die Störung auf seine Füße über... Fernel berichtet weiter, daß der Maler die Farben gewohnheitsmäßig mit den Fingern von seinen Pinseln abstreifte und, noch schlimmer, (die Finger) danach ablutschte; es sei daher möglich, daß das Zinnober so auf direktem Wege von den Fingern ins Hirn gelangte und ins gesamte Nervensystem ebenfalls... Dies also und nichts anderes erklärt die kachektische Verfassung der Maler, ihr ungesundes Aussehen und die Anfälle von Schwermut, denen die meisten von ihnen unterworfen sind.‹

Angesichts dieses verführerischen Beweises ist zu fragen: Waren die Maler zu Goyas Lebzeiten, also ein Jahrhundert später, noch immer Opfer ihrer Farben? Niederland stellte fest, daß es entsprechende Untersuchungen bereits gab. Der deutsche Kunsthistoriker Max Doerner hatte in seinem 1934 erschienenen Buch ›Die Materialien des Künstlers und ihre Verwendung in der Malerei‹ festgestellt, daß Goya mit Zinnober arbeitete und größtenteils auf einer giftigen Bleiweiß-Grundierung malte. Ein anderer Wissenschaftler, F. Schmid, rekonstruierte 1941 Goyas Farbpalette und fand, daß Goya von allen Farben am häufigsten Bleiweiß benutzte. Die heute gebräuchlichen harmlosen Farben – Rot ohne Quecksilberzusätze, Weiß auf Titan- und Zinkbasis – wurden erst ein halbes Jahrhundert nach Goyas Tod entwickelt. Und zu Goyas Lebzeiten mußte der Künstler, weil es noch keine fabrikmäßig hergestellten Farben gab, seine Rohstoffe selbst mahlen und zusammenmischen.

Nun hatte Niederland keine Zweifel mehr. Goya, so schrieb er, war in ›häufigem und unmittelbarem Kontakt mit jener giftigen Bleiverbindung, bei der es sich im wesentlichen um alkalisches Bleikarbonat, nämlich 2 $PbCO_3 \cdot Pb(OH)_2$, handelt. Das Zermahlen dieser giftigen Verbindung zu Farbkörpern ist besonders gefährlich, da der manuelle Umgang damit Einatmen oder Schlucken (derselben) erleichtert.‹ Zu Goyas Palette gehörten auch giftiges Bleichromat sowie quecksilberhaltige Farben, nicht minder giftig als Blei. Die Symptome können in beiden Fällen ähnlich sein.

Wieder einmal würde die biohistorische Spürnase frohlocken und sich zufriedengeben. Niederland aber untersuchte seine Theorie noch einmal auf Schwachstellen; er fand eine und suchte den Gegenbeweis. Warum sollte Goya so schwer an Bleivergiftung gelitten haben, während dies bei vielen anderen Malern nicht der Fall war? Die Antwort fand sich in weiteren Details über Goyas künstlerische Techniken.

Zunächst einmal benutzte Goya Bleiweiß beim Grundieren und Malen in reichlichen Mengen. Das Bleiweiß, das für den berühmten, an Perlmutt erinnernden Glanz vieler seiner Werke verantwortlich ist, war ihm die liebste Farbe. Als Beispiel verweist Niederland auf seine berühmte, großflächige Leinwand ›Winter‹: ›mit ihrem »bleiernen« Himmel, Landschaftselementen und Gestalten. Viele von Goyas Bildern haben eine irisierende, funkelnde Komponente bei annähernd unendlich vielen Abstufungen von Weiß, Weißgrau und Schummeriggrau.‹

Zweitens war Goya ein erstaunlich fruchtbarer Künstler; er ist wohl als schnellster großer Portraitmaler der Geschichte anzusehen. Wie es heißt, hat er das Bildnis seiner Frau – es hängt im Prado – in einer Stunde angefertigt; ein großes Bildnis des Königs Ferdinand soll nach einer oder zwei Sitzungen fertig gewesen sein. Für ein Portrait des Infanten, Don Luis, habe er nur einen einzigen Vormittag benötigt. Er konnte dies nicht nur aufgrund seiner außergewöhnlichen Begabung, sondern weil er ebenso wie Picasso arbeitete: wie eine Fontäne, wie ein Vulkanausbruch, wie eine Flutwelle. Théophile Gautier, der für sein Buch ›Wanderungen in Spanien‹ Anekdoten zusammentrug, schloß:

›Welch seltsamer Maler, welch ein einzigartiger Genius war Goya!... Seine Malweise war ebenso außergewöhnlich wie seine Begabung. Er schöpfte seine Farben aus Kübeln und trug sie mit Schwämmen, Mops, Lumpen und was ihm sonst alles in die Hände fiel, auf. Er schaufelte und klatschte seine Farben wie mit der Maurerkelle auf und gab ihnen mit flüchtigem Daumen ihren charakteristischen Strich. Auf diese improvisierte Weise schaffte er um die zehn Meter Wand in ein paar Tagen...‹

So also hielt es Goya – er mahlte giftige Blei- und Quecksilberverbindungen, gab Lösungsmittel hinzu, spritzte und klatschte die Farben auf den Untergrund, hantierte ohne Unterlaß mit ihnen und bekleckerte auch sich und seine Kleidung zweifellos damit – kurzum, er verbrachte sein Leben in einem einzigen Farbgestöber. Niederland schätzt, daß Goya allein durchs Einatmen wahrscheinlich zwei- bis dreimal soviel Blei wie die meisten Maler in sich aufnahm – und, wie Ramazzini sagt, litten die meisten von ihnen ohnehin an chronischer Bleivergiftung. Bei manchen von Goyas Selbstbildnissen hat man den Eindruck einer für Bleivergiftung typischen Blässe, und auf einem dieser Bilder kann man die typische Verrenkung der Hände erkennen.

Bewaffnet mit ineinandergreifenden Beweismitteln aus medizinischen, historischen und künstlerischen Quellen, war Niederland nunmehr zur Revision überholter Diagnosen bereit. Syphilis kam natürlich am allerwenigsten in Betracht. Beinahe ebenso unwahrscheinlich waren jüngere Spekulationen einiger Psychiater, daß Goyas Persönlichkeit, Kunst oder Gesundheitszustand durch eine manisch-depressive Psychose, Involutionsmelancholie oder eine schizophrene Psychose in Verbindung mit Taubheit geprägt worden seien. Trotz der alten Redensart, daß Genie und Wahnsinn dicht beieinanderliegen, und trotz der angeblichen Kreativität einiger an Schizophrenie Erkrankter läßt schizophrene Kunst entweder jegliche Gesamtanlage vermissen oder zeigt zwanghafte thematische Wiederholungen. Kein Psychotiker konnte etwas von der künstlerischen Breite und Tiefe zustande bringen, die den Goya seines zweiten Lebensabschnitts auszeichnen. Im Grunde genommen sind seine Produktivität, Vielseitigkeit und Gefühlsbreite der schlagende Beweis gegen Schizophrenie und andere ernstliche Geisteserkrankungen.

Nach mehr als zehnjährigen Untersuchungen erschien dann 1972 im ›New York State Journal of Medicine‹ Niederlands Aufsatz ›Goyas Krankheit‹. Darin wurden Goyas Leben, Werk und Krankengeschichte nachgezeichnet, um schließlich auf Bleivergiftung abzustellen. In dem Bericht kam zum Ausdruck, daß Goya, damals zweiunddreißig, im Jahre 1778 auf den Tod erkrankte, sich aber vollständig wieder erholte. Zwischen 1778 und 1781 hatte er offenbar so schwere Depressionen, daß er gelegentlich nicht arbeiten konnte. 1792/93 dann kam es zu der schweren Erkrankung, die auf sein Nervensystem übergriff und zur Taubheit führte. Andere, nicht näher beschriebene Krankheiten warfen ihn etwa 1809, 1820 und vielleicht auch danach noch nieder. Jedes Krankenlager – zwischen seinem zweiunddreißigsten und etwa achtzigsten Lebensjahr – hielt Goya von seinen Farben fern, so daß, wie sich bei den Düsseldorfer Anstreichern gezeigt hatte, der Bleispiegel sinken und das Opfer gesunden konnte, bis sich wieder Blei im Organismus angesammelt hatte.

Jedes der Goyaschen Symptome läßt sich durch Blei- oder andere Schwermetallvergiftungen erklären. Und

›Mangel an Überlegung‹, jene Worte Zapaters, die zur Fehldiagnose Syphilis führten, interpretierte Niederland ebenfalls um. Als wir uns über seinen Aufsatz eingehend unterhielten, sagte er zu mir: ›Zapater blieb in der Provinzhauptstadt Saragossa ein unauffälliger Beamter, während sein alter Schulfreund in Madrid zum Ersten Hofmaler des Königs avancierte. Deswegen kühlte die Freundschaft der beiden letzten Endes auch ab. Zapater kann man vielleicht eine Art Geschwisterrivalität unterstellen. Oder aber, wenn Ihnen das lieber ist, dem Neid entsprungene Anmaßung.‹ So berichtet Niederland auch, daß Goyas neunzehn totgeborene und nicht ausgetragene Kinder aller Wahrscheinlichkeit nach ins Reich der Fabel gehören. Selbst wenn dies nicht der Fall wäre, ließe sich alles mit Saturnismus erklären. Bleivergiftung verursacht überdurchschnittlich viele Fehl- und Totgeburten und pränatale Schädigungen.

Neurologisch gesehen, kann Bleivergiftung nicht nur Depressionen verursachen, sondern auch zu bleibenden Persönlichkeitsveränderungen führen. Zudem ist Niederland mit anderen Forschern der Auffassung, daß sich der Fall Goya mit den Erfahrungen deckt, die im Umgang mit Tauben gewonnen wurden. ›Nach vollständigem Gehörverlust‹, sagt Niederland, ›werden Erwachsene oft verbittert und neigen zu Depressionen. Oftmals läßt sich eine leichte, aggressive Paranoia beobachten; ein Tauber, der andere reden sieht, vermutet, daß über ihn gesprochen wird. Sehen Sie sich das Gesicht des tauben Beethoven an, und Sie finden einen ähnlichen deprimierten, verbitterten Gesichtsausdruck wie bei Goyas Selbstportraits. Viele ursprünglich friedfertigen Leute werden nach Ertaubung im Familienkreise unerträglich.‹

Allerdings, so schreibt Niederland in seinem Aufsatz, änderte sich Goya nicht völlig abrupt; Hinweise auf Melancholie, Groteskes und Böses finden sich auch in einigen seiner frühen Arbeiten. Dennoch war Goya nach seiner Krankheit als Künstler und Mensch ein anderer. Bauten die Auswirkungen der Bleivergiftung auf irgend etwas in seiner Persönlichkeit latent Angelegtem auf? Von der Logik her möchte man vermuten, daß die Krankheit Goyas verzweifelte, hoffnungslose Lebensauffassung eher auslöste denn verursachte. ›Nun‹, sagt Niederland, ›diese Logik aber befriedigt mich nicht. Ungeachtet jeglicher prämorbiden Persönlichkeitsstruktur, die Untersuchungen sind nicht vollständig. Wir sind dem Rätsel seiner Persönlichkeitsveränderung einen Schritt näher gekommen, aber wir müssen noch eine entscheidende Frage beantworten. Warum mußte er diese Veränderung durchmachen und nicht ein anderer?‹

Niederland forscht weiter. Inzwischen stellen sich weitere Beweise ein, die die Theorie einer Bleivergiftung untermauern. Jahrzehntelang wurde Saturnismus für ein Problem der Vergangenheit gehalten, das durch staatliche Auflagen in Bergbau und Industrie und durch Käuferschutzvorschriften unter Kontrolle gebracht ist. Ende der fünfziger/Anfang der sechziger Jahre aber wurde es rasch wieder virulent. Slumkinder aßen Blei, und überall auf der Erde atmete man das Metall ein.

In baufälligen Behausungen mit rissigem oder abblätterndem Bleifarbenanstrich wohnende Kinder kauten Farbblättchen und bekamen Bleivergiftung mitsamt Enzephalopathie. Bleivergiftung infolge von Pica – d. h. Eßlust auf Ungenießbares wie Kreide, Lehm, Farbfetzen u. ä., zu beobachten bei Kindern, Schwangeren, Epileptikern und Psychasthenikern – wurde zum Thema massiver öffentlicher Aufklärungskampagnen und Untersuchungsprogramme. Bleivergiftung bei Kindern war nichts Neues, sie blieb allerdings oftmals unerkannt aufgrund so rätselhafter, multipler Symptome wie Erbrechen, Hyperaktivität, Benommenheit und Kopfschmerz. Die Enzephalopathie kann bleibende Schäden nach sich ziehen, angefangen bei Lerndefiziten bis hin zu Retardation, Epilepsie, zerebraler Kinderlähmung und Blindheit. Einer Schätzung zufolge müssen jährlich annähernd zweihunderttausend Kinder bleibende Hirnschäden oder Retardierung (Verzögerung der geistigen Gesamtentwicklung des Kindes im Sinne eines leichten Grades von Schwachsinn) infolge von Bleivergiftung hinnehmen. J. Julian Chisholm jr., auf diesem Gebiet einer der führenden Forscher, hebt hervor:

›Die Symptome selbst einer akuten Enzephalopathie sind atypisch, ähneln denen von Hirnabszessen und -tumoren und von Virus- und bakteriellen Hirninfektionen. Die Diagnose setzt vor allem ein hohes Maß von Argwohn voraus. Für eine positive Diagnose muß man hohe Bleiabsorptionen ebenso wie die abträglichen Wirkungen des Bleis nachweisen.‹

So wächst auch die Überzeugung, daß Bleialkyl, seit fast einem halben Jahrhundert als Klopffestigkeit bewirkender Treibstoffzusatz in Gebrauch, zu einem mit den Abgasen ausgestoßenen, weltweit anzutreffenden Umweltschadstoff geworden ist. Nur wenige Forscher bezweifeln, daß der Stadtbewohner heutzutage mindestens das Hundertfache jener Bleimenge mit sich herumschleppt, die sich in einer nichtindustriellen Umwelt in seinem Organismus befinden würde.

Weitere Erforschung der Bleivergiftung lieferte Fakten, die Niederlands Goya-Diagnose nur stützen können:

– Gelangt Blei in den Verdauungstrakt, werden weniger als zehn Prozent vom Darm absorbiert, der Rest wird ausgeschieden. Blei in Form von Staub oder flüchtigen Verbindungen zu inhalieren aber ist viel gefährlicher; in diesem Falle bleiben etwa zwischen dreißig und sechzig Prozent im Körper zurück. Es besteht kein Zweifel, daß Goya durch das Mahlen und Mischen seiner Farbpulver sich äußerster Gefahr aussetzte.

– Ein Großteil des vom Körper aufgenommenen Bleis kann in den Knochen abgelagert werden, wo es eine Zeitlang untätig bleiben kann. Zu einem gewissen Zeitpunkt aber können die Knochen kein weiteres Blei mehr aufnehmen, so daß die Überschüsse in weiches Gewebe wie Nieren, Leber, Aorta und Gehirn wandern und akute Symptome bewirken. Deshalb kann jemand längere Zeit dem Blei ausgesetzt sein und erst ganz urplötzlich die Symptome einer akuten Vergiftung aufweisen.

– Krankheiten oder schwere Verletzungen können das in den Knochen eingelagerte Blei freisetzen. Wird jemand mit einem Bleispiegel ähnlich dem Goyas von Fieber, Krankheit, einem Knochenbruch, einer anscheinend zusammenhanglosen Änderung seiner biochemischen Funktionen oder Lebensbedingungen betroffen, kann unvermittelt akute Bleivergiftung ausgelöst werden.

Wir können Goyas Blut, Knochen oder Aorta nicht mehr auf Blei untersuchen; seine Krankheit wird daher niemals zweifelsfrei zu bestimmen sein. Vielleicht hatte Cawthorne mit dem Vogt-Koyanagi-Syndrom recht. Man vergesse aber nicht Chisholms Vorbehalt, daß eine Blei-Enzephalopathie neben virusbedingten Hirninfektionen noch vielen anderen Krankheiten ähneln kann: ›Die Diagnose setzt vor allem ein hohes Maß von Argwohn voraus.‹ Und dann bedenke man, daß viele Krankheiten das untätig in den Knochen lagernde giftige Blei aktivieren können. Das wichtigste aber ist, daß Niederlands Diagnose Billigung verlangt, weil sie einer Regel entspricht, mit der man sich bei den komplexen Entdeckungen der Biohistorik gemeinhin zufriedengeben muß: dem Gesetz der Sparsamkeit. Bis auf weiteres muß man die rationellste Lösung eines Problems akzeptieren. Das heißt, man muß die Lösung suchen, die die meisten Fakten am wahrscheinlichsten abdeckt. Goya mag durchaus an einer von der Wissenschaft noch nicht definierten Krankheit gelitten haben, aber für den Augenblick muß Blei-Enzephalopathie als wahrscheinlichste Krankheit angesehen werden.

Dr. Niederlands gewissenhafte, scharfsinnige interdisziplinäre Detektivarbeit ist beispielhaft für die Erfordernisse der Biohistorik. Im Augenblick geht Niederland dem Bruch in Goyas Persönlichkeit und der grundlegenden Wandlung seiner Kunst nach. Damit berührt er eine der immer wiederkehrenden, jederzeit fesselnden Fragestellungen der Biohistorik: die Wechselbeziehung zwischen Körper- und Geistesverfassung. Enzephalopathia saturnina, Taubheit, Änderungen des Hormonspiegels und biochemischer Körperfunktionen – ja, selbst Ernährungsweise und Klima können auf die Persönlichkeit einwirken. Wie das im einzelnen geschieht, liegt heute noch jenseits der dunstigen Grenzen der Wissenschaft. Diese Frage gehört aber zu denen, die als nächste beleuchtet werden müssen.

3. Kapitel

WAS FEHLTE DEM ARMEN E. A. POE?

Der Biohistoriker als Skeptiker

Edgar Allan Poe, Opfer eines unter Wissenschaftlern heute noch umstrittenen Leidens, fand man 1849 sterbend auf einer Straße in Baltimore. Seitdem denkt man bei seinem Namen an eine durch die amerikanische Literatur geisternde trübe, widerliche, kränkelnde Gestalt. Die Kritiker beharren unverrückbar auf ihrem Standpunkt: Den einen ist er ein seichter Schreiberling, die anderen halten ihn für Amerikas originellsten Schriftsteller. Nur wenige wurden so wie Poe von Klatschgeschichten, Wissenschaftlern und Psychohistorikern verfolgt. Vom verrückten Trunkenbold bis hin zum Opfer seiner philisterhaften Landsleute wurde er mit praktisch jeder erdenklichen Bezeichnung belegt. Den Schlüssel zu Poes Leben, Werk und Sterben fanden die Forscher in Alkoholismus, Opiumsucht, Epilepsie, Hirnbeschädigung, Diabetes, Kindheitstrauma, unbestimmten ererbten Scheußlichkeiten und jenem Wahnsinn, der dem Genie benachbart sein soll. Die Theorien sind wohl ebenso zahlreich wie die vierzig Jahre seines kurzen Lebens.

Untersuchungen der körperlichen und geistigen Gebrechen Poes zeigen, warum der Biohistoriker jederzeit skeptisch und vor närrischen Regungen in der intellektuellen Landschaft auf der Hut bleiben muß. Seit Poes Tod ist sein Fall zum Testgebiet der Lieblingstheorien aller nachgeborenen Generationen geworden; eigentlich kommt bei chronologischer Aneinanderreihung aller dieser Theorien die Geschichte des Sozialverhaltens und der wissenschaftlichen Methodik der letzten anderthalb Jahrhunderte in nuce zum Vorschein. Letzteres ist eine weitere Theorie. Aber da so viele in die Poe-Überlieferung hinabgetaucht sind und mit Heureka-Geschrei, die Quadratur des Kreises in der Hand, wieder zum Vorschein kamen, muß der Biohistoriker dafür sorgen, daß ihm und seinen Zeitgenossen nicht ein Gleiches widerfährt.

Ein Punkt ist unumstritten: Poes Leben war eine Kette von unglücklichen Liebschaften und zerstörten Hoffnungen. Sein Großvater väterlicherseits, David Poe, war im Revolutionskrieg – unbesoldeter – General gewesen; der Vater, David Poe jr., machte seiner Familie Schande, heiratete er doch eine Schauspielerin und zog mit ihr durch die Lande. Die Spur des unsteten, übellaunigen Mannes – er war vermutlich Trinker – verliert sich, nachdem er seine hübsche, talentierte Frau Elizabeth, mit dem dritten Kinde schwanger und schwindsüchtig, allem Anschein nach hatte sitzenlassen. Elizabeth sorgte sich nach Kräften um den Unterhalt der Kinder, aber Ende 1811 starb sie, vierundzwanzig Jahre alt und vollkommen mittellos, in einer Pension in Richmond. General Poe nahm William, den Ältesten, auf, eine ältere Dame in Richmond kümmerte sich um die kleine Rosalie, und Edgar, damals knapp drei Jahre alt, wurde von einer anderen Familie aufgenommen. So landete Edgar also im Hause des schottischen Tabakhändlers John Allan und seiner Frau Frances. Dort genoß er zunächst die bestmögliche Erziehung; später schlug dieser erfreuliche Zustand ins Gegenteil um.

Wenngleich halsstarrig und genügsam, konnte John Allan auch gemütlich sein; er mochte Edgar. Seine Frau hing an dem Jungen, und umgekehrt. Von 1815 bis 1820 hielten sich die Allans geschäftlich in England auf, und dort erlebte Edgar auf guten Internaten seine erste Schulzeit. Mit elf Jahren nach Richmond zurückgekehrt, setzte er gemeinsam mit den Söhnen reicher Pflanzer seine Ausbildung fort. Er hatte nichts Düsteres oder Kränkelndes an sich. Er war schlank, aber athletisch, ein guter Schwimmer und Boxer. Lehrer und Freunde erinnerten sich seiner als eines aufgeweckten, fröhlichen und zum Führer geborenen Jungen. Trotzdem blieb er nach den Schulstunden am liebsten für sich; nur wenige Freunde lernten sein Zuhause oder seine Pflegeeltern kennen. Inmitten der Feudalgesellschaft der Vorkriegszeit* war er sich doch jederzeit bewußt, daß er als Waise eines Schauspielerehepaares von einem ehrgeizigen Kaufmann zwar aufgezogen, aber nicht adoptiert wurde. Einige seiner Freunde zogen auf die Universität von Virginia, und Edgar ging für ein paar Monate mit ihnen. Von diesem Augenblick an wirkte sein Leben oftmals wie der Kampf gegen den Absturz.

Die sogenannten jungen Herren aus Virginia verbrachten weniger Zeit über ihren Büchern als mit Trinken, Duellen und Glücksspiel. Edgar, wenngleich gutaussehend und stattlich, so doch wißbegierig und fleißig, schrieb dafür Gedichte von frühreifer Gedankentiefe. Leider hatte ihn John Allan ohne ausreichendes Geld für Bücher, Kost und Logis auf die Universität geschickt, so daß sich Edgar den Fehlbetrag beim Kartenspiel zu verschaffen suchte. Da er dabei aber auch noch verlor, mußte er um Hilfe nach Hause schreiben. Allan versagte sich. Wenn Edgars Briefe flehentlich bis bitter waren, so reagierte Allan darauf eisig bis grob. Edgar, wegen seiner Schulden beschämt und von seinen Gläubigern gleichermaßen bedrängt, mußte die Universität schließlich verlassen. Er kehrte nach Hause zurück, um festzustellen,

* D.h. vor dem Bürgerkrieg von 1861 bis 1865, der die Gesellschaftsordnung des Südens außer Kraft setzte. A.d.Ü.

daß aus ihm und Allan inzwischen Widersacher geworden waren.

Dieser Bruch verführt seine Biographen noch heute zu einem wahren Feuerwerk von Rückschlüssen. Vielleicht konnte der Tabakhändler, ein Aufsteiger, der sein Mündel auf die besten Schulen Englands und Virginias geschickt hatte, den herangewachsenen, blitzgescheiten jungen Mann nicht mehr verstehen. Noch bedeutsamer war vielleicht Edgars Zuneigung zu Frau Allan. Ihr, die mittlerweile leidend war, gab John Allan wahrscheinlich die Schuld am Ausbleiben natürlicher Erben. Er hatte etliche uneheliche Kinder in die Welt gesetzt, wie jedermann wußte. Wahrscheinlich war dies auch Edgar nicht unbekannt, vielleicht hat er dies Allan gar vorgeworfen und für Frau Allan Partei ergriffen. Jedenfalls muß er gefühlt haben, daß es mit der geborgenen Atmosphäre in seinem Pflegeelternhaus vorbei war; andere persönliche Verluste kamen erschwerend hinzu. Mit fünfzehn hatte er sich erstmalig leidenschaftlich verliebt – in Jane Stannard, die Mutter eines Freundes. Er verehrte die warmherzige Frau und besuchte die Unglückliche in ihrem Hause. Kurz darauf erlag sie einem Gehirntumor, und wenn es ihm vielleicht auch nur nachgesagt wird, er habe jede Nacht ihr Grab besucht, so grämte er sich doch zutiefst und schrieb später ›To Helen‹ zu ihrem Gedenken. Ein Jahr später verliebte er sich in ein Mädchen namens Elvira Royster und hoffte auf eine Heirat. Als er aber von der Universität heimkehrte, stellte er fest, daß sie sich mit einem älteren Manne mit glänzenderen Aussichten verlobt hatte; nicht auszuschließen, daß Machenschaften Allans und ihres Vaters dahintersteckten. Und jetzt, da Frau Allan krank darniederlag, setzte der ›liebe Papa‹ in der ganzen Stadt am laufenden Band Bastarde in die Welt.

Was auch immer die Gründe waren, John Allan beschloß offenbar, Edgar aus Herz und Haus zu vertreiben.

Er ging dabei ganz systematisch vor, verweigerte ihm für den Lebensunterhalt ausreichendes Geld und schimpfte ihn einen Verschwender und Nichtsnutz. Nach immer heftigeren Auseinandersetzungen machte sich Edgar schließlich Anfang 1827 für immer davon. Wahrscheinlich aus Furcht vor dem Schuldgefängnis floh er nach Boston und schlüpfte als Edgar G. Perry in den Soldatenrock.

Poe schrieb weiterhin, und noch im Sommer desselben Jahres erschien ein schmales Gedichtbändchen. Ein paar Exemplare verkauften sich, Rezensionen blieben ganz aus. Zumindest aber muß das Militär etwas von ihm gehalten haben, denn nach anderthalb Jahren hatte er als Oberstabsfeldwebel den höchsten Unteroffiziersdienstgrad erreicht. Den öden Rest seiner fünfjährigen Verpflichtungszeit vor Augen, bat er Allan um Hilfe, damit er sich zur Absolvierung der restlichen Dienstzeit einen Ersatzmann kaufen und sich an der Militärakademie West Point bewerben könnte. Allan weigerte sich zunächst, aber als Frau Allan im Februar 1829 starb, gab es zwischen den beiden eine lauwarme Versöhnung, und Allan ermöglichte Edgar den Abschied.

Ende des Jahres, Edgar war noch keine einundzwanzig, erschien sein zweiter Gedichtband, der eine gewisse Anerkennung fand. Als letzter Versuch, mit Allan seinen Frieden zu machen und sich auf eine berufliche Laufbahn vorzubereiten, zog Edgar sodann nach West Point. Aber wie in Virginia, so bekam er auch dort nicht einmal genügend Geld für Bücher. Eine Weile schlug er sich irgendwie durch – er schrieb, wie üblich, Gedichte und befaßte sich wissensdurstig mit Literatur, Sprachen und Wissenschaft. Schließlich trieb ihn Allans Geiz in die Enge, und es kam zu einer erneuten brieflichen Auseinandersetzung; Edgar äußerte sich peinlich berührt und bitter, Allan antwortete frostig und vorwurfsvoll. Wegen drückender Schulden fiel Edgar nichts Besseres als vorsätzliche Pflichtversäumnis ein, bis sich ein verständnisvoller Vorgesetzter seiner erbarmte und für unehrenhafte Entlassung sorgte.

Wieder einmal war Edgar pleite und auf sich allein gestellt. Eine Weile hielt er sich in Manhattan auf, bemühte sich vergebens um Aufnahme ins polnische Heer. Seine Gedichte erschienen als zweite, revidierte Auflage. Wenngleich ihnen einige Aufmerksamkeit zuteil wurde, so konnten sie dem jungen Autor von ›To Helen‹ und ›The City in the Sea‹ über seinen Geldmangel nicht hinweghelfen. Einziger Zufluchtsort waren Verwandte, die er zwei Jahre zuvor in Baltimore ausfindig gemacht hatte. Dort lebten, ebenfalls verarmt, General Poes kranke Witwe, Edgars Bruder William und seine ebenfalls verwitwete Tante Maria Clemm mit ihrer siebenjährigen Tochter Virginia. Edgar hatte sich niemals irgendwo heimisch gefühlt. Da in Baltimore aber Blutsverwandte wohnten, wandte er sich dorthin.

Kurz nach seinem Eintreffen starb der Bruder, wahrscheinlich war er krank und dem Trunk ergeben. Bald darauf schied die Großmutter dahin – und mit ihr die kleine Rente, die die Familie vor dem Hunger bewahrt hatte. Nun war es an Edgar, für Frau Clemm und die kleine Virginia zu sorgen. Da es seinerzeit nur klägliche Honorare und keinen Urheberschutz gab, konnte man vom Schreiben absolut nicht leben; da Edgar aber nichts anderes konnte, versuchte er es trotzdem damit. Er versuchte es mit allem möglichen: Rezensionen, satirische Kurzgeschichten, Parodien auf die seinerzeit so beliebten phantastisch-grotesken Horrorgeschichten. Seine Arbeiten wurden veröffentlicht; da hier und da also ein paar Dollars abfielen, schrieb Edgar unverdrossen weiter.

Wenngleich er während seiner vier Jahre in Baltimore ständig in Geldnot und überarbeitet war, so hatte er nun schließlich doch eine Familie. Er hing sehr an der mütterlichen Frau Clemm und der aufgeweckten, hübschen Virginia; Muddy und Sissy nannte er die beiden. Poe galt als energiegeladen, fleißig und gelegentlich düster, wenngleich überwiegend gut aufgelegt und munter. Obschon er stets einen bis zum Kinn geknöpften, fadenscheinigen schwarzen Rock trug, wirkte er dennoch erstaunlich vornehm. Konnte man ihn vielleicht nicht unbedingt gutaussehend nennen, so fiel er doch auf. Knapp einsfünfundsiebzig groß, braunes Haar, braune Augen – die bei entsprechendem Lichteinfall auch schon einmal ins Graue spielten –, dazu eine wohlklingende Stimme und präzise Ausdrucksweise. Trotz soldatisch straffer Haltung gab er sich locker, aber jederzeit höflich.

1835 kam aus Richmond das Angebot, beim ›Southern Literary Messenger‹ probeweise einzusteigen; er zog also dorthin und schickte den Clemms Geld, obwohl sein Gehalt nur erbärmlich war. Neilson Poe, ein Cousin, erbot sich später, die nun dreizehnjährige Virginia bei sich aufzunehmen und für sie zu sorgen. Wenn Edgar es nicht schon gewußt hatte, dann merkte er es jetzt: seine kleine Sissy machte sich, und er hatte sich in sie verliebt. Und nun sollte er sie verlieren, drohte dem Clemm-Haushalt Auflösung. Er verfiel in fürchterliche Depressionen, trank und hätte um ein Haar seine Arbeit verloren. In plötzlicher Panik schrieb er Frau Clemm und bat sie, Virginia entscheiden zu lassen, ob sie ihn heiraten oder bei Neilson Poe wohnen wollte. Und an Virginia schrieb er: ›My Love, my own sweetest Sissy, my darling little wifey, think well before you break the heart of your cousin Eddy.‹

Seine verzweifelte, unterwürfige Liebe rührte Mutter und Tochter, man stimmte der Heirat zu und zog nach Richmond. Poes Niedergeschlagenheit besserte sich, er hörte zu trinken auf und wurde zum Redakteur des ›Messenger‹ bestellt – mit der Auflage, nie wieder zu trinken. Im Frühjahr darauf heirateten Edgar und Virginia; er war siebenundzwanzig, sie knapp vierzehn Jahre alt. Seine Biographen werden über Poes ›Kindfrau‹ und die Anfänge seines unfreiwilligen Trinkens später einmal komplizierte Theorien entwickeln; noch aber bemühte er sich fleißig um den Lebensunterhalt.

Während seiner anderthalb Jahre beim ›Messenger‹ arbeitete Poe an sechs oder sieben Tagen der Woche und füllte die Seiten mit eigenen Gedichten, Erzählungen, Kritiken und journalistischen Arbeiten. Er erwies sich als hervorragender Redakteur mit einem wachen Gespür für interessante Reportagen; die verkaufte Auflage des Magazins stieg von 500 auf 3500 Exemplare. Der Eigentümer des Blattes feuerte, sich und seine Autorität herausstreichend, den Mann, der zwar die Aufgaben eines Redakteurs wahrnahm, zu keiner Zeit aber dessen Titel oder entsprechende Bezahlung erhielt, und setzte Geschichten in Umlauf, Kündigungsgrund sei Trunkenheit gewesen. Korrespondenz und Memoiren indes deuten darauf hin, daß Poe zwar gelegentlich trank, hauptsächlich aber entlassen wurde, weil er zu gut war.

Die Poes zogen nach New York, und Edgar bemühte sich redlich, dort an seine Karriere anzuknüpfen; bei Zeitschriften war jedoch wenig zu holen, so daß seine New Yorker Zeit von finanzieller Enge gekennzeichnet war. Nach enttäuschenden anderthalb Jahren zog man nach Philadelphia, wo Poe sich sechs Jahre lang mit Gedichten, Gelegenheitsaufträgen, Redigieren und allen möglichen anderen Arbeiten mühsam über Wasser hielt. Er brachte seine Erzählungen als Buch heraus, aber es fanden sich nur wenige Käufer, und zudem mußte er die bitteren Erfahrungen seiner Zeit beim ›Messenger‹ ein zweites Mal machen. Beim ›Gentleman's Magazine‹ sorgte Poe zunächst für Auflagensteigerung, während der Besitzer als Redakteur posierte. Als Poe sich weigerte, ein paar Kritiken im Ton zu mildern, kam es zum Streit, und man trennte sich. Der Besitzer kramte die alte ›Messenger‹-Geschichte wieder hervor und behauptete gehässig, auch dieses Mal sei Poe wegen Trinkens entlassen worden. Poe wollte ein eigenes Magazin herausbringen und bemühte sich zeit seines Lebens vergeblich um Geldgeber. Zwischenzeitlich nahm er eine Anstellung beim ›Graham's Magazine‹ an. Dort gab er Lowell und Longfellow heraus, brachte die Zahl der Abonnenten von 5500 auf fast 40000 und steuerte haufenweise eigene Arbeiten bei. Im Mai 1842 kündigte er, verärgert über sein miserables Gehalt und die liebedienerischen Grundsätze des Eigentümers.

In Philadelphia erwarb sich Poe einen bundesweiten Ruf als Redakteur und Kritiker, aber wohlhabend oder beliebt war er auch dort zu keiner Zeit. Nur selten vergaß er, die besten Autoren seiner Zeit zu rühmen, aber bei literarischen Streitereien gab er sich gelegentlich kleinlich und ätzend und scheute sich nicht, ein Buch, das er für Schund hielt, zu verreißen. George Graham, Poes damaliger Chef, erinnerte sich, Edgar sei weniger darauf bedacht gewesen, Fehler zu korrigieren, er wollte sie vielmehr ausmerzen. Im kommerziellen Verlagswesen oder im Literaturgeschäft hat sich damit noch niemand beliebt gemacht. Unterm Strich also war Poe ein großartiger, wenn nicht gar scharfer Kritiker, der nur mittelmäßigen weiblichen Autoren gegenüber zu unangebrachter Nachsicht bereit war. In einer zur Klüngelei und wechselseitigen Lobhudeleien neigenden Zeit machte er sich so in der Branche viele Feinde; einige von ihnen attackierten ihn unentwegt.

Insbesondere mußte er sich gegen Gerüchte wehren, ein Trunkenbold zu sein. G. B. Shaw hat wohl übertrieben, wenn er meinte, Poe habe in seinem ganzen Leben weniger als der Durchschnittsamerikaner in sechs Monaten getrunken, aber Poe trank tatsächlich zu keiner Zeit gewohnheitsmäßig. Seine Lebensweise war im allgemeinen diszipliniert und maßvoll, und wer ihn gut kannte, wußte zu berichten, daß man ihn monate- oder jahrelang nichts Stärkeres als Kaffee habe trinken sehen. In Übereinstimmung mit anderen Zeitgenossen Poes schrieb Nathaniel Willis, daß ›sein Wesen schon nach einem *einzigen* Glas Wein völlig auf den Kopf gestellt war...‹. Bis auf seine letzten Jahre kam auch dies anscheinend nur selten vor, dafür aber waren die Auswirkungen bemerkenswert. Als er zum zweiten Male bezichtigt wurde, wegen Trinkens entlassen worden zu sein, schrieb er einem befreundeten Arzt erklärend, er habe in Richmond ›in großen Abständen der Versuchung‹ nachgegeben, ›die sich, dem Wesen südlicher Geselligkeit entsprechend, allenthalben bot‹. Solche ›Anregungen, die für meinen Umgang etwas Alltägliches waren, konnte mein reizbares Temperament nicht vertragen‹. Er bestritt jedoch, jemals gewohnheitsmäßig betrunken gewesen zu sein; während der zurückliegenden vier Jahre sei er nur einmal ›voll‹ gewesen.

Selbst wenn man einräumt, er könnte ein wenig geschönt haben, so muß man die von vielen Zeugen bestätigte Grundaussage akzeptieren. Poes Problem war eine abnorm niedrige Toleranz Alkohol gegenüber; selbst ein einziges Glas hatte für Körper und Geist verheerende Folgen. Er wurde sehr schnell wild, redselig, manchmal auch streitsüchtig und fühlte sich tagelang danach noch krank und erniedrigt. Er lebte in furchtbarer Bedrängnis in einer Gesellschaft von Hartsäufern; da er aber wußte, wie ihm Alkohol bekam, suchte er sich damit nur dann in spontane Euphorie zu versetzen, wenn er sich dem Untergang nahe glaubte. Leider kam letzteres im Laufe der Jahre immer häufiger vor, und betrunken war Poe auffällig anders als nüchtern – was insbesondere übelnehmerischen Chefs und Konkurrenten nicht entging.

Anfang 1842 wurden solche Probleme plötzlich nebensächlich. Virginia, sie saß gerade am Klavier und sang dazu, bekam einen Blutsturz und schwebte zwei Wochen lang zwischen Leben und Tod. Es war Tuberkulose. Die Krankheit schleppte sich fünf Jahre hin, während Poe stets zwischen Hoffnung auf Besserung und der Furcht schwankte, Virginia würde ebenso wie die Mutter, Stiefmutter und Frau Stannard dahingerafft werden. Sein Verleger George Graham sagte, Poes Liebe zu Virginia sei ›eine Art verzückte Hingabe‹ gewesen und er habe sich ständig in ihrer Nähe gehalten ›mit all der liebevollen Furcht und Besorgnis einer Mutter bei ihrem erstgeborenen Kind; ihr leisestes Husten ließ ihn erschauern, ließ ihn vor Niedergeschlagenheit sichtbar frösteln‹.

Sie brauchte etwas zu essen, Medikamente und ein warmes Zuhause. Poe schrieb wie von Sinnen. Er bemühte sich gar um eine Regierungsanstellung in Washington, trank aber im alles entscheidenden Augenblick, ging in redseliger Hochstimmung zu den Vorstellungsgesprächen und machte seine Chance zunichte. 1844 setzte er seine Hoffnungen noch einmal auf eine literarische Karriere und begab sich nach New York. Virginias Gesundheit zuliebe nahm man ein Häuschen in Fordham, seinerzeit ein paar Meilen nördlich von Manhattan gelegenes Dörfchen. Anfang 1845 schien sich das Glück zu melden. ›The Raven‹, in einer New Yorker Zeitung erschienen, machte ihn berühmt. (›The Gold Bug‹ war ein paar Jahre zuvor schon recht populär geworden, aber Poe meinte ›Der Vogel stellte den Käfig völlig in den Schatten‹.) Bald darauf erschienen seine Erzählungen und Gedichte in Buchform, die Verkaufserfolge waren leidlich, und aus England und Frankreich kam Anerkennung.

Trotzdem blieb Poe bitterarm, wenngleich er als Schriftsteller, Redakteur und Vortragsredner oft sechzehn Stunden am Tage arbeitete. Er schrieb, manchmal habe er sich in Wahnsinn oder einen schrecklichen Traum hinabgedrückt gesehen, ›aber eigentlich hatte ich auch allen

Grund dazu‹. Bei einem New Yorker Magazin wurde er im März 1845 Redaktionsassistent, im Juli dann Redakteur, und im Oktober ging das Blatt auf ihn über. Am Jahresende mußte die Zeitschrift wegen Kapitalmangels eingestellt werden. Da Poes einzige Chance, eine Zeitschrift zu besitzen und herauszugeben, damit dahin war, fühlte er sich verbraucht und deprimiert. Virginias Krankheit verschlimmerte sich, sie litt des Nachts nun unter Schweißausbrüchen und Kälteschauern. Die schreibende Konkurrenz verspottete Poe als lasterhaften Trunkenbold; er brachte einen der Verleumder wegen übler Nachrede vor Gericht und bekam Schadenersatz zugesprochen, aber das half seinem Ruf nur wenig. Eine Reihe literarisch ambitionierter Frauen bot den Poes ihre Freundschaft; manche erwiesen sich als großzügige Helfer, andere aber gaben sich nach erfolglosen Versuchen, mit Edgar anzubändeln, rachsüchtig. Eine von ihnen schickte der sterbenden Virginia gar böswillige anonyme Briefe, andere schrieben Edgars Freunden und Kollegen bis an sein Lebensende aufhetzende Geschichten.

Edgar selbst erkrankte 1846, so daß er den größten Teil des Jahres nicht schreiben konnte; einer Arbeit nachzugehen war vollkommen ausgeschlossen. Der Winter war kalt. Ein Besucher fand die fiebernde Virginia auf einem Strohsack, gewärmt lediglich von Poes altem Soldatenmantel und der Hauskatze. Die ›Saturday Evening Post‹ rief zur Hilfe für die Poes auf, Edgar sei ›an Hirnfieber gefährlich erkrankt‹ und Virginia befinde sich im letzten Stadium der Schwindsucht. Man bat die Leserschaft, auf Geschichten, daß Poe ein Trunkenbold sei, nichts zu geben. Man habe ja gesehen, daß selbst ein Glas Wein ihn schon sofort aufrege und fast um den Verstand bringe. Er habe darauf keinen Einfluß und könne sich später nur an wenig oder gar nichts erinnern. Normalerweise sei er ›still, aufmerksam und zuvorkommend‹, von besten Umgangsformen und habe sich ›in jeder anderen Hinsicht völlig in der Gewalt‹. Ein paar Leute spendeten Geld und eine Decke, aber Anfang 1847 war Virginia nicht mehr zu helfen. Kurz vor ihrem Tode ließ sie sich von ihrer Mutter versprechen, sich um Edgar zu kümmern; ihm sagte sie, er müsse leben, und dazu brauche er die Liebe einer anderen Frau.

Als sie am 30. Januar starb, brach Edgar vollends zusammen. Er konnte kein Alleinsein ertragen, und so blieben Frau Clemm und Louise Shew, eine Freundin der Familie, an seinem Krankenbett, bis er eingeschlafen war. Wenn die beiden ihn nicht im Auge behielten, dann machte er sich davon, um an Virginias Grab in hysterische Weinkrämpfe auszubrechen. Das ›Hirnfieber‹, an dem er seit nunmehr einem Jahr litt, verschlimmerte sich immer mehr. Frau Shew, in Krankenpflege ein wenig erfahren, stellte fest, daß sein Puls unregelmäßig wurde, sobald er zu rasen aufhörte. Sie teilte ihre Beobachtung einem Arzt von der medizinischen Fakultät der Universität New York mit; ihren Verdacht auf einen Hirnschaden – der erklärte, weshalb er auf Sedativa oder Stimulantien ›mit Wahnsinn‹ reagierte – konnte der Arzt nur bestätigen. Das Fieber, meinte Frau Shew, habe sich eingestellt, weil er sich hungernd und frierend um Virginia gekümmert habe.

Wie man es von früheren Mißgeschicken her kannte, so griff Poe auch dieses Mal auf ungeheure Energiereserven zurück. Im Frühjahr wirkte er bereits gesünder, kratzte wieder Geld für den Lebensunterhalt zusammen, versuchte ein Magazin herauszubringen und schrieb das Prosagedicht ›Eureka‹. Nach Abschluß dieser Arbeit – sie brachte ihm vierzehn Dollar und durchwachsene Kritiken ein – schrieb er verbissen weiter und nahm seine Vorträge wieder auf. Oftmals aber quälten ihn Kummer und innere Leere. Im Juni schrieb er Frau Shew: ›Wenn mich nicht wahre, zarte und reine Frauenliebe rettet, werde ich wohl kaum noch ein weiteres Jahr am Leben bleiben.‹ Er fand keinen neuen ›Engel für mein verzweifeltes, verdüstertes Naturell‹ und überlebte Virginia nur um zwei Jahre – bis zuletzt fieberhaft auf der Jagd nach Liebe und häuslicher Sicherheit.

Auf seinen Vortragsreisen traf Poe viele Frauen, die gern bereit waren, den berühmten, vornehmen, bekümmerten und notleidenden Dichter zu trösten. In Providence war es Sarah Helen Whitman, eine attraktive fünfundvierzigjährige Witwe, die Gedichte schrieb und hin und wieder in Ohnmacht fiel. Bei ihrem befangenen literarischen Werben stachelten sich die beiden gegenseitig zu überspannten Szenen auf. Poe nannte sie – auf einem Friedhof – seine zweite Helen, schwor ihr seine Liebe und machte ihr einen Antrag. Sie zögerte, gab ihm Zeit zur Abkühlung, so daß er in Lowell/Massachusetts dann eine leidenschaftlichere, aufrichtigere Liebe zu Frau Nancy (›Annie‹) Richmond faßte. Im November 1848 bat Poe Annie, seinetwegen ihren Mann zu verlassen; andernfalls, sagte er, müsse er sein Versprechen halten und Frau Whitman heiraten. Annie war gerührt, aber nicht willens, mit dem zunehmend der Raserei verfallenen Poeten durchzubrennen. Sie sagte taktvoll nein und ließ ihn versprechen, Frau Whitman zu heiraten; Poe seinerseits nahm ihr das Versprechen ab, ihn auf dem Sterbebett zu besuchen. Sie mag sein Verlangen für bloße Rhetorik gehalten haben, aber Poe befand sich bereits am Rande eines beinahe tödlich verlaufenden körperlich-seelischen Anfalls.

Von Annie abgewiesen, verbrachte Poe eine fürchterliche Nacht in einem Hotelzimmer, kaufte sich dann zwei Unzen Laudanum und fuhr mit der Bahn nach Boston. Von dort aus schrieb er Annie, erinnerte sie an ihr Versprechen. Dann schluckte er die Hälfte des Opiats; den Rest gedachte er einzunehmen, falls sie nicht erscheinen sollte. Aber selbst eine Unze war für Poe schon zuviel; auf dem Wege zum Postamt erbrach er das Präparat – der Brief wurde nicht aufgegeben. Als er nach Providence zurückkehrte, war er so krank, daß Frau Whitman den diffamierenden Briefen seiner alten Feinde zum Trotz einen Arzt rief. Dieser diagnostizierte ›Blutandrang im Gehirn‹, und ein Nachbar nahm sich des genesenden Poe an – der, wie er Annie schrieb, sich seit Einnahme des Laudanums an nichts mehr erinnerte, indes wußte: ›Ich bin so *krank* – so fürchterlich, hoffnungslos KRANK an Leib und Seele.‹

Aber erneut fand Poe offenbar zu körperlicher und geistiger Gesundheit zurück. Frau Whitman wollte ihn heiraten, falls er dem Alkohol abschwöre, und Poe war einverstanden. Sobald er aber wieder in Fordham war, schrieb er an ›my *pure, virtuous, beautiful, beautiful sister* Annie‹ und bat sie, zu ihm zu kommen. Hinter seinem Rücken aber schrieb ihr Frau Clemm ebenfalls; sie bat, sie möge ihm oft schreiben, da er furchtbar verändert nach Hause zurückgekehrt sei. Annie blieb Poes Vertraute, mehr aber auch nicht, und im Dezember kehrte er widerstrebend nach Providence zurück. Frau Whitmans Familie bestand darauf, daß er auf jeden Anspruch auf ihr Vermögen verzichtete und sich schriftlich zur Abstinenz verpflichtete. Poe kam beidem nach, am nächsten Tage aber trank er – vermutlich aus Abscheu vor der demütigenden Behandlung seitens ihrer Angehörigen – ein Glas Wein. Irgend jemand gab den Whitmans einen Wink, und es kam zu einer melodramatischen Szene gegenseitiger Anschuldigungen – das Verlöbnis war gelöst. Zu Weihnachten war Poe wieder in Fordham; in einem Brief an Annie schwor er, ›die verderbliche Gesellschaft *literarisch* (ambitioniert)*er* Weiber zu meiden‹.

Während der ersten sechs Monate des Jahres 1849 arbeitete Poe sehr produktiv, es entstanden ›For Annie‹ und ›Annabel Lee‹, aber aus der finanziellen Misere kam er deshalb nicht heraus. Amerikas bester Dichter und Kritiker verpflichtete sich, für zwei Dollars pro Seite eine zweite Serie der ›Marginalie‹ zu schreiben; das Werk wurde gedruckt, aber die Bezahlung blieb aus. Ende Juni begab er sich, erneut auf der Suche nach Vortragshonoraren und Geldgebern für ein Magazin, nach Richmond, als ihn ein weiterer körperlich-geistiger Schwächeanfall überfiel. Ein paar Tage später erschien er, verstört und übernächtigt, im sommerlich heißen, von der Cholera heimgesuchten Philadelphia im Büro des Verlegers John Sartain. Er bat Sartain, ihm den Bart abzurasieren und ihn vor zwei Männern, die ihn zu ermorden trachteten, zu verbergen. Poe vertraute ihm an, er sei im Moyamensing-Gefängnis gewesen, wo ihm im Traum eine strahlendhelle junge Frau erschienen sei und von einem steinernen Turm aus zu ihm gesprochen habe. Kurz darauf hatte er sich hinreichend erholt, um Sartain zu gestehen, das Ganze sei eine Sinnestäuschung gewesen (daß er im Moyamensing gewesen sei, ist in der Tat nirgendwo belegt). Aber am 9. Juli schrieb er an Frau Clemm:

›Meine liebe, liebe Mutter – ich war *so* krank, hatte die Cholera oder ebenso schlimme Anfälle, und kann jetzt kaum die Feder halten ... Ich war niemals wirklich *irre*, außer bei Anlässen, die mir zu Herzen gingen. Seit ich hierher kam, bin ich einmal wegen Trunkenheit ins Gefängnis gesteckt worden, *dabei* war ich nüchtern. Es war wegen Virginia.‹

Am 14. Juli traf er, noch immer jämmerlich krank, in Richmond ein und schickte Frau Clemm einen der beiden Dollars, die von den zehn, die Sartain ihm gegeben hatte, noch übrig waren. Am 19. Juli, er erholte sich endlich, schrieb er ihr: ›Mehr als zehn Tage lang war ich völlig durcheinander, wenngleich ich nicht einen Tropfen trank ... alles war Halluzination, Folge eines Anfalls, wie ich ihn nie zuvor erlebt hatte.‹ Niemand vermag mit Sicherheit zu sagen, was Poe in diesen Wochen widerfuhr, anscheinend war er physisch ernstlich krank und durchlitt nebenher eine ausgewachsene Psychose.

Ende Juli nahm ein gesünderer Poe seine Vorlesungen wieder auf; seine Vaterstadt feierte ihn begeistert. Er schloß sich auch einem Abstinenzlerklub an und blieb, von wenigen Ausnahmen abgesehen, bei geselligen Zusammenkünften trocken. Im September traf er seine Jugendliebe Elvira Royster, jetzt die verwitwete Elvira Shelton. Wenngleich er noch immer von Annie träumte, umwarb er Elvira mit der für ihn üblichen romantischen Hingabe. Man verlobte sich. Im Überschwang der Gefühle schrieb er Frau Clemm, daß er, sie und Elvira zusammenleben würden – irgendwo in Annies Nähe! Diese hektische Stimmung und zunehmende Verwirrung hatte ihn während des zurückliegenden Jahres überkommen. Er hatte zwischendurch jedoch immer wieder entsprechende Anflüge, und viele nannten ihn gesund, selbstbeherrscht und charmant. Und wie üblich vermochte er sich nach über ihn hereingebrochenem Unheil mit jungenhafter Zuversicht wieder zu erheben: »Obgleich ich mich krank fühle und von Armut tief in den Staub getreten wurde, so hege ich doch im Grunde meiner Seele eine süße *Hoffnung*.«

Oft aber war er auch innerer Verzweiflung und Leere ausgeliefert, kreisten seine Gedanken um den Tod. Am 24. September hielt er einen gelungenen Vortrag, wirkte dabei aber blaß und nervös. Am Tage darauf erzählte er einem Freund, Rufus Griswold, Jahre zuvor bei ›Graham's Magazine‹ sein Nachfolger, habe sich bereit erklärt, als sein literarischer Nachlaßverwalter zu fungieren. Die folgende Nacht hatte er Depressionen und hohes Fieber; Elvira ließ ihn eine geplante New-York-Reise verschieben. Als sie morgens an sein Bett trat, stellte sie fest, daß er sich bereits zu Schiff nach Baltimore aufgemacht hatte. Er steuerte auf seinen letzten Anfall zu.

Sechs Tage später, am 3. Oktober, waren Kongreßwahlen. Ein Schriftsetzer der ›Baltimore Sun‹ kam an einem Wahllokal, einer Kneipe, vorüber und erkannte in dem Mann, der da in einem fremden Anzug halb bewußtlos auf der Straße lag, Poe. Man nimmt an, daß er ein Opfer des seinerzeit berüchtigten ›cooping‹* wurde. Es gibt keine Beweise, daß Poe alkoholisiert oder gedopt war, er war aber gewiß sehr krank, denn er wurde am gleichen Tage noch ins Spital gebracht. Nach Aussage eines der ihn betreuenden Ärzte wechselte Poe am nächsten Morgen von Bewußtlosigkeit zum Delirium über; er schwitzte fürchterlich und redete mit ›Spuk- und anderen Gestalten seiner Phantasie‹. Danach schlief er ein und hatte später einen so heftigen Anfall von Delirium, daß ihn zwei Schwestern ins Bett niederdrücken mußten. Am frühen Morgen des 7. Oktober sagte der entkräftete Poe nur: ›Gott helfe meiner armen Seele‹; kurz darauf starb er. Zwei Tage später wurde er in Baltimore beigesetzt. Ein Vierteljahrhundert lang bekam sein Grab keinen Stein, und als dann endlich einer aufgestellt wurde, war es der Dichter Walt Whitman, der als einziger Angehöriger der schreibenden Zunft an der Feierstunde teilnahm.

Poe war schon zu Lebzeiten übel verleumdet worden; es war gewissermaßen aber nur der Auftakt gewesen. Sein Nachlaßverwalter, der Pfarrer Rufus Griswold, startete eine derart groteske Rufmordkampagne, daß man ihn, wie der Historiker Perry Miller es formulierte, für eine

* Da es in Amerika bis auf den heutigen Tag kein ordentliches Meldewesen gibt, sind zum Beispiel Rekrutenaushebungen und Wahlen nur problematisch durchzuführen. Es war daher gängige Praxis, daß bezahlte Werber für einen Kandidaten – zumeist bedürftige – Leute auftrieben, unter Alkohol und/oder Drogen setzten und von Wahllokal zu Wahllokal schleiften, damit sie nach Eintragung in die dort ausliegenden Wählerlisten für den betreffenden Kandidaten immer wieder neu stimmen konnten. – Auch heute noch werden zu Wahlen nur diejenigen aufgerufen, die sich vorab in Wählerlisten eingetragen haben, Mißbräuche der geschilderten Art sind inzwischen natürlich ausgeschlossen. A. d. Ü.

der weniger glaubhaften Dickensschen Gestalten halten müßte, wenn seine Existenz nicht belegt wäre. Einziger Anlaß für seine Gehässigkeit dürfte eine herbe Kritik gewesen sein, die Poe im Jahre 1843 über den zu den Abolitionisten* zählenden Prediger, Redakteur und Herausgeber von Anthologien verfaßt hatte. Am Tage der Beerdigung schrieb er in der ›New York Tribune‹, Poes Tod ›wird viele überraschen, aber nur wenige bekümmern‹. Poe, sagte er, sei ein begabter Autor gewesen, aber sein Werk sei, wie sein Charakter auch, düster und bar jeder Menschlichkeit. Er sei kränklich, bitterarm, mager und fahl ›bis hin zur Leichenblässe‹, arrogant und von Neid und Ehrgeiz zerfressen gewesen. Griesgrämig, amoralisch, sich für verdammt haltend sei er auf den Straßen herumgelaufen, ›im Wahn oder in Melancholie, wirre Flüche auf den Lippen‹.

Dieser weithin nachgedruckte Artikel war aber nur Griswolds erste Bosheit. In Poes gesammelten Werken, 1850 erschienen, zeichnete er ein schärferes Charakterbild und berief sich dabei auf Briefe, die er entweder willkürlich geändert oder ganz und gar frei erfunden hatte. Verglichen mit dem klugen, beherrschten Griswold wirkte Poe aufbrausend, kriecherisch und selbstgefällig. Sein Werk sei aufsehenerregend und mangelhaft; er habe ›im Leben und in seinen Werken kaum eine Tugend‹ erkennen lassen. Er sei wegen Trinkens und Glücksspiels von der Universität gejagt worden, sei von den Soldaten desertiert, habe eine berühmte Literatin erpreßt und Longfellow plagiiert, habe mit seiner Stiefmutter möglicherweise Inzest getrieben und sei an den Folgen alkoholischer Exzesse gestorben.

Longfellow protestierte gegen der Vorwurf des Plagiats, und Poes Freunde und Kollegen beschrieben ihn

* Befürworter der Abschaffung der Sklaverei in den Südstaaten. A. d. Ü.

nicht nur als einen großen Künstler, sondern nannten ihn umgänglich, arbeitsam und ungemein höflich und gefällig; da ihn Alkohol furchtbar krank machte, habe er nur ganz sporadisch einmal getrunken. Diese Entgegnungen nahm kaum jemand zur Kenntnis, während Griswold überall zitiert und geglaubt wurde – schließlich hatte ja Poe selbst Griswold zu seinem Sachwalter ernannt. Griswolds Lügen und Tatsachenverdrehungen blieben ein ganzes Jahrhundert lang unentdeckt, und selbst Leute, die Poe unvoreingenommen und wahrheitsgemäß darzustellen versuchten, wiederholten seine Verleumdungen.

Manchen Autoren ging es gar nicht um Unvoreingenommenheit; sie gedachten Poe als Anschauungsstück abzustempeln. Ein Arzt, der Poe gekannt hatte, stellte ihn in seinen Vorlesungen über Abstinenz als abschreckendes Beispiel hin. Ein vielzitierter schottischer Geistlicher namens Gilfillan nannte ihn ein ›Schwein‹, das ›gestorben‹ sei, ›wie es gelebt hat, eine phantasierende, fluchende, selbstverschuldete, vorsätzliche Kreuzung zwischen Süchtigem und Genie‹. Gütig wünschte er abschließend ›selbst dem fauligen Beinahe-Staub von Edgar A. Poe‹ seinen Frieden. Schon wurde behauptet, Poe sei drogenabhängig gewesen, habe die sterbende Virginia vernachlässigt und mit Frau Clemm Inzest begangen. Bis in die vierziger Jahre dieses Jahrhunderts, und gelegentlich auch noch später, wurde Poe als ein seltsamer, verzagter Verrückter hingestellt, der betrunken im Rinnstein endete.

Wie kam Poe zu diesem zweifelhaften Ruf? Anfänglich war es Verstimmung über seine barsche Ehrlichkeit als Kritiker und Gerede über Alkoholabhängigkeit. Zudem brauchte Amerika sein erstes eigenes Exemplar des verrückten, verruchten Künstlers. Mit der Romantik wurde der Künstler zu einer mythischen Gestalt, zum gequält Aufbegehrenden gegen gesellschaftliche Konventionen.

Poe war der erste amerikanische Autor von Rang, der ganz offensichtlich keine gesellschaftlich geachtete Stellung innehatte; der erste, der nicht die von Whittier und Emerson gerühmten Tugenden zum besten gab. Nach Biomoralinsaurer, victorianischer Betrachtungsweise – Biographie als Werkzeug sittlicher Überzeugung – war Poe eine Bedrohung der Moral und Ethik und zudem das gelungene Beispiel für Irren und Verderbtheit des Künstlers. Sagte doch wenige Jahre nach seinem Tode ein Kritiker, Poe habe ›die Tiefen und Geheimnisse der Seele ... die schwarzen Abgründe und Klüfte unseres inneren Seins gnadenlos enthüllt‹, anstatt für ›Beförderung der Glückseligkeit und des Frohsinns‹ zu sorgen und so den wahren Auftrag der Kunst zu erfüllen. Baudelaire hatte nicht völlig unrecht, wenn er Poe einen Märtyrer eines ›mit Gasleitungen versehenen Barbarenreiches‹ nannte. Im Gegensatz zu Baudelaire und Byron war Poe niemals an seinem Ansehen gelegen.

Außerhalb Amerikas war Poes Erfolg groß und unbestritten. Tennyson stellte ihn neben Catull und Heine; Hardy, Conrad, Dostojewski, Valéry, Mallarmé und Thomas Mann bewunderten ihn über die Maßen. Gewiß, manche der französischen Bewunderer Poes projizierten ihre eigenen Gedanken auf ihn; Barbey d'Aurevilly nannte sein Werk eine Blume, die Blüten von eigenartigen, neuen Farben trieb, weil ihre Wurzeln in Gift getaucht worden waren. Aber Poe war kein vom Teufelsglauben Besessener, kein Dekadenter oder auch nur Bohemien. Er war eben nur ein armer Pechvogel. Er war, wie Chopin, als Mensch und Künstler ein Aristokrat, ein Formalist und Neuerer, der Meisterstücke en miniature schuf. Weil er, wie Chopin, seine gewissenhaften Konstruktionen mit verwirrenden, romantischen Erfindungen überspann, wurden sie selbst von seinen Bewunderern als überladenblumig oder liederlich verkannt.

Im eigenen Lande blieb Poe lange Zeit ein literarisch wenig gelittener Bürger. Twain, Whitman und Mencken verwässerten ihr Lob mit gewissen Einschränkungen. Bryant und Whittier nannten ihn eisig, von Sinnen. Emerson lehnte ihn, den ›Plätschermann‹, ab, und Lowell verspottete ihn in seiner ›Fable for Critics‹:

›Hier kommt Poe mit dem Raben, wie Barnaby Rudge
zu drei Fünfteln Genius, zu zwei Fünfteln Quatsch.‹

Henry James bewertete Begeisterung für Poe als Anzeichen ›eines fraglos primitiven Reflexionsstadiums‹, und T. S. Eliot nannte seine Werke die Leistungen eines ›hochbegabten Praepubertären‹.

Einige dieser negativen Beurteilungen enthalten ein Körnchen Wahrheit, trotzdem ist ›The Raven‹ das bekannteste amerikanische Gedicht, und ›To Helen‹ zählt zu den besten. Poe bleibt einer der großen amerikanischen Dichter, Gestalter der Kurzgeschichte, Schöpfer der Kriminalerzählung, Begründer der Science Fiction und bester Kritiker und Redakteur seiner Zeit. Wie Byron und Rousseau erhob er sich über seine Mängel hinaus und beeinflußte die Weltliteratur. Nachdem die düstere Deckschicht von seinem Bildnis einmal abgekratzt war, stieg auch sein literarisches Ansehen. Heute meint die Kritik, er habe mit ›Eureka‹ die moderne Wissenschaft antizipiert, seine Verse seien Symbolismus und reine Poesie, in seinen Erzählungen komme Surrealismus und Tiefenpsychologie zum Ausdruck, in seinen Essays zeige sich die Neue Kritik. Shaw sagte ganz richtig, seine Poesie erschrecke den Leser gelegentlich, da sie sich in ihrer eigenen Schönheit verliere, aber er ›schuf Zauber, wo seine größten Zeitgenossen lediglich Schönheit produzierten‹, und dieser Zauber hat, Schmähungen und Kritik zum Trotz, jede Lesergeneration gefangengenommen.

Wenn die Geschichte Lehren bereithält, dann gewiß darin, wie sich die Auffassung von Poes Leben und Werk mit der Gesellschaftsordnung und dem Stand wissenschaftlicher Erkenntnis änderte. Seine ersten Interpretationen waren eher mythisch als wissenschaftlich. Etwa als Poe geboren wurde, begannen die ersten Wegbereiter der Psychiatrie in Geistesgestörten oder Irren Kranke zu sehen, nachdem sie bis dahin als von Dämonen Besessene galten. Die Vorstellung der Besessenheit blieb aber noch länger erhalten. Nathaniel Willis, einer der ersten Biographen Poes, sagte, ihm habe ›ein Teufel und ein Engel gleichermaßen innegewohnt‹. Andere Autoren, moralische und psychologische Spekulationen miteinander mischend, beschrieben ihn als einen Dr. Jekyll, unter dessen Hyde irgendeine wahnsinnige Quelle schauriger, morbider Schreiberei gelegen habe.

Die Persönlichkeit wurde seit den ersten Ansätzen der Psychologie lange Zeit auf Konstitution und Körperfunktionen zurückgeführt. Hippokrates und Empedokles behaupteten, die Persönlichkeit werde durch die vier Körpersäfte geprägt: Blut (sanguis), Schleim (phlegma), gelbe Galle (chole) und schwarze Galle (melanchole). Dieser Theorie verdanken wir noch heute die überkommenen Bezeichnungen Sanguiniker, Phlegmatiker, Choleriker und Melancholiker. Die Vorstellung von konstitutionell bedingten Charaktertypen blieb über Poes Lebzeiten hinaus im Schwange. Auch in Lowells Worten, Poes ›Herz scheint irgendwo vom Verstand ausgequetscht worden zu sein‹, findet sich diese Auffassung wieder. Diese Vorstellung von einem von Geburt an unausgeglichenen Charakter, geistreich, aber herzlos, sollte von vielen Kritikern und Biographen wiederholt werden.

Zu Poes Zeiten hatte sich die Annahme durchgesetzt, daß die Anlage der Gefühle und des Verhaltens nicht etwa in irgendwelchen Organen und ihren Säften, sondern im Gehirn zu finden sei. Zu den ersten Früchten dieses Gedankens zählte die Phrenologie, die Ende des achtzehnten Jahrhunderts von den Deutschen Franz Joseph Gall und Johann Spurzheim entwickelt wurde. Wenngleich heute belacht, war sie ein kleiner Schritt in Richtung Wissenschaftlichkeit, wurde doch behauptet, daß sich, da jede Hirnfunktion von einem ganz bestimmten Teil des Gehirns gesteuert werde, anhand der Schädelkonturen das Ausmaß dieser Funktionen bestimmen lasse. Die Phrenologie war bei Laien und Wissenschaftlern gleichermaßen beliebt; auch Poe ließ seine Schädelform mindestens einmal deuten. Die Physiognomik, eine verwandte Theorie, leitete die Wesensausprägung des Menschen nicht von der Schädelform, sondern von den Gesichtszügen her. In einem kleinen Aufsatz über die ›Rhinosophie‹, angeblich eine im antiken Griechenland praktizierte Wissenschaft der Charakterbestimmung anhand der Nasenform, hat sich Poe über die Physiognomik lustig gemacht. Nicht jedermann teilte Poes diesbezügliche Skepsis; Kapitän Fitzroy hätte Darwin am liebsten gar nicht als Bordbiologen auf die ›Beagle‹ gelassen, weil dessen Nase keine ›hinreichende Energie und Entschlossenheit‹ auswies.

Noch 1906 schrieb ein gewisser Oliver Leigh über Poe eine phrenologische Studie und behauptete, Poes charakterliche Zerrissenheit zwischen dem Künstlerischen und dem Dämonischen zeige sich in seinem asymmetrischen Gesicht. Die vergrößerte linke Schläfenpartie, hieß es dort, sei für die groteske, unausgeglichene Seite von Poes Leben und Werk verantwortlich zu nennen; auf der normal ausgeprägten Stirnseite sei der konstruktive Poe zu Hause gewesen. Ein Bildnis Poes zeigt eine solche Asymmetrie, indes ist es perspektivisch primitiv, und der übrige Poe wirkt darauf ebenfalls leicht aus den Fugen geraten. Eine späte Daguerreotypie zeigt eine sichtbare Schwellung an Poes rechter Schläfe, darunter eine eingedrückte Partie. Auf einem anderen Bild findet sich die Schwellung links. Auf einer Zeichnung nach einer

Daguerreotypie sind eigenartige Schwellungen auf beiden Stirnseiten erkennbar; vor ein paar Jahrzehnten behauptete jemand, diese seien der Beweis für eine traumatische Zangengeburt, bei der Poe einen Hirnschaden davongetragen habe.

Auf anderen Bildern ist allerdings überhaupt nichts Asymmetrisches zu erkennen, und bei verbalen Beschreibungen Poes ist an keiner Stelle von außergewöhnlichen Schwellungen die Rede. Die offensichtlichen Gesichtsdeformationen auf manchen Bildern sind vielleicht mit greller Beleuchtung und Schatten auf Poes unregelmäßig zurücktretendem Haaransatz zu erklären. Arthur Quinn, Poes großer neuzeitlicher Biograph, las trotz allem in ein Bild die angebliche Asymmetrie hinein, auf die Leigh sein Buch gründete – ein Auge vielleicht ein bißchen trübe, Schnurrbart und ein Mundwinkel wohl zur selben Seite herabhängend. Im Herabhängen einer Gesichtshälfte mag sich ein neurologischer Schaden äußern; wenn man sich das Bild aber, so wie ich es tat, betrachtet, erkennt man mit Sicherheit nur einen unregelmäßig gestutzten Schnurrbart, um den sich Rückschlüsse ranken.

Phrenologie und Physiognomik führten in die Sackgasse, aber die Psychologie des neunzehnten Jahrhunderts hatte nur wenig mehr zu bieten. Wenn das Gehirn Gedanken und Gefühle steuert, dann muß Geisteskrankheit durch einen Hirnschaden verursacht sein. Freuds Professor der Neurologie lehrte voller Überzeugung, Geisteskrankheiten entstünden durch abnorme Blutzufuhr zum Gehirn. Da man indes ein lebendes Hirn nicht untersuchen konnte, blieb das Charakterstudium eine Domäne diagnostischer Kategorien. Damit war Biographen nur wenig geholfen, und Klinikern schon gar nicht. Ferner war die Wissenschaft wie stets vom Zeitgeist durchdrungen, und selbst Theorien der Hirnfunktionen blieben ebenso sitten- wie klinisch rein.

Wegen der westlichen Gleichsetzung von geistiger Gesundheit und Vernünftigkeit konnte man sich niemanden erklären, der zwar rational oder gar geistig äußerst wendig war, andererseits aber Störungen des Verhaltens oder Gefühlslebens zeigte – gemeint sind die ansonsten ›normalen‹ Alkoholiker, Kleptomanen oder Abweichler vom gängigen Sexualverhalten. Der englische Psychologe J. C. Pritchard erfand 1835 den Begriff ›moralische Umnachtung‹, also eine ›morbide Perversion natürlicher Empfindungen‹ ohne Verstandesverlust. In unserem Jahrhundert benutzt man die Begriffe Psychopath und Soziopath ganz ähnlich; auf moralische und gesellschaftliche Normen wird sich dabei ebenso bezogen wie auf medizinische Standards. Auf das Bild, wie es Griswold und seine Nachfolger von Poe zeichneten, paßte der Begriff ›moralische Umnachtung‹ offenbar, und entsprechend diagnostizierte Dr. Henry Maudsley, Vater der englischen Psychiatrie, in einer ersten psychiatrischen Studie des Dichters.

Maudsleys Aufsatz erschien 1860 im ›American Journal of Insanity‹ (der Begriff Psychiatrie war noch relativ neu und ungebräuchlich). Maudsley hielt dafür, daß Geisteskrankheiten von Krankheiten oder Toxinen herrührten, die das Nervensystem beeinträchtigten. Er neigte auch der allgemein verbreiteten und später durch bahnbrechende Forschungen auf dem Gebiet der Genetik bekräftigten Ansicht zu, daß Geisteskrankheit durch die Erbmasse bedingt sei – zumindest aber eine entsprechende Prädisposition (Neurasthenie), die durch Alkohol, Drogen, Erschöpfung, sexuelle ›Exzesse‹ oder andere wahre oder vermeintliche Überforderungen des Gehirns zum Durchbruch komme. Bis in die zwanziger Jahre hinein wiederholten die Psychiater gewohnheitsmäßig Maudsleys Auffassung, Poe sei ein Fall von angeborener Neurose gewesen, dessen ›schlechte Erbmasse‹ zum Alkoholismus und zu dadurch bedingten weiteren Hirnschäden geführt habe.

Es gab andere, noch unheimlichere Theorien über genetische Defekte. Im Jahre 1875 wurde erstmalig vorgebracht, Poe habe an Epilepsie gelitten, die man seinerzeit für den Fluch einer genetischen Degeneration hielt. Ein Arzt, der Poe 1848 behandelt hatte, bestritt dies; aber Poes Erzählungen wurden ebenso wie sein Trinken und die psychotischen Phasen als Ergebnis epileptischer Halluzinationen hingestellt. Der Essayist James Huneker, der als Junge ein paar alte Freunde Poes in Philadelphia kennengelernt hatte, sagte in einer Veröffentlichung, verkappte Epilepsie sei für Poes Probleme verantwortlich gewesen; in einem späteren Brief aber bekannte er, er halte Syphilis für dessen wahres Problem. Gerede über Epilepsie und Syphilis kam sporadisch immer wieder auf. Wenn man bedenkt, welche Vogelscheuche Poe in den Augen der Moralisten war, so verwundert es, daß ihm nicht mehr angedichtet wurde.

Poes erste umfassende Biographen wiederholten zu Beginn des Jahrhunderts die weitverbreitete Auffassung, er sei drogenabhängig gewesen – wiederum wegen eines genetischen Defekts. In einem Buch, ›Genius and Disaster: Studies in Drugs and Genius‹, behauptete Jeanette Marks 1925, Poes Leben weise die Auswirkungen von Drogen auf einen Hirnschaden aus und: »Jeder Absatz des »The Fall of the House of Usher« denunziert sich selbst als das Werk von Drogen.‹ Eigentlich haben nur ein paar unverläßliche Zeitgenossen Poes behauptet, er habe Opiate eingenommen, wenngleich man seinerzeit dazu ebenso leichten Zugang wie heute zum Aspirin hatte. Selbst Thomas Dunne, ein mit Poe bekannter Arzt, der ihn haßte und seine Moral und geistige Gesundheit öffentlich in Zweifel zog, nannte den Vorwurf der Drogenabhängigkeit eine ›grundlose Verleumdung‹. Daß Poe nicht einmal wußte, wieviel Laudanum man zu sich nehmen konnte, ohne sich übergeben zu müssen, scheint kaum dem Kenntnisstand eines Süchtigen zu entsprechen.

Der Streit über eine genetische Prädisposition für gewisse physische und Geisteskrankheiten dauert an, aber die Beweise sprechen deutlich gegen eine natürliche, unmittelbar ererbte Epilepsie und Psychose. Die lebenslange Furcht, durch eine mangelhafte Erbmasse belastet zu sein, mag Poe mit am meisten bedrückt haben; zu seiner Zeit war der Glaube an ererbte Gebrechen und Wesenszüge stark ausgeprägt, und Poe teilte ihn mit seinen Biographen. Seine Mutter war der damals für erblich und schändlich gehaltenen Tuberkulose erlegen. Sein Vater und Bruder waren wahrscheinlich schwere Trinker; ein Cousin Poes schrieb, der Alkohol sei der Familie Fluch gewesen. Poes Schwester war leicht retardiert; sie kam in ihrer geistigen Entwicklung über den Stand einer Zwölfjährigen nicht weit hinaus. Poes Ahnung eines Verhängnisses mag zum Teil der quälenden Furcht entsprungen sein, er könnte schwindsüchtig werden oder der Trunksucht, dem Schwachsinn oder dem Wahnsinn verfallen.

Mit den Vorstellungen von moralischer Umnachtung und genetischer Neurasthenie ließen sich gegen Ende des neunzehnten Jahrhunderts Krankheiten und Verhaltensweisen nur sehr bedingt erklären. Die große Wende kam, als die Psychoanalyse Theorien bot, die sich nicht auf starre Wesenszüge, sondern statt dessen auf emotionelle Dynamik und Persönlichkeitsentwicklung bezogen. Heute kann man sich den anfänglich dadurch hervorgerufenen Schock nur schwer vergegenwärtigen; jetzt nehmen sogar viele, die die Analyse abzulehnen vorgeben, solche analytischen Begriffe wie Unbewußtes, Verdrängung, Kompensation, paranoide Projektion und Kindheitssexualität als selbstverständlich hin.

Die Psychoanalyse wurde in den zwanziger Jahren populär – als man sich im Zuge einer antiviktorianischen Rebellion erwartungsfroh mit allen Erscheinungsformen des Erotischen, Anomalen und Antisozialen befaßte. Viele wollten gern glauben, was Freud behauptet hatte, daß es Zivilisation nämlich nur auf Kosten des Triebes gebe und daß hinter der vornehmsten Fassade noch düsteres, primitives Verlangen lauere. Wenngleich die Bilderstürmer der zwanziger Jahre den Moralismus ihrer Elterngeneration attackierten, waren sie gelegentlich nicht weniger doktrinär als die Alten und urteilten ebenso vorschnell. Viele analytische Arbeiten über Poe ähneln denen viktorianischer Kleriker – Angepaßtsein wird auf Gottes Thron gehoben, Neurosen gelten als Teufelswerk. Sobald analytische Auffassungen falsch eingesetzt wurden, bekam Poe, wie bei seinem Glück nicht anders zu erwarten, postum wieder einmal Prügel.

Freud publizierte seine bahnbrechende Studie über da Vinci im Jahre 1910; zwei Jahre später erschien die Zeitschrift ›Imago‹ mit Studien über Künstler – die Betreffenden wurden als Patienten gesehen, ihre Kunst faßte man als Phantastereien oder Träume auf. Zu Beginn der vierziger Jahre gab es über Poe bereits ein halbes Dutzend psychoanalytischer Bücher neben weitaus zahlreicheren Artikeln – in denen er natürlich so wie von Griswold gezeichnet gesehen wurde. Die wissenschaftlich anspruchsvollste Arbeit stammte von Marie Bonaparte, einer französischen Schülerin Freuds. Die Person Poes und die Ich-Erzähler seiner Geschichten für identisch haltend, behauptete sie überzeugt, sein Leben sei durch die Liebe zu seiner sterbenden Mutter geformt worden; er selbst sei ein impotenter ›Sado-Nekrophiler‹ gewesen. Unablässig und mechanisch maß sie Poes Werk an Freudschen Schablonen und kam zu der Erkenntnis, daß er oft über Seereisen geschrieben habe, weil er mutterfixiert gewesen sei; das Meer sei ein Muttersymbol.

Auch der Weizen der Amateur-Analytiker blühte. Der meistgelesene war der Kritiker Joseph Wood Krutch, der sich weniger wie ein Kliniker, sondern eher wie ein exekutionsbesessener Richter äußerte. Sein Poe – das Buch trug den Untertitel ›A Study in Genius‹ – war ein mit giftiger Verachtung beschriebener wandelnder Aussatz. Der Vater wurde zu einem entarteten sittlich Minderwertigen; die Schwester zur Schwachsinnigen; Virginia zu einem geschlechtslosen kleinen Dämlack mit ›blassem, ungesundem Gesicht‹, der ›mit der Kindlichkeit einer gehemmten Entwicklung fröhlich plapperte‹. Die Probleme des Dichters hätten mit Erniedrigungen während der Kindheit begonnen und wären durch Impotenz verschlimmert worden; durch Heirat einer für sexuelle Betätigung zunächst zu jungen, später zu kranken Frau habe er diese Impotenz kaschiert. Als sie starb, sei seine ›mißgestaltete Seele‹ trunkener Menschenfeindlichkeit und in ›widerliche, willenlose Abhängigkeit‹ von Frauen verfallen. Als er aufgehört habe, seine Wut in Kunst umzusetzen, sei der Wahn über ihn gekommen und habe sein Leben ruiniert.

In Krutchs unablässigen Herabsetzungen finden sich wahrhaft rachsüchtige Momente. So zum Beispiel behauptete er, Poe hätte keinerlei Bildung besessen und hätte in ›Ekstasen von Verlogenheit‹ plagiiert. Seite um Seite finden sich Ausdrücke wie ›psychopathischer Fall ... schäbiger Auswurf ... kranke Seele‹. Krutchs Buch ist das niederträchtigste seiner Art, aber längst nicht das albernste. Die Kritikerin Leslie Fiedler nannte ›Annabel Lee‹ ein Beispiel für ›Kind-Liebe, Nekrophilie und Inzest‹. Eine etwas wohlwollendere psychoanalytische Theorie geht davon aus, daß der Schlüssel zu Poes Persönlichkeit in dem verborgenen, frustrierten Drange, wie die Eltern Schauspieler zu werden, zu sehen sei.

Nach etlichen Jahrzehnten hatten analytische und

pseudo-analytische Schriften für ein trostloses Bild Poes gesorgt, das von der Literaturkritik fragmentarisch ad libitum nachgezeichnet wird: Poe, noch nicht ganz drei Jahre alt, wurde traumatisiert, als er seine Mutter Blut spucken, sterben und von schwarzgekleideten Männern davongetragen werden sah. Seine Aufzucht hinterließ häßliche Selbstgefälligkeit und übersteigerten Ehrgeiz. Er, ein Sadist und Versager, verdeckte seine Geisteskrankheit mit seiner Kunst. Impotent, verbarg er seine Unzulänglichkeit unter den Röcken einer Kindfrau und einer Ersatzmutter. Schließlich wurde er so verrückt wie seine verrücktesten Erzähler.

Selbst in den zwanziger Jahren schon war mancher mit dieser Betrachtungsweise nicht einverstanden. Edmund Wilson fand Krutchs Hang, Genie auf einen Haufen Verrücktheiten und Schwächen zu reduzieren, nicht angebracht. Angesichts des wilden Reduktionismus solcher Autoren muß man sich fragen, ob sie, statt Poes Wahnvorstellungen zu enthüllen, nicht vielleicht ihren eigenen Phantastereien nachgaben. In seinem Vorwort zu Frau Bonapartes Buch hatte Freud selbst mahnend darauf hingewiesen, daß die Psychoanalyse das Geheimnis des Genies nicht erklären, sondern nur sagen könne, warum es sich für bestimmte Themen entschieden habe. Trotz dieser Mahnung haben die meisten analysierenden Autoren Psychoanalyse und Kunst gleichermaßen vergewaltigt.

Die Psychoanalyse wurde vergewaltigt, indem sie behaupteten, Büchern entnehmen zu können, was in Hunderten von Stunden vom lebenden Patienten in Erfahrung gebracht werden muß. Der Kunst wurde Gewalt angetan, weil sie nicht zu sehen vermochten, daß ein Buch kein Patient ist und dessen Inhalt keine Träume oder projektiven Tests sind. Ein Künstler wandelt sein Leben und seine Einbildungskraft im Zuge eines Prozesses um, der Wissenschaft und Künstler gleichermaßen verwirrt. Wenngleich es lockt, Kunst und Künstler gleichzusetzen, so wird doch niemand annehmen, Joyce sei ein Transsexueller gewesen, weil er Molly Bloom schuf, oder Faulkner sei ein impotenter Vergewaltiger gewesen, weil er ›Sanctuary‹ geschrieben hat. Trotzdem hält man Poe bereitwilligst für Roderick Usher. Dabei schrieb der Kritiker C. Chauncey Burr schon 1850: ›Ich sehe nicht, wieso dem sachkundigen Kritiker dieser Irrtum unterlaufen sollte. Von allen Autoren, sowohl in alter Zeit wie heute, hat Poe in seinen Werken von sich selbst am wenigsten erkennen lassen. Er *schreibt* als *Künstler*.‹ Wohl wahr; Poes Werke waren alles andere als persönliche Ergüsse; er bediente sich, wie Twain und Whitman es taten, nicht einmal einer fiktiven Person. Er war ein bewußter Erfinder und ständiger Nachprüfer, versessen darauf, im Leser eine Wirkung zu entfalten.

Manche Einzelheiten der von den Analytikern hergeleiteten Lebensumstände Poes sind plausibel, aber treffen sie auch zu? Wir wissen nicht, ob Poe seine Mutter Blut spucken und sterben sah. Seine Impotenz ist unbewiesen. Es gibt jedoch reichlich Belege, daß er die meiste Zeit seines Lebens geistig gesund, äußerst gescheit und produktiv war. Er schrieb formal und stilistisch höchst vielgestaltig; einem Psychotiker ist derlei unmöglich. Das hat wilde analytische Spekulationen jedoch nicht unterbunden. Kunst enthüllt mancherlei über einen Künstler, aber nur teilweise und in vielerlei Brechungen; Kunst ist ebenso Maske wie Bekenntnis.

Hinter vielem Psychologisieren über Poe steht die Annahme, Genie und Wahnsinn lägen nebeneinander. Der Gedanke läßt sich wenigstens bis ins antike Griechenland zurückführen, und die Romantiker des neunzehnten Jahrhunderts kultivierten die Auffassung vom Künstler als einem dämonischen Schöpfer, dessen Talent ihm aus einem Nährboden von Krankheiten zugewachsen sei.

Dies tröstet Neidische und Mittelmäßige, glauben sie doch, daß große Gaben durch große Defekte wettgemacht werden. Aber der ›schöne Wahnsinn‹ des Schöpferischen ist nicht mit Qual und geistigem Durcheinander des Psychotikers zu vergleichen. Schöpferische Menschen aller Betätigungsfelder können jederzeit auf den vorbewußten, magischen Teil des Verstandes zurückgreifen, dem sich so viele andere als kindlich-einfältig und bedrohlich verschließen. Der Westen fürchtet seit jeher den Verlust der Bewußtseinskontrolle, wenngleich Wahnsinn oftmals eher als Verwirrung der Gefühle denn als Störung des logischen Denkvermögens aufzufassen ist. Zu Zeiten heftiger Gefühlsaufwallungen haben viele von uns für einen kurzen Augenblick Zugang zum Vorbewußten – in dem Sinne, wie laut Shakespeare der Irre, Liebende und Dichter ›von fest verdichteter Vorstellungskraft sind‹. Aber das künstlerische Schaffen findet nicht nur im Zustand der Verwirrung und des Verliebtseins statt, und der Künstler besitzt ungeheure Konzentrations- und Gestaltungskräfte.

Für jeden van Gogh oder Nietzsche, die beide tatsächlich wahnsinnig wurden, gibt es einen T. S. Eliot oder J. S. Bach mit der Veranlagung eines Bankbeamten. Nach einem Jahrhundert von Charakterstudien großer Begabungen, angefangen bei Dichtern bis hin zu Mathematikern, steht fest, daß sie alle als Gruppe genauso gesund und munter und geistig intakt wie alle anderen sind. Trotz der Fabel, große Künstler seien, um Thomas Manns Worte zu gebrauchen, große Invaliden, ist Kunst nicht etwa ein Symptom, sondern Triumph und Erfüllung. Drydens Auffassung, ›großer Geist und Wahnsinn sind nahezu Verbündete‹, stimmte Poe wohl zu, aber er hielt Geist bzw. isoliertes Talent ebenfalls für ›Pseudo-Geist‹. Wahrer Geist, sagte er, sei ungemein gesund und ausgeglichen.

Analytischen Exzessen bei der Untersuchung der Persönlichkeit Poes folgte schließlich eine völlig andere biographische Vorgehensweise. Biographien waren seit je zumeist belehrend gemeint. Die Auffassung, daß sich der Biograph, wie der Historiker etwa, an Methoden und Normen wissenschaftlicher Forschung halten sollte, wurde im neunzehnten Jahrhundert von hauptsächlich deutschen Wissenschaftlern vorgebracht; in den vierziger Jahren wurde ihr besonders auf amerikanischen Universitäten Rechnung getragen. Nachforschung und Dokumentation nahmen die Stelle von Moralisieren und Theoretisieren ein. Was der Biographie an thematischer Erhabenheit verlorenging, gewann sie an Exaktheit hinzu. Beispielhaft hierfür steht die von Arthur Hobson Quinn von der University of Pennsylvania verfaßte Lebensbeschreibung Poes. Bei ihrem Erscheinen, 1941, war Quinn ein berühmter Emeritus der Literaturwissenschaft. Dieses beinahe achthundert Seiten starke Werk, seine letzte große Arbeit, bedeutete für die Poe-Studien den Beginn einer neuen Ära.

Quinn prüfte nach, was nachprüfbar war. Er beschaffte sich alte Stadtpläne von Richmond, um festzustellen, wo Elizabeth Poe starb; er suchte nach Briefen und Erinnerungen von nachgeborenen Verwandten Poes und seiner Freunde; er überprüfte die Originale von Briefen, die von Buch zu Buch immer wieder gedankenlos nachgedruckt worden waren. Er schickte gar ›Eureka‹ an so berühmte Wissenschaftler wie etwa Sir Arthur Eddington, um die in der amerikanischen Literaturkritik gängige Auffassung, es handele sich dabei um halbverrückte Pseudowissenschaft, überprüfen zu lassen.

Arbeiten wie Quinns Biographie wird oft vorgeworfen, im Interesse einer checklistenähnlichen Genauigkeit kämen größere wahre Zusammenhänge zu kurz. Dies trifft zuweilen zu, gilt aber nicht nur für wohlrecherchierte

Bücher, und Weisheit läßt sich nicht auf Irrtümer gründen. Quinn hatte den guten Erfolg, der dem gewissenhaften Wissenschaftler des öfteren zufällt: Neue Tatsachen förderten neue Erkenntnisse zu Tage, und zuvor verfaßte Arbeiten waren mithin überholt.

Griswolds Fälschungen zählten zu Quinns gewichtigsten Entdeckungen; er bewies auch, daß andere nachteilige Berichte über Poe nichts als gehässiges Gewäsch waren. Er brachte die einhellige Ansicht der Fachwelt zum Ausdruck, daß in ›Eureka‹ ein hohes Maß an wissenschaftlicher Bildung erkennbar werde und daß dieses Prosagedicht dem konventionellen Denken jener Zeit in gewisser Hinsicht weit voraus sei. Am bedeutsamsten jedoch war Quinns nachhaltiges Sieben der umfangreichen Belege über Poes Arbeit, Liebschaften, Gesundheit und Trinken. Als hätte er ein Kaleidoskop geschüttelt, so formten jetzt die bruchstückhaften Fakten ein vollkommen neues Bild. Quinns Poe war in seiner Jugend ein impulsiver Witzbold, der sich bei allem, was er anfaßte – als Dichter, Journalist, Redakteur und sogar als Soldat –, auszeichnete, darüber aber das Geldverdienen vergaß. Er verschliß sich schließlich an schrecklichen Prüfungen, an denen die meisten Menschen zerbrochen wären, konnte sich jedoch einen Großteil seiner Talente und Kräfte bis an sein Ende bewahren. Trotz gewisser Fehler und Schwächen war er rührend tapfer und warmherzig. Er konnte indes auch dünnhäutig und nachtragend sein; Longfellow schrieb diesen Wesenszug ›der Entrüstung eines empfindsamen Charakters, hervorgerufen durch ein unbestimmtes Unrechtsgefühl‹ zu. Das Unrecht allerdings war ganz manifest, und nur wenige von Poes Kritikern mußten Ähnliches über sich ergehen lassen.

Von privaten Querelen, Armut und Krankheit geplagt, arbeitete Poe für Leute, die ihn verachteten oder um seine Begabungen beneideten. Der Verleger George Graham schrieb rückblickend, weil Poe Speichelleckerei und Lohnschreiberei nicht lag, hatte er am Ende seines Lebens das berechtigte Gefühl, mißbraucht und von Geringeren beiseite geschoben worden zu sein. Ein solches Zeugnis war Graham Poe schuldig. Als Virginia ihren ersten Blutsturz hatte, bat Poe ihn um Gehaltserhöhung, und Graham, laut Poe, ›weigerte sich nicht nur kategorisch, sondern gar grob‹.

Es wäre schon sehr eigenartig, wenn Tod und schwermütige Grübeleien nicht auf Poes Werk abgefärbt hätten. Er verlor die Eltern, die Pflegeeltern, den Bruder, Frau Stannard, Elvira, Virginia und Annie. Auch ohne Rückgriff auf die Psychoanalyse ist leicht zu verstehen, daß er sich nichts sehnlicher wünschte als ein Heim und eine Familie und sich um eine transzendente Hingabe bemühte, in der sich Liebe und Seelenfreundschaft vereinigten. Dabei handelte es sich jedoch um keine lebensabgewandten Wunschvorstellungen. Wahre Liebe und Geborgenheit fand er bei Virginia. Als er sie kennenlernte, war sie zwar noch ein Kind, aber mit vierzehn, fünfzehn etwa hatte sie sich zu Liebreiz und bemerkenswerter Reife entwickelt; sie war dunkelhaarig, braunäugig, zärtlich und zauberhaft. Sie war nicht dumm; Edgar hatte sie Französisch, Italienisch und Mathematik gelehrt, sie sang, spielte Klavier und schrieb aus Liebhaberei komplizierte Verse. Nach Aussage häufiger Besucher liebten sie und Edgar sich leidenschaftlich. Daß sie jünger als er und eine nahe Verwandte war, ließ zu ihren Lebzeiten kein Gerede über Kinderverführung oder Inzest aufkommen, und Heiraten zwischen Geschwisterkindern und Eheschließungen von ganz jungen Mädchen sind auch heute nichts Außergewöhnliches.

Über Edgars und Virginias Geschlechtsleben ist nichts bekannt. Poe war steif und korrekt, aber ungemein romantisch, wie es seiner Zeit entsprach; sein ekstatisches

Idealisieren ist bei Keats, Longfellow und zahllosen anderen Dichtern der Romantik ebenso anzutreffen. Allen Tate gab zudem zu bedenken, daß sich darin auch das für die Südstaaten traditionelle Idealbild der ›reinen Frau‹ widerspiegelt. Quinn meint, falls Edgar und Virginia in Poes Schriften überhaupt einmal durchscheinen, dann in der – eindeutig auf sexuelle Leidenschaft anspielenden – Erzählung ›Eleonora‹. Wer meint, Poe hätte einen Lolitakomplex gehabt, übersieht, daß er gleichaltrige und ältere Frauen liebte; wer behauptet, er hätte Mütter gesucht, vergißt Virginia und Elvira. Was Poe wie besessen suchte, aber immer wieder verlor, war Liebe. Sein Trinken hatte damit zu tun.

Probleme mit dem Trinken hatte Poe erstmalig 1835, als er aus Furcht, Virginia unter Umständen zu verlieren, in tiefe Depressionen verfiel. Gelegentliche Saufgelage machten ihm dann 1843 persönlich und beruflich zu schaffen; es war die Zeit, da Virginia zwischen zeitweiliger Besserung und erneuter Verschlechterung ihres Zustandes hin und her schwankte. In einem Brief schrieb er 1848:

Jedesmal (wenn Virginia einen Rückschlag erlitt) *empfand ich allen Schmerz über ihren Tod – und bei jeder Verschlimmerung ihres Zustandes liebte ich sie mehr & klammerte mich mit noch verzweifelterer Verbissenheit an sie. Aber ich bin von der Veranlagung her empfindlich – in ungewöhnlichem Maße reizbar. Ich wurde wahnsinnig, mit langen Phasen fürchterlicher Klarheit. Während dieser Anfälle absoluter Unbewußtheit trank ich, und allein Gott weiß, wie oft oder wieviel. Natürlich schrieben meine Feinde den Wahnsinn dem Trinken zu, statt umgekehrt.*

Wie viele andere Autoren, so hat auch Poe zur Bestürzung der Biographen sein Leben dramatisiert. Seine Briefe und die Erinnerungen seiner Freunde beweisen, daß er während Virginias Krankheit die meiste Zeit vom Wahnsinn weit entfernt war, aber der Kummer und beider Notlage quälten sein empfängliches Gemüt und veranlaßten ihn zu sporadischem, allerdings häufigerem Trinken. Man bedenke seine außerordentliche Empfindlichkeit gegen Alkohol. Viele haben in Virginias Tod ein Trauma gesehen, das ihn in Psychose und Alkoholmißbrauch habe abgleiten lassen, aber Quinn bewies, daß ihm beide Probleme selbst während seiner letzten beiden Lebensjahre nur gelegentlich zu schaffen machten.

Meiner Ansicht nach hat Quinn das lange, schwere ›Hirnfieber‹ nicht genügend gewichtet, an dem Poe in Virginias letztem Lebensjahr litt und das schließlich zu der Diagnose ›Hirnschädigung‹ führte. Erst nach diesem Fieber hatte Poe psychotische Anfälle, jederzeit begleitet von physischer Krankheit, ohne unseres Wissens indes ständig mit Alkohol einherzugehen. Ich habe viele Ärzte um eine zeitgemäße Diagnose gebeten, aber keiner von ihnen glaubte genügend Anhaltspunkte zu kennen, um auch nur den Versuch wagen zu können. Poe könnte Meningitis gehabt haben, einen Gehirntumor oder ein Dutzend andere Nervenkrankheiten, die jede für sich sein physisches und psychisches Wohlbefinden untergraben haben könnten. Welche Krankheit es auch gewesen sein mag, sie war aller Wahrscheinlichkeit nach weitgehend verantwortlich für seine letzten schweren Prüfungen.

Seit Quinn wird in Poe-Studien zunehmend mehr Gewicht auf die Sozialgeschichte gelegt; man schreibt weniger Poes Psyche, dafür um so mehr seinem Zeitalter zu. Schon vor langer Zeit sagte Ellen Glasgow, daß Poe mit seinem Formalismus, seiner Sentimentalität, seiner Zurückhaltung und Gefühlsintensität aus seiner Epoche und ganz besonders aus den Gegebenheiten des amerikanischen Südens heraus zu sehen sei. Seine Südstaatenerziehung war seiner Karriere ebenfalls nicht förderlich.

Zur Zeit eines wachsenden Partikularismus, der schließlich zum Sezessionskrieg führte, war Poe der erste bedeutende Autor des Südens, den es in die Nordstaaten zog, wo außer Lowell nicht einer der dominierenden Schriftsteller Neu-Englands seinetwegen großzügig zur Seite rückte. Dies mag dazu beigetragen haben, daß er sich zeitlebens als Entwurzelter und Außenseiter fühlte. Poe hat zu keiner Zeit irgendwo voll und ganz hingehört. Er war die Waise von Schauspielern – drittklassigen Bürgern; in England dann der Junge aus Amerika; in Virginia galt er als der in England Erzogene; er wurde niemals adoptiert, wuchs in einer Gesellschaftsschicht auf, der er nicht angehörte; er war ein in den Staub der Armut gestoßener Aristokrat, der einem Beruf nachging, dessen Ansehen seinerzeit nur wenig besser als der Ruf des fahrenden Volkes war; in den Tagen eines Whittier und Emerson war er ein düsterer, revolutionärer Romantiker.

Heute sprechen viele Gelehrte Poe jede Ähnlichkeit mit seinen Gestalten ab und verweisen darauf, wie sehr sich in seinem Werk die Zeit Camilles und des Frankenstein-Ungeheuers spiegelt. Selbst Van Wyck Brooks, der Poe ein Beispiel für schlechte Erbmasse und vielleicht gar einen gefährlichen Schwangerschaftsverlauf nannte, räumte ein, daß zu Poes Zeiten an der Schwindsucht sterbende junge Mädchen nicht nur gängiges literarisches Sujet, sondern alltägliche Realität waren. Mario Praz hat in ›The Romantic Agony‹ die literarischen Lieblingsthemen jener Zeit aufgezählt und analysiert: Ungeheuer, Vampirismus, Angst und Schrecken; alte Familien, die auf ihren Stammsitzen zugrunde gehen; eine kultivierte, schicksalsträchtige Melancholie; Leidenschaft zwischen Geschwistern und Geschwisterkindern; die Verflechtung von Liebe und Tod; Angetansein von Verfall und Verwesung, Sado-Masochismus und Monomanie; Grausamkeit und Unmoral um ihrer selbst willen. Wenn Poe aufgrund seiner Sujets als verrückt galt, dann war es die Hälfte seiner größten Zeitgenossen auch.

Eigentlich mochte Poe keine barbarisch rohen oder romantischen Exzesse; er lehnte sogar Goethes Werther als morbid ab. Er verdiente sich Geld mit Parodien auf die phantastischen Erzählungen deutscher Dichter vom Schlage eines E. T. W. Hoffmann* – in denen, ganz nebenbei, in der Ich-Form erzählt wird. Die Erzählung ›Berenice‹ sei, so sagte Poe, ›halb Scherz, halb Spott‹. Er dürfte die Geschichte nicht etwa geschrieben haben, weil er – wie Kritiker und Psychoanalytiker einmal unterstellt hatten – davon phantasierte, toten Mädchen die Zähne herauszureißen, sondern weil er zum einen über einen solchen grotesken Fall in Baltimore in der Zeitung gelesen hatte, zum anderen deswegen, weil solche Geschichten gerade in Mode waren. In vielen zeitgenössischen Artikeln und Büchern hat die Wissenschaft inzwischen die Vorlagen und Quellen vieler Poescher Erzählungen gefunden.

Als seine Geschichten in Buchform erschienen, wehrte er sich im Vorwort gegen den von der Kritik erhobenen Vorwurf des ›Germanismus‹ und der Düsternis: ›Ich bleibe dabei, daß Angst und Schrecken nicht aus Deutschland, sondern aus dem Herzen kommen.‹ Dies ist wahrscheinlich eine Halbwahrheit, mit der er diese Art von Dichtung zu legitimieren und seine geistige Selbständigkeit geltend zu machen suchte. Zu Anfang hatte er eine doppelte Absicht verfolgt: Er wollte die Schauergeschichten verulken, sich aber gleichzeitig ihrer effektvollsten Elemente bedienen (heute bei raffinierten Action-Filmen gang und gäbe: man vermischt Grauen und Selbstironie). Poes Gabe, mit überzeugenden Details Stimmungen her-

---

* Der Schriftsteller, Komponist, Musikkritiker und Karikaturist Ernst Theodor Wilhelm H. (1776–1822) ließ Mozart zu Ehren seinen dritten Vornamen fallen und nannte sich seither E. T. A(madeus) Hoffmann. A. d. Ü.

aufzubeschwören, hob ihn über bloße Ironie hinaus. Ebenso wie viele andere Schriftsteller stellte er fest, daß sich mit Schauer- und phantastischen Geschichten traumhafte Zustände zwischen dem Infernalischen und Paradiesischen beschreiben ließen.

Viele europäische Autoren taten just dasselbe wie er, jedoch nur wenige amerikanische Schriftsteller. Poes Erzählungen über Besessenheit, Ekstase und ›das Teufelchen des Perversen‹ blieben nicht ohne Einfluß auf Baudelaire und Dostojewski. Wie vorauszusehen, waren sie jedoch wie seine Versuche, in Versform eine unirdische, reine und düster-klagende Musik erklingen zu lassen, für die Bewunderer einer Julia Ward Howe weniger eindrucksvoll. Poe hätte auch, sogar gegen Bezahlung, über andere Dinge schreiben können, aber in seinem Leben und seiner Phantasie gab es Kummer, Gram und Schreckliches genug. Dennoch, er war das erste amerikanische Beispiel für eine Stimmung, die seinerzeit die Kunst des Westens beherrschte, und dieser Umstand ist für die Kulturgeschichte wie für die Individualpsychologie gleichermaßen von Belang.

Heute erscheint dies vernünftig, aber so manche Ansicht, die heute als befangen oder albern gilt, wurde früher vorurteilsfrei aufgefaßt. Wenn unsere gegenwärtige Auffassung von Poe jemals für erstaunlich verbohrt gehalten werden sollte, dann wahrscheinlich deswegen, weil wir heute irgend etwas für selbstverständlich halten. Damit könnte gar unsere Neigung, Poe zu normalisieren, gemeint sein. In den letzten Jahrzehnten feierten Psychologie, Geschichts- und Sozialwissenschaft eine wahre Orgie des Relativismus, des Einfühlungsvermögens in Völker und Kulturen, die den Hauptströmungen in unserer Gesellschaft nicht folgen. Manche haben versucht, das emotionell, sexuell und sozial Abweichende mit kraftvollem Moralismus in Einklang zu bringen. Aber weil ich nicht glaube, daß wir mit der Rehabilitation Poes unrecht tun, versuche ich mir einige Zweifel zu bewahren.

Dennoch habe ich Beweise gefunden, die meine Auffassung von Poe stützen und zeigen, daß er wirklich an einem Problem gelitten haben könnte, dessen Existenz von vielen bezweifelt wird – eine konstitutionelle Unfähigkeit, mit Alkohol fertig zu werden, so daß er betrunken und krank wirkte, selbst wenn er nur geringfügig und gelegentlich trank (von unter Streß, schwer oder regelmäßig gar nicht zu reden). Zu Beginn der siebziger Jahre begannen die Wissenschaftler ein Enzym – Alkohol-Dehydrogenase, die im Körper den Alkohol abbaut – zu untersuchen, um festzustellen, wie es genetisch kontrolliert wird. Die Forschungsarbeiten brachten eine genetische Gegebenheit, die sog. Alkohol-Dehydrogenase-Defizienz, ans Licht.

Die Forscher entdeckten, daß das Gen, das für den Alkoholabbau verantwortlich ist, in drei verschiedenen Ausprägungen vorkommt, deren jede für eine bestimmte rassische Gruppe typisch ist. Die meisten Kaukasier haben ein Gen, das dem Körper mit einem hohen Alkoholspiegel fertig zu werden erlaubt. Viele Schwarze besitzen eines, das den Körper einen etwas niedrigeren Spiegel tolerieren läßt (die Beweise hierfür sind etwas undeutlicher). Das entsprechende Gen der Mongoliden erlaubt dem Körper nur winzige Alkoholmengen, ohne daß sich ernste Symptome – vom Erröten über Herzflattern bis hin zu Schwindelanfällen – einstellen; das heißt also, ohne daß die Betreffenden sturzbetrunken werden. Dies sollte nicht weiter überraschen, denn derart unterschiedliche Reaktionen wurden auch bei anderen Drogen festgestellt.

Diese Unterschiede erklären das, was oftmals als kulturelle Abweichungen beim Umgang mit Alkohol bezeichnet wird. Die Alkoholdestillation wurde von den Kaukasiern entdeckt; deren Körper kann eine hohe Alkoholdosis tolerieren. Orientalen und amerikanische Indianer zeigen nach einem Schluck Bier oder Wein die gleichen Symptome wie die meisten Kaukasier nach einem Schuß Schnaps; in der asiatischen Volkskunde ist über diesen Effekt einiges zu finden. Just diese Anfälligkeit für Alkohol ist für die berüchtigte Reaktion vieler Indianer auf Schnaps verantwortlich. Um kulturelles Konditionieren zu überprüfen, haben Forscher Neugeborene vieler Rassen und Kulturkreise Alkoholtests unterzogen; der genetische Machtfaktor zeigte sich bereits bei der Geburt.

Die drei rassischen Populationen sind hier, wie bei vielen anderen genetischen Merkmalen auch, nicht einheitlich. Grob gesagt, können fünfzehn Prozent der Mongoliden höhere Alkoholspiegel tolerieren. Etwa fünf Prozent der Kaukasier haben eine ebenso niedrige Reizschwelle wie Asiaten und Indianer; würden sie sich den üblichen westlichen Trinksitten anschließen, würden sie wie die Indianer – und Edgar Allan Poe – auf einen Schluck Whisky mit Trunkenheit reagieren.

Dieses Alkohol-Dehydrogenase-Defizienz-Syndrom ist selbst Alkoholismus-Forschern noch wenig geläufig. Sein Zusammenhang mit Alkoholmißbrauch ist noch unbekannt. Die vorläufig ersten Beweise sind jedoch gewichtig, und wer wissenschaftliche Veröffentlichungen liest und Poes Leben kennt, wird sie schnell gelten lassen. Wie wir bei Studien über Goya sahen, gewährleistet blitzartige Erkenntnis keineswegs uneingeschränkte Gültigkeit. Ich aber stelle dieses Syndrom in den Raum als bestmögliche Erklärung für Poes anomale Reaktion auf Alkchol und dessen schicksalhafte Rolle in seinem Leben. Bringen wir das Syndrom mit einer Hartsäufergesellschaft und der offensichtlichen Hirnschädigung Poes während seiner letzten Jahre in Verbindung, ist die Übereinstimmung noch größer. Die naturwissenschaftliche Medizin wird vielleicht Poes späte Krankheit oder seine seltsame Beziehung zum Alkohol niemals verbindlich identifizieren können, aber wenn weitere Forschungen meine Theorie erhärten, wird sie mit dazu beitragen, den Menschen Poe von Poe, dem medizinischen Mißgeschick, zu unterscheiden.

Wenn bessere Studien über Poe erschienen sind, wird man darüber urteilen können. Ich hoffe, daß sogar Quinns hervorragende Biographie noch übertroffen wird von einer anderen, die das enthält, woran es ihr, weil jenseits des Fachgebiets ihres Verfassers, gebrach – die sorgfältig erarbeitete Biohistorie Poes. Sie wird abstellen müssen auf Ansätze, die, wie etwa die Genetik und die Psychoanalyse, in der Vergangenheit mißbraucht wurden. Die Genetik hat seit der Anspruchslosigkeit der frühen Vererbungstheorie einen weiten Weg zurückgelegt. Die Reduktionsfanatiker und Forscher, die den Komplexitäten der Verhaltensgenetik voll ins Auge sehen, streiten sich noch. Persönlichkeit und Verhalten haben dieselbe physische Basis – und die ist nicht in den Schädelkonturen oder einfach im genetischen Stammbaum zu finden, sondern im Zusammenspiel von Genen, Enzymen, Hormonen, Nervensystem und Umwelt.

Die meisten psychoanalytischen Studien über Poe waren jämmerlich schlecht; hilfreich aber sind psychodynamische Auffassungen, wenn man sie mit gebotener Vorsicht und mit Verständnis der biographischen Fakten und historischen Zusammenhänge zum Ansatz bringt. Doktrinäre klassische Psychoanalyse nach Art einer Marie Bonaparte findet man heute nur noch selten. Durchgesetzt hat sich die Eriksonsche Psycho-Biographie; sie ist vor einigen der alten Fußangeln auch nicht sicher, basiert aber sehr sinnvoll auf Identitätsbildung und Persönlichkeitsentwicklung. Im Idealfalle werden wir eines Tages einen ergiebigen Ansatz kennenlernen, der die besten Erkenntnisse Freuds, der Neo-Freudianer, Adlers, Sullivans, Eriksons und anderer verwertet, ohne die medizinisch und körperlich bedingten Aspekte der Persönlichkeit und des Verhaltens zu vernachlässigen.

Diese ideale Biohistorie Poes wird dann umfassend und ausgewogen sein und einen vollständigen Eindruck von Poes physischem und psychischem Leben, seiner Arbeit und seiner Zeit vermitteln. Nichts, auch nicht die festeste Überzeugung, wird darin als selbstverständlich hingenommen werden. Ein solches Buch wäre aus zwei Gründen des Schreibens wert. Zunächst einmal, weil eine derartige Studie über einen x-Beliebigen für Biographen Modellcharakter hätte und für den Leser neue Maßstäbe setzen würde. Zweitens deswegen, weil auch in ferner Zukunft, wenn nach dem Namen des ersten Dichters gefragt wird, dessen Werk man kennen und lieben lernte, noch von ungemein vielen Edgar Allan Poe genannt werden wird und man schließlich wissen möchte, wer er eigentlich war.

4. Kapitel

MUMIEN, MOORLEICHEN, ABSONDERLICHKEITEN

Zu einer Biohistorie der Völker

Nach gründlicher Untersuchung durch zahlreiche Wissenschaftler erlangten während der letzten zehn Jahre auch zwei Mumien gewöhnlicher Ägypter historische Bedeutung. Keiner der beiden war Pharao, Adliger oder Priester gewesen. Der eine war ein armer Weber namens Nakht, der, noch keine zwanzig Jahre alt, etwa vor 3200 Jahren starb. Vom anderen kennt man weder Namen, Alter noch Beruf; er wurde mit dem Akronym PUM belegt, weil die Mumie der wissenschaftlichen Forschung vom Museum der Landesuniversität Pennsylvania zur Verfügung gestellt wurde. Als Individuen sind Nakht und PUM historisch uninteressant; für ihren Gesundheitszustand zu ihren Lebzeiten und ihre jeweilige Todesursache gilt das gleiche. Es waren auch nicht die ersten Mumien, die mit Röntgenstrahlen oder dem Skalpell behandelt wurden. Die Paläopathologie, die wissenschaftliche Erforschung von Gesundheitszustand und Lebensweise von Individuen anhand ihrer sterblichen Überreste, begann bereits vor hundert Jahren. Nakht und PUM sind deswegen bemerkenswert, weil sie als Objekte einer schwierigen, Einfallsreichtum voraussetzenden Forschung neue Wege aufzeigten, über längst und vollkommen untergegangene Völker etwas in Erfahrung zu bringen.

Ungeachtet ihres Beitrages zur Geschichtswissenschaft

und zu anderen Sachgebieten bedarf die Mumienforschung keiner Rechtfertigung. Mumien sind auf besondere und generelle Weise faszinierend. Als Junge ging ich oft in den schummerigen Mumiensaal der Landesuniversität Pennsylvania, um mir eine der gespenstischen, verhutzelten Gestalten anzusehen, deren Zähne und Teile des Schädels hier und da zwischen Bandagen und geschwärztem Harz hervorschauten. Wenngleich ich zunächst verschüchtert war, wurden in mir doch bald Neugier und Ehrfurcht wach, war doch auch diese Gestalt einmal ein empfindendes, träumendes Wesen wie ich gewesen. Unsere Gesellschaft sucht den Tod zu verstecken, insbesondere vor Kindern zu verbergen; trotzdem könnte ich mir das lähmende Entsetzen jederzeit wieder ins Gedächtnis zurückrufen, das mich wie jedes andere Kind überkam, als ich erstmalig begriff, daß mit meinem Tode auch die Welt sterben würde, da ich ja nicht mehr da sei, um sie wahrzunehmen. Diese Mumie verhalf mir zu einer eigenartigerweise erträglichen Auffassung von Leben, Tod und Zeit jenseits des Todes.

Vielleicht gründet sich die Theorie, daß festes Rechnen auf Unsterblichkeit zur Konservierung der Toten geführt habe, auf solche Erfahrungen mit Mumien. Ich vermute, daß etwas weniger Abstraktes den Menschen veranlaßte, seine Achtung vor der Unversehrbarkeit der Toten zu überwinden und seine Könige und Priester, Eltern und Kinder zu mumifizieren. Eine andere Theorie geht davon aus, daß die Entdeckung von auf natürlichem Wege konservierten Leichen zur bewußten Konservierung führte. Ich denke dabei an irgendeinen Eingeborenen, der, ohne wie ich durch Abbildungen und Geschichtsunterricht darauf vorbereitet zu sein, zum ersten Mal in seinem Leben eine natürlich konservierte Leiche erblickte. Wahrscheinlich schrie er auf, lief davon und betete – in just dieser Reihenfolge. Danach ist er wohl, wie ich seinerzeit, zurückgekommen, um einen zweiten Blick darauf zu werfen, verlor seine Furcht, geriet in Ehrfurcht und Staunen und reflektierte wie ich angesichts der verschrumpelten Geste des Triumphes über Tod und Zeit. Aber auch diese Theorie hat ihre Schwachstellen. Selbst die schönste Mumie ist abstoßend, und ich kann mir nicht vorstellen, daß in jemand Neid und das Verlangen nach Gleichbehandlung wach wird. Zudem wird in Klimaten mumifiziert, wo natürliche Konservierung selten oder unmöglich ist.

Die Natur hat im Normalfall für Mumien nichts übrig; organischer Zerfall ist nötig, da die Welt ansonsten unter Bergen von abgestorbenen Pflanzen und Tierkadavern begraben würde. Fäulnis und Verwesung beruhen auf Bakterien, Wärme, Feuchtigkeit und chemischen Veränderungen; gelegentlich wirken extreme Trockenheit, Kälte oder Hitze störend auf diesen Prozeß ein, so daß eine natürliche Mumie entsteht. Im Polareis hat man, Jahrhunderte und selbst Jahrtausende nach ihrem Tode, tiefgefrorene und praktisch unveränderte Menschen- und Tierleichen gefunden. Am häufigsten sind natürliche Mumien in den Wüsten Ägyptens und in den sandigen Hochebenen und Bergen Perus zu finden. In den gemäßigten Zonen blieben Leichen hin und wieder in der trockenen Kühle von Höhlen und Grüften erhalten. Viele solcher auf natürliche Weise mumifizierter Leichen fand man in Wien und Kiew; in den Katakomben von Palermo blieben gar Tausende erhalten. In der Kathedrale von Venzone/Norditalien ruhen die natürlichen Mumien von etwa zwei Dutzend Toten, die ursprünglich vor sechshundert Jahren in Gewölben unter der Kirche beigesetzt worden waren.

Die Mumien von Venzone verdanken wir wohl nicht nur der trockenen Kühle der Krypten, auch ein dort heimischer, Wasser entziehender Pilz dürfte eine gewisse Rolle gespielt haben. Ebenso helfen oftmals Substanzen aus der Umwelt bei der Konservierung der Toten mit. In

Wyoming und Kentucky in Höhlen aufgefundene Indianer dürften durch Salpeter, Natriumsalze und andere Verbindungen im Erdboden mumifiziert worden sein. Eine der berühmtesten natürlichen Mumien ist der ›Kupfermann‹, der 1905 in den chilenischen Anden gefunden wurde. Dieser Bergmann starb vor vierhundert Jahren bei einem Stolleneinbruch; er lag, seine Werkzeuge neben sich, noch dort, wo es ihn getroffen hatte, die trockene Luft und Kupfersalze haben ihn in unheimlicher Weise konserviert. Die am erstaunlichsten erhaltenen konservierten Leichen wurden in den Torfmooren Nordeuropas gefunden; beim Vermodern der Pflanzenreste entsteht Säure, die bakterizid wirkt und die Haut zu feinem Leder gerbt. Diese Dänen der Eisenzeit scheinen auch nach zweitausend Jahren noch nur zu schlafen und ließen sich auch heute noch anhand ihrer Fingerabdrücke individuell identifizieren.

Vielleicht hat man manchenorts tatsächlich bemerkt, daß Trockenheit, Hitze, Kälte, Höhlenbestattung, Salz, bestimmte Minerale und Alkohol allesamt der Verwesung entgegenwirken, so daß man die Toten entsprechend behandelte bzw. bestattete und so nach und nach das Mumifizieren lernte. Signifikant ist, daß es in Ägypten und Peru nicht nur die meisten künstlichen, sondern auch natürlichen Mumien gibt. Aber auf allen Kontinenten hat man an trockenen und warmen Orten Leichen mumifiziert. Zahlreiche melanesische und australische Stämme trocknen ihre Häuptlinge seit jeher in der Sonne und räuchern sie wie ein Stück Wild am Feuer. In solchen Klimaten halten sich Mumien höchstens ein paar Jahre, die Überreste werden schließlich bestattet oder verbrannt, während der Schädel dem nächsten Verwandten als Trinkgefäß, gefüllt mit angenehmen Erinnerungen, überlassen wird. Hierin, vermute ich, könnte man den Hauptgrund für das Mumifizieren sehen. In vielen Völkern ist es alter Brauch, von denen, die man am meisten schätzte, ein Stückchen als Gegenstand der Wertschätzung und Verehrung aufzubewahren. Von der weltweiten Gepflogenheit, Asche oder Schädel der Vorfahren aufzuheben, bis zum Konservieren des ganzen Leichnams ist es nur ein logischer Schritt. Vielleicht hegte man die Sorge um das Nachleben als Hintergedanken oder handelte gar ganz bewußt: Wenn wir unsere Lieben verlieren, verlieren wir ein Stück von uns selbst; bewahren wir sie auf, sind Trennung und Verlust überwunden.

Viele Völker haben diesen Versuch gemacht; ihre Beweggründe sind ebenso verschieden wie die praktizierten Konservierungsmethoden. In Nordchina wurde vor zweitausend Jahren eine Prinzessin in einem mit einer Quecksilberlösung gefüllten Sarg eingesiegelt; ihre Gelenke sind heute noch beweglich, und die Haut reagiert auf Druck elastisch. Bis zur Jahrhundertwende ließen sich bestimmte japanische Mönche mumifizieren, damit sie bei Buddhas nächstem Besuch auf dieser Erde zugegen und ihm behilflich sein könnten. Die alten Ainus und die Bewohner der Aléuten und Kanaren konservierten ihre Häuptlinge, die Skythen mumifizierten ihre Stammesführer mitsamt Konkubinen und Dutzenden von Gefolgsleuten und Pferden. Auf dem Hauptplatz in Cúzco sahen die spanischen Conquistadores zur Schau gestellte mumifizierte Inkakönige, denen Speis und Trank vorgesetzt und Unterhaltung geboten wurde. Und die Ägypter natürlich demonstrierten die Unsterblichkeit ihrer Herrscher durch Einbalsamieren ihrer Leichen. Wer solches Verhalten für primitiv hält, sollte bedenken, wie gewissenhaft Lenin und Eva Perón (vielleicht mit Paraffin) präpariert wurden; die Massen verehren die beiden nicht minder als andere die mumifizierten Heiligen in den Kirchen Europas.

Diesen kurzen Abriß über Mumien kann ich nicht beenden, ohne auf einen grotesken Fall zu sprechen zu kommen, wo das Präparieren nicht den Wünschen der Nachwelt entsprang, sondern den Interessen des Verblichenen entsprach. Jeremy Bentham, der englische Philosoph und Begründer des Utilitarismus, verfügte letztwillig, seinen Leichnam zum Nutzen der Anatomiestudenten zu sezieren; bis hierher noch eine Geste seines fanatischen Rationalismus. Des weiteren aber verfügte er, das Skelett freizulegen, den Kopf nach separater Präparation mit Glasaugen zu bestücken und wieder auf dem Knochengerüst zu montieren. Diese schaurige Bastelei sollte, mit Benthams bester Garderobe angetan, bei jeder Sitzung der Utilitarian Society zugegen sein. Der Nutzeffekt seines Verlangens bleibt im dunkeln, man kam ihm aber noch mehr als hundert Jahre nach Benthams Tode im Jahre 1832 nach. Der Kopf wurde schließlich durch eine Wachsattrappe ersetzt, sei es aus utilitaristischen, ästhetischen oder auch nur schlicht hygienischen Gründen.

Zu Benthams Lebzeiten lernten die Ärzte, wie sich Verwesung aufhalten läßt; sie bemühten sich also um Kenntnisse, die den Ägyptern bereits mehr als tausend Jahre zuvor abhanden gekommen waren. Wie die Ägypter das Konservieren lernten, bleibt eine Vermutung. In vordynastischer Zeit begruben sie ihre Toten einfach in Löchern im heißen Wüstensand; dabei mag man festgestellt haben, daß oftmals natürliche Konservierung die Folge war. Gegen 3000 v. Chr. begannen sie die Leichen in Leinen einzuwickeln, in Särge zu legen und in unterirdischen Grabkammern beizusetzen. Dort blieben die Leichen nicht wie im Sand erhalten; dieser Umstand inspirierte vielleicht dazu, zumindest die göttlichen Pharaonen einzubalsamieren. Zwei Jahrtausende lang verbesserten die Ägypter ihre Konservierungsmethoden; zuletzt wurden den Leichen Eingeweide und Gehirn entnommen (sie verwesen am schnellsten); sie wurden durch Waschungen mit Palmwein desinfiziert, mit Mineralien dehydriert und in Binden gewickelt, die mit Harz und Pech luft- und feuchtigkeitsundurchlässig gemacht wurden. Die Prozedur dauerte siebzig Tage und war so material- und arbeitsaufwendig, daß man sie zunächst nur Pharaonen und Angehörigen des hohen Adels und der Priesterschaft angedeihen ließ; schließlich ließ man sich für die geringeren Sterblichen schnellere und billigere Methoden einfallen. Es war der Kernpunkt des altägyptischen Glaubens, daß der Seele am besten gedient wäre, wenn der Körper in möglichst lebensnaher Gestalt überdauerte. Auf dem Höhepunkt der Mumifizierungskunst wurden Tamponaden unter die Haut geschoben, um Schrumpfungen rückgängig zu machen. Dem Erhalt des Aussehens des Gesichtes, der Brüste und Genitalien widmete man sich mit besonderer Sorgfalt. Über das Gesicht kam eine sorgfältig bemalte Maske – vielleicht als Dekoration gedacht, vielleicht aber auch als religiöse Versicherungspolice gegen die durch die Bandagen bewirkte Anonymität.

Von all dieser Kunst und Mühe blieb schließlich nicht mehr als eine blasse Erinnerung. Etwa ums Jahr 1400 tauchte das lateinische Wort ›mummia‹ im englischen Schrifttum auf; darunter war Mumienpulver zu verstehen. Die Vokabel ist auf das arabische Wort für Pech zurückzuführen; man vermutete, daß Pech in klassischer Zeit in der Medizin Verwendung fand, und die Ärzte des Mittelalters – vielleicht in der Annahme, das beste Pech sei antikes Pech – verschrieben Pulver aus mit Pech mumifizierten Ägyptern als Mittel gegen so ziemlich alles, angefangen bei Tuberkulose bis hin zu Quetschungen und blauen Flecken. Im späten sechzehnten Jahrhundert buddelten alexandrinische Kaufleute fleißig Mumien aus und verschifften sie nach ganz Europa, wo die Apothekerkunden darauf achten mußten, daß ihnen nicht Mummia-Ersatz aus einheimischen Leichen untergeschoben wurde.

Zu Shakespeares Zeiten meinte das Wort Mumie dann

schon den konservierten Leichnam selbst. Hundert Jahre nach ihm begannen ein paar englische und deutsche Ärzte schon mit der Sektion von Mumien, um sich über ägyptische Krankheiten und Bestattungspraktiken zu informieren. Erster Höhepunkt dieser frühen Forschungen war Thomas Pettigrews Buch ›History of Egyptian Mummies‹, das, vom großen Cruikshank illustriert, im Jahre 1834 herauskam. Der medikamentöse Gebrauch von ›mummia‹ hatte erst kurz zuvor aufgehört; nun erwarben die europäischen Museen Mumien zu Ausstellungszwekken, wenngleich man sie zunächst nicht als Quelle historischer Erkenntnisse, sondern hauptsächlich als Kuriositäten sah. Aber manche hielten die Mumien nicht einmal für kostbare Altertümer. Als in Kanada einmal die Hadern knapp wurden, kamen manche Fabrikanten auf die Idee, die Bandagen der Mumien in rauhen Mengen zur Papierherstellung zu verwenden (über das Schicksal der Mumien selbst ist nichts bekannt); manchmal mußten sie gar als Schiffsballast herhalten.

Die moderne Mumienforschung begann Ende des neunzehnten Jahrhunderts, nachdem man in der Nähe Thebens zwei große Beisetzungsplätze königlicher Mumien entdeckt hatte. Sie wurden ins Ägyptische Museum nach Kairo gebracht, wo die englische Besatzungsmacht gerade eine medizinische Fakultät gegründet hatte. Einige der dort lehrenden Professoren, insbesondere der Anatom Grafton Elliot Smith und der Bakteriologe Marc Armand Ruffer, schufen dann die Grundlagen der modernen Paläopathologie.

Paläopathologie war etwas ganz Neues. Die Pioniere dieses Wissenschaftszweiges mußten sich neue Techniken ersinnen; die prachtvollen königlichen Mumien durften nicht ausgewickelt werden. Große Hoffnungen setzte man auf die gerade erst entdeckte Röntgentechnik. In Ägypten gab es damals nur ein einziges Röntgengerät;

Smith schmuggelte daher die steifen Überreste des Pharaos Thutmosis VI. in eine Droschke und eilte damit durch die nächtlichen Straßen zu einer Privatklinik, wo er in aller Eile die ersten Röntgenaufnahmen von einer Mumie machte. Ruffer entwickelte eine Methode, Mumiengewebe zu rehydrieren, so daß es unter dem Mikroskop untersucht werden konnte. Diese Methode wird noch heute praktiziert. Ruffer war auch der erste, der in Mumiengewebe Parasiten und Bakterien entdeckte. Im Jahre 1910 berichtete er, in zwei nicht-königlichen Mumien die dreitausend Jahre alten Eier der Schistosoma gefunden zu haben, also jenes Parasiten, vom dem möglicherweise auch Napoleon während des Ägypten-Feldzuges befallen wurde.

Ruffer, Smith und andere entdeckten viele interessante Fakten, zum Beispiel, daß Tuberkulose und vielleicht auch die Blattern im alten Ägypten nicht unbekannt waren. Alle diese Entdeckungen waren vielleicht medizinisch interessant, unter Umständen auch signifikant, wie Napoleons Hämorrhoiden; zu tieferen Erkenntnissen über die Vergangenheit verhalfen sie indes kaum. Nach den ersten paar Jahrzehnten der Pionierarbeit flaute das Interesse der Forschung an den Toten des alten Ägyptens ab. Erst Ende der sechziger Jahre wurden die königlichen Mumien systematisch geröntgt. Möglich war dies nur, weil es inzwischen ein neuartiges tragbares Gerät gab. Nicht etwa Ägyptologen oder Pathologen machten die Aufnahmen, sondern ein paar Forscher von der dentalmedizinischen Fakultät der Landesuniversität Michigan, die sich über die historische Entwicklung des menschlichen Gebisses Erkenntnisse erhofften. Die ihnen dort gelungenen Entdeckungen sind nur ein Hinweis auf die vielfältigen neuen Möglichkeiten der Paläopathologie.

Die Forscher gingen von der Tatsache aus, daß der Bau des Schädels, der Gesichtsknochen und Zähne beständige erbliche Merkmale sind, die sich nach Rasse und Familie unterscheiden. Hinzu kommt, daß sich Lebensweise, Ernährung, allgemeiner Gesundheitszustand und die Umwelteinflüsse auf den Gesamtorganismus anhand der Zähne rekonstruieren lassen – zum Beispiel gibt es verräterische Linien, die auf durch Krankheit oder Unterernährung bedingte Wachstumshemmung schließen lassen. Die Forschergruppe unter der Leitung von James Harris und Kent Weeks hatte zu Hause in Michigan Schulkinder untersucht, um festzustellen, inwieweit deren Zähne genetische und Umwelteinflüsse erkennen ließen. Nun sind die Amerikaner allerdings genetisch höchst verschieden; es standen dazu auch nur wenige Generationen zur Verfügung. Harris und Weeks suchten Vergleichsgruppen. Es war ein echter Glücksfall, daß diese Suche sie nach Nubien führte. Der Landstrich gehört heute im Norden zu Ägypten, im Süden zum Sudan.

Als 1965 der Assuan-Stausee angelegt wurde, drohte der Tempel von Abu Simbel in den Fluten zu versinken. Er wurde daher abgebrochen und an anderer Stelle wieder aufgebaut. Neben anderen archäologisch wertvollen Stücken brachte man auch fünftausend Skelette und natürliche Mumien in Sicherheit, denn das Nilwasser überspült jetzt ein Areal, das zweitausend Jahre lang als Begräbnisplatz gedient hatte. Nubien war lange Zeit Drehscheibe des nördlichen Afrika gewesen; seine mit der ägyptischen verwobene Geschichte ist verworren und nur in groben Umrissen bekannt. Dieser hochinteressante Platz lieferte den Forschern aus Michigan die Überreste von hundert Generationen, mithin die Gelegenheit, die evolutionäre Entwicklung eines Volkes und seines wechselhaften Nebeneinanders von physischer Gesundheit und Krankheit zu erforschen. Harris und Weeks durften auch zweitausend nubische Kinder untersuchen und erhielten dazu die Erlaubnis, die Knochengerüste der königlichen Mumien in Kairo zu röntgen. Damit konnten sie die

Bauern des antiken Nubien mit ihren Herrschern vergleichen, die alten Nubier mit ihren Nachfahren und sie allesamt den heutigen Amerikanern gegenüberstellen. Beim Untersuchen der königlichen Mumien eröffneten sich noch andere Möglichkeiten. Durch Röntgen des ganzen Körpers kann man Hinweise auf das Alter zum Zeitpunkt des Todes finden, auf das Geschlecht, darauf, ob eine Frau Kinder ausgetragen hat, sowie auf zahlreiche Krankheiten. Von den Untersuchungsergebnissen versprach man sich Aufschlüsse über die Gesundheit der Pharaonen, ihre rassische Herkunft, ihre familiären Verhältnisse und ihre Zeitfolge.

Das Projekt verlangte fünf Perioden gewissenhafter Arbeit in Ägypten, daran schlossen sich jahrelange Laboranalysen in Ann Arbor an, die von Anthropologen, Zahnorthopäden, Statistikern und anderen Fachleuten durchgeführt wurden. Die Forschungsgruppe nahm an jedem Skelett bzw. an jeder Mumie 149 verschiedene Messungen vor und röntgte mehrfach aus vielerlei Winkeln. Die gewonnenen Daten wurden per Computer analysiert. Die Resultate reichten von umfassenden wichtigen Erkenntnissen bis hin zu interessanten Belanglosigkeiten.

Man stellte fest, daß die heutigen Nubier kleinere Gesichter und Kiefer und mithin engerstehende Zähne als ihre Vorfahren haben. Damit hatte sich die Theorie bestätigt, daß die Kiefer überall kleiner werden, sich die Zähne jedoch kaum verändern, so daß bestimmte Zahnprobleme voraussagbar zunehmen. Man könnte meinen, dies interessiere nur Kieferorthopäden und ihre Börsenmakler. Aufbau und Anordnung der Zähne aber sind ein definitives Merkmal jeder Spezies, das deren Anpassung an die Umwelt widerspiegelt. Veränderungen des menschlichen Gebisses, die bestimmte Ernährungsweisen kennzeichnen, sind ebenso signifikant und enthüllend wie Veränderungen seiner Hand, des Gehirns und des Sexualsystems.

Die Überreste zeigten des weiteren, daß sich die Nubier nur wenig vermischt hatten und erstaunlich homogen blieben, wenngleich viele Völkerschaften durch ihr Land gezogen waren. Die Probleme mit ihren Zähnen aber änderten sich jäh. Die alten Nubier kannten Karies kaum, dafür aber litten sie an einem Umstand, der im heutigen Amerika kaum anzutreffen ist. Wegen grober Kost und Sand, der in Kornspeicher und Küche jederzeit hineinwehte, waren ihre Zähne übel, manchmal gar bis auf das Zahnfleisch abgenutzt. Da die Pulpa somit freilag, kam es oft zu Zahngeschwüren, chronischen Infektionen und Zahnverlust. Diese Gegebenheiten waren so häufig und gravierend, daß sie das Leben vieler Leute verkürzt haben müssen. Auch heute noch leiden viele Nubier unter übermäßigem Zahnverschleiß, ein neues Problem ist aber noch hinzugekommen. Kinder, die mit ihren Eltern wegen des Stauseebaus umgesiedelt wurden, änderten ihre Ernährungsgewohnheiten und nahmen nun bessere und süßere Kost zu sich – schon trat Karies auf, eine Zahnkrankheit, die die Bevölkerung westlicher Länder schon seit Jahrhunderten plagt. Die Untersuchungen an den Nubiern bestätigten also, daß die Häufigkeit von Karies mit zeitgemäßer Ernährung zunimmt; sie widerlegten aber gleichzeitig die Annahme, daß die Völker des Altertums mit ihrer natürlichen Ernährungsweise besser dran waren.

Die Forscher hatten gehofft, bei Bauern und Adligen des Altertums unterschiedliche Gesundheitsstörungen anzutreffen, da letztere sich wahrscheinlich besser nährten und ein geruhsameres Leben führten. Man stellte indes überrascht fest, daß Pharaonen und Fellachen dieselben Zahnprobleme hatten; der Sand, der keine Klassenunterschiede kennt, machte auch vor den Palästen nicht halt. Die Suche nach Hinweisen auf genetische und familiäre Verwandtschaft brachte bei den Mumien weitere

Überraschungen ans Licht. Die ägyptischen Herrscher repräsentierten, langen Annahmen der Wissenschaft zuwider, nicht nur einen Familienzweig. Die Adligen des Alten Reiches (ca. 2680 – 2180 v. Chr.) waren sich körperlich ähnlich und wahrscheinlich miteinander verwandt. Die Adligen des Neuen Reiches ähneln sich auf altägyptischen Bildern zwar, aber diese Ähnlichkeit war eigentlich gar nicht vorhanden. Anhand von Röntgenaufnahmen der Schädel und Zähne zeigen mehrere dynastische Linien intern familiäre Ähnlichkeit, aber als Gruppe waren die einzelnen Dynastien voneinander so verschieden wie die heutigen Amerikaner.

Ägyptische Papyri lassen anklingen, daß die königliche Familie die Adligen der unterworfenen Völker an ihren Hof holte und manchen Einheirat in die herrschende Klasse Ägyptens gestattete. Die Röntgenaufnahmen lassen jetzt erkennen, woher diese genetischen Eindringlinge kamen. Etwa 1600 v. Chr. eroberte Senakhtenre Tao, ein Gemeiner, Ägyptens Thron, nachdem er die kriegerischen Hyksos aus Unterägypten vertrieben und das Reich geeint hatte. Seine Mumie hat man nicht gefunden, aber er und seine Frau Tetisheri sind die Stammeltern einer Linie, die dreihundert Jahre regierte. Viele ihrer Nachkommen hatten, wie Tetisheri und ihr Sohn Seqenenre Tao, den charakteristischen vorspringenden Oberkiefer und die Nagezähne der Nubier.

Die Röntgenuntersuchungen des amerikanischen Forscherteams bestätigten auch ein paar ganz bestimmte historische Einzelheiten. So nahm man zum Beispiel an, daß Senakhtenre Taos Sohn im Kampf gefallen sei. Die Röntgenaufnahmen des Kopfes zeigten eine Axtwunde und ein zerschmettertes Wangenbein; Anzeichen einer begonnen Heilungen waren nicht zu finden. Vermutlich also ist er an diesen Verletzungen oder anderen, zu gleicher Zeit davongetragenen, gestorben. Mutmaßliche Fakten wurden in anderen Fällen aber auch widerlegt. Ägyptologen hatten angenommen, Tutmosis sei nach einer Regierungszeit von zehn Jahren als Fünfzigjähriger gestorben; der Röntgenuntersuchung zufolge starb er aber bereits mit achtzehn Jahren. Eigentlich widerlegten die Röntgenstrahlen so viele frühere Schätzungen hinsichtlich der Langlebigkeit der Pharaonen, daß die Chronologie der Dynastien wie die ihrer Familienzweige vielfach revidiert werden mußte.

Manche, wenngleich unbedeutendere Entdeckungen bleiben spannend. Normalerweise wurden alle Ägypter, die nicht zur untersten sozialen Schicht gehörten, mit Eintritt der Pubertät beschnitten. Die Röntgenaufnahmen, die gelegentlich auch weiches Gewebe erkennen lassen, zeigten aber, daß der Pharao Ahmose unbeschnitten war. Vielleicht war Ahmose kein gebürtiger Ägypter, vielleicht aber verbot sich die Beschneidung wegen Hämophilie oder aus einem anderen medizinischen Grunde. Die Röntgenstrahlen erbrachten auch den Beweis, daß er vom Körperbau her viel zarter als sein Vater und seine Nachkommen war. Beim Untersuchen der Mumien der Ammonpriester, die im elften vorchristlichen Jahrhundert mächtiger als der König wurden, kam eine höchst groteske Tatsache ans Licht. Die Historiker waren der Annahme gewesen, daß Makare, die verschiedentlich entweder als Hohepriesterin oder auch als Schwester eines Hohenpriesters bezeichnet wird, im Kindbett gestorben sei; die kleine Mumie neben ihr sollte die Leiche ihres Säuglings sein. Bei der Röntgenuntersuchung stellte man fest, daß die Skelettstruktur nicht einem Kinde, sondern einem weiblichen Pavian entsprach. Harris und Weeks vermuten, daß das Kind am Leben blieb und heimlich großgezogen wurde – weil es vielleicht unehelich oder Zielscheibe einer politischen Intrige war – und der kleine Pavian statt seiner begraben wurde.

In den nubischen wie königlichen Überresten fanden Harris und Weeks im Skelett Anzeichen für spinale Tuberkulose, Brustinfektionen und vielleicht Gicht, Kinderlähmung und hypophysenfunktionsabhängige Wachstumsstörungen. Die Forscher aus Ann Arbor wollten aber nicht bloß Krankheiten und Gebrechen auflisten, sondern Röntgendiagnose, Autopsieberichte und historische Belege zusammenfassen, um eine Systematik des Gesundheitszustandes, der Krankheiten und der sich ändernden Anpassung an die Umwelt in Umrissen zu erarbeiten. Dabei entdeckte man, daß die Lepra, in vorrömischer Zeit nur selten oder ganz unbekannt, in nachrömischer Zeit relativ häufig auftrat. Die Bilharziose, die auch das moderne Ägypten noch immer heimsucht, war in der Antike bei Bauern und Adel gleich häufig; die Kinder aller Schichten wurden wahrscheinlich beim Spielen im Wasser von den Parasiten befallen. Den Pharaonen, sofern sie ihre mittleren Jahre erreichten, blieb auch nicht erspart, was wir oftmals für neuzeitliche Alters- und Verschleißerscheinungen halten: Viele litten an fortgeschrittener, schmerzhafter Arthritis. Blutgefäßerkrankungen waren gang und gäbe – Gegenbeweise für die Auffassung, sie würden durch urbanen Streß und fettreiche Kost verursacht. Die Untersuchungen der Forscher aus Michigan ließen auch Vergleiche mit anderen Völkern der Antike zu. Zum Beispiel hatten die alten Ägypter viel weniger Beinbrüche als die zeitgenössischen ersten Angelsachsen. Und wenn einmal ein Knochen brach, dann verheilte er in Ägypten weitaus häufiger ohne jegliche Infektion. Wahrscheinlich war die ärztliche Kunst in Ägypten auf einem höheren Stand; es mag aber auch sein, daß es dort weniger oder weniger virulente Krankheitserreger gab.

Nach solchen Entdeckungen erhellte sich das Wissen um die Lebens- und gesundheitlichen Verhältnisse im alten Ägypten ein wenig. Trotzdem hat die Wissenschaft noch nicht in vollem Umfang die Tatsache zu nutzen gewußt, daß eine Mumie, wie Harris und Weeks sich ausdrückten, ein biologisches Museum ist. Den nächsten größeren Fortschritt in der Paläopathologie brachte eine interdisziplinäre Gruppenautopsie einer Mumie. Das Vorhaben war weniger einfach und erfolgreich als von den Forschern erhofft, aber es ging über die Anstrengungen des Michigan-Teams hinaus und spornte weltweit Wissenschaftler an, sich zwecks Rekonstruktion der gesundheitlichen Verfassung und der Geschichte alter Völker zu einer losen Partnerschaft zusammenzufinden.

Die Initiative ging hauptsächlich von dem inzwischen verstorbenen Aidan Cockburn aus, einem Wissenschaftler, der sich als gebürtiger Engländer an der Wayne State University in Detroit mit der Entwicklung und Ausbreitung von Infektionskrankheiten befaßt hatte. Er und seine Frau Eve interessierten sich gleichzeitig auch für Ägyptologie, und so ließen sie 1972 begeistert wissen, im Museum der Landesuniversität von Pennsylvania gemeinsam mit ein paar Kollegen eine Mumie obduzieren zu wollen.

Zwischen 1890 und 1920 waren schon Tausende von Mumien obduziert worden, meist aber nur beiläufig und ohne sich dabei das sich ständig ausweitende medizinische Fachwissen zunutze zu machen. Dennoch weckte das Sezieren dieser namenlosen Mumie, die, weil vom Pennsylvanian University Museum zur Verfügung gestellt, den Spitznamen PUM bekam, das Interesse der Medien und wurde zu einem öffentlichen Ereignis. Das Cockburn-Team, unsicher, was die Vorgehensweise betraf, und ohne jede Ahnung, wonach man eigentlich suchte, wurde bei seiner Arbeit durch allgegenwärtige Fernsehkameras und einen Hörsaal von Vorklinikern nach Kräften behindert. Sie fanden in PUM einen mangelhaft konservierten, ausgeweideten Leichnam vor und brachten außer der Erkenntnis, daß man sich noch viel Praxis anzueignen habe, nur wenig in Erfahrung. Diese Praxis erwarb man sich bei einer zweiten Autopsie, diesmal jedoch ohne Publikum. 1973 dann befaßte man sich mit PUM II, einer zweiten vom Universitätsmuseum zur Verfügung gestellten Mumie; jetzt blieben die Erkenntnisse nicht aus.

Die Cockburns arbeiteten gemeinsam mit elf anderen Fachleuten, darunter ein Anthropologe, ein Physiologe, ein Kinderarzt und ein Ägyptologe. Nachdem man PUM II geröntgt hatte, arbeitete man sieben Stunden lang mit Hammer, Meißel und Chirurgensäge, um die glashart erstarrte Harzschicht über den Bandagen zu durchdringen. Schließlich stand man vor einer Mumie von recht guter Verfassung; die Augen und die hennarot gefärbten Fingernägel waren noch gut erhalten. PUM II war ein etwa 1,63 m großer Mann gewesen, der im Alter von vielleicht fünfunddreißig oder vierzig Jahren gestorben war. Durch Anwendung der Radiokarbon-Methode ließ sich das Todesjahr auf 170 v. Chr. bestimmen; auch Stil und Dekorationen des Sarges paßten in diese Zeit. Wie bei vielen Mumien dieser Epoche waren die Eingeweide entnommen, separat konserviert und einzeln verpackt worden. Manche Gewebeteile waren hinreichend gut erhalten, um unter dem Mikroskop die Zellstruktur erkennbar werden zu lassen.

Wer in einem Biologieseminar einmal eine Katze oder ein Schwein seziert hat, weiß, wie frustrierend es sein kann, selbst bei einem frischen Kadaver einen Nerv oder ein kleines Organ zu suchen. Bei einer Mumie ist manches Gewebe vertrocknet und verschrumpelt, anderes wieder von etwa plastikartiger Konsistenz; das ganze Gewebe aber ist zumeist völlig von Harz durchdrungen. Auch Bakterien und Pilze findet man vor; es ist schwer zu entscheiden, ob sie von Anfang an dazugehörten oder die

Leiche erst in jüngerer Zeit befallen haben. Das gleiche gilt auch für viele Verletzungen. Als PUM II vor dem Auswikkeln geröntgt wurde, glaubte man zum Beispiel einen Schädelbruch zu erkennen. Was zunächst wie ein Bruch aussah, stellte sich später als bloße Kratzer auf der Kopfhaut heraus; sie waren der Leiche wahrscheinlich beim Einbalsamieren zugefügt worden.

Die Todesursache von PUM II wurde nicht ersichtlich, aber einige deutliche Hinweise auf Krankheiten. Zum Beispiel hatte er ein perforiertes Trommelfell; er war damit, soweit belegbar, der erste Patient dieser Art. Irgendwann in seinem Leben muß er wie viele andere alte Ägypter an einer akuten Ohreninfektion gelitten haben. Die interessantesten Ergebnisse aber brachte nicht die eigentliche Autopsie, sondern die sich daran anschließenden Laboruntersuchungen. PUM II mußte wie jeder Patient unserer Tage auch Tests, Tests und nochmal Tests über sich ergehen lassen. Fünf Jahre lang befaßten sich gut fünfundsiebzig Wissenschaftler mit seinem Gewebe.

Zunächst einmal untersuchte man die Einbalsamierungsstoffe. Es stellte sich heraus, daß die erstarrte äußere Substanz, die beim Durchtrennen mit der Säge einen süßlichen, stechenden Geruch abgegeben hatte, hauptsächlich aus Wacholderharz, Kampferöl und Myrrhe* bestand. Die Forscher versuchten daraufhin zu rekonstruieren, welche importierten und einheimischen Hölzer, Harze und Gewürze zur Zeit von PUM II zu haben waren. Ein kleines Büschel Baumwolle, das zwischen die Bandagen gestopft war, gab den Forschern Rätsel auf. Baumwolle wurde in Indien und Südamerika schon lange vor der Zeit von PUM II angebaut; man hatte bislang angenommen, sie sei etwa um Christi Geburt in den Mittelmeerraum vorge-

* Myrrhe ist das Harz zweier Balsambaumgewächse: Commiphora abyssinica und Commiphora molmol. Es wird aus den Ästen gewonnen. A. d. Ü.

drungen. Vielleicht hatte man PUM II die Baumwolle mit ins Grab gegeben, weil sie selten und kostbar war. Wenn dem aber nicht so war und Baumwolle schon zu seinen Lebzeiten in Ägypten angebaut wurde, dann wird die Agrar- und Wirtschaftsgeschichte des Mittelmeerraums wohl revidiert werden müssen. War es aber Importbaumwolle, dann pflegte das alte Ägypten bislang unbekannte Handelsbeziehungen – vielleicht mit Indien.

Nachdem das Äußere untersucht war, wandte man sich dem Inneren der Mumie zu. Auf dem Röntgenbild wiesen Oberschenkelknochen und Schienbeine transversale Linien auf. Daß es in praktisch jedem menschlichen Organismus solche Linien gibt, entdeckte man bereits vor einem Jahrhundert. Aber erst in den dreißiger Jahren wurden sie von H. A. Harris intensiv erforscht. Diese sogenannten Harris-Linien sind eigentlich Narben, die bei Wachstumsunterbrechungen zurückbleiben. Während der Wachstumsphase bringt jede Erkrankung oder unzureichende Ernährung das Knochenwachstum zum Stillstand; nach Genesung und Wiederaufnahme des Wachstums bleibt auf beiden Seiten der langen Knochen in der Nähe der Wachstumsknorpel eine Linie zurück. Der Paläopathologe Calvin Wells verglich die Autopsie einmal mit einer Momentaufnahme im Augenblick des Todes, während er von den Harrisschen Linien als einem Film über Gesundheitszustand und Wachstum vom Augenblick der Geburt bis zum Ende der Jugend sprach. Der Vergleich ist nicht ganz gelungen, aber die Harrisschen Linien in den Knochen sagen ungefähr aus, wie viele Krankheiten jemand durchgemacht hat; der Abstand einer Linie vom Knochenende läßt erkennen, wann sich die Linie bildete. Die Knochen von PUM II wiesen etliche Harrissche Linien auf, indes waren sie bei ihm nicht zahlreicher als bei anderen alten Ägyptern. Gemessen an heutigen Maßstäben, war er während seiner Kindheit und Jugend schlecht ernährt und gesundheitlich nicht allzusehr auf der Höhe.

Nach dem Röntgen nahm man die Knochen dann in Augenschein. Insbesondere suchte man nach Anzeichen für Malaria, von der die Geschichte der Mittelmeervölker gräßlich gezeichnet wurde. Chronische Malaria führt zu Anämie, die ihrerseits eine auffällige Verdickung des Schädelgewölbes oder Veränderungen der Spongiosa der Augenhöhlenknochen bewirkt. Beides war bei vielen vordynastischen Ägyptern und alten Nubiern gegeben. Daß die Merkmale bei PUM II fehlten, heißt nicht, daß er niemals Malaria hatte – er wurde wahrscheinlich davon nur nicht ausgezehrt oder starb nicht daran wie so viele seiner Zeitgenossen.

Von den Knochen ging man dann zu den Innereien über. Daß man Hinweise auf Arteriosklerose fand, überraschte nicht. Auch der Kohlenstoff in der Lunge fand sich nicht unerwartet; Koch- und Heizfeuer in Hütten oder Zelten räuchern und rußen oftmals heftig, und kohlenstoffverunreinigte Lungen gibt es wahrscheinlich schon ebenso lange, wie der Mensch das Feuer kennt. Die Folge sind Reizungen, aber kaum einmal bleibende Schäden. Die Lungen bewiesen aber auch, und das erstaunte die Forscher nun wirklich, daß man mit PUM II den ersten bislang bekannten Fall von Silikose vor sich hatte. Die Staublunge ist noch heute eine potentiell tödlich verlaufende Krankheit der Bergleute; da die Hände von PUM II aber keine Schwielen aufwiesen, kam ein berufsbedingter Lungenschaden aller Wahrscheinlichkeit nach nicht in Frage. Die beste Erklärung: Zu seinen Lebzeiten konnten es die Ägypter ebensowenig wie heute vermeiden, von Wüstenstürmen aufgewirbelten Sand einzuatmen. Israelische Wissenschaftler stellten Silikose jüngst auch bei Wüstenbeduinen fest; die Israelis sprechen in diesem Zusammenhang von einer Negev-Wüsten-Lunge. Bei einer anderen ägyptischen Mumie stellte man später auch eine Staublunge fest; es mag sein, daß weitere Autopsien den Beweis erbringen, daß Silikose zu ihrer Zeit keineswegs selten war.

In einem der Eingeweidepäckchen befand sich ein Stückchen Darm von PUM II, und darin fand sich, interessanter Hinweis für den Pathologen, das Ei eines schmarotzenden Rundwurms – das erste, das jemals in einer Mumie gefunden wurde. Parasiten scheiden gewöhnlich mit ihren Wirten dahin, aber ihre Eier und Larven überdauern. Ihr Vorhandensein läßt nicht nur Rückschlüsse auf jemandes Gesundheitszustand zu, sondern enthüllt gegebenenfalls auch dessen Eßgewohnheiten und vielleicht sogar seinen Standort innerhalb der sozioökonomischen Ordnung seiner Zeit. Beim Studium einer anderen Mumie, sie wurde ROM I genannt, fand man später Vorstufen eines Wurms, der durch Verzehr von Schweinefleisch in den Organismus gelangt. Der Betreffende hatte sich zu seinen Lebzeiten nicht auf die in Ägypten übliche Kost – gemahlenes Getreide und gelegentlich Fisch – beschränkt.

PUM II war die erste Mumie, deren Gewebe jemals unter dem Präpariermikroskop untersucht wurde (ein solches Gerät vergrößert nicht nur sehr stark, es liefert auch dreidimensionale Bilder). Die Forscher konnten Bakterien und Parasiten, rote und weiße Blutkörperchen, Blutplättchen, Einzelheiten der Knochenstruktur und hin und wieder sogar die Organellen im Zellinnern ausmachen. Die Untersuchung der Leber auf Viren verlief ergebnislos. Sie erfolgte im Rahmen eines anderen Erstversuchs, einer Reihe von biochemischen Tests, von denen man sich Hinweise auf damalige Krankheitsbilder, Ernährungsweisen, Erbgut, Wanderungen der Volksgruppen oder Heiraten untereinander sowie den Grad der Anpassung an die Umwelt versprach.

Als ersten Schritt mußte man aus dem PUM-II-Gewebe Proteine, insbesondere Antikörper, zu isolieren suchen. Der einfachste und effizienteste Antigen-Test galt der Blutgruppenbestimmung. Die Blutgruppen sind wie die Gebißform stabile vererbbare Merkmale; sie kommen in jeder genetisch zusammengehörigen Gruppe mit einer charakteristischen Häufigkeit vor. Zeichnet man daher das Blutgruppenprofil einer Population über einen längeren Zeitraum nach, kann man ersehen, ob eine Vermischung mit anderen Völkern stattgefunden hat oder ob die heute im entsprechenden Wohngebiet ansässige Bevölkerung die direkten Nachfahren der Urbevölkerung sind. Bei schwierigeren Antigen-Tests kann man möglicherweise für bestimmte Krankheiten typische Antikörper entdecken und daran erkennen, an welchen Krankheiten (zum Beispiel Virushepatitis) PUM II gelitten hat; auf diesem Wege hoffte man Immunitätsprofile für ganze antike Völker entwickeln zu können. Ferner hoffte man, durch die Entdeckung anderer Protein-Familien etwas über Ernährung, Kost und allgemeinen Gesundheitszustand von PUM II und das Vorhandensein oder Fehlen gewisser genetischer Stoffwechselstörungen zu erfahren.

Selbst der einfachste dieser Tests steckt voller Tücken. Zum Beispiel kann Bakterienbefall bei der Blutgruppenbestimmung zu falschen Ergebnissen führen. Auf dem Wege über zwei verschiedene Tests war es aber möglich, PUM II zuverlässig die Gruppe B zuzuweisen. Andere Testergebnisse waren weniger eindeutig. Man fand zwar gewisse Proteine, sie waren aber zu degeneriert, um sich identifizieren zu lassen. Den Forschern blieb nur die Hoffnung auf bessere Labortechniken oder besser erhaltene Leichen – etwa vom Zustand der vom Eise Alaskas Konservierten.

Als nächstes versuchte man mit Hilfe der sogenannten Neutronenaktivierungsanalyse die Konzentration bestimmter Metalle in den Überresten von PUM II zu bestimmen. Auch hier gab es technische Probleme, zum Beispiel durch die Einbalsamierungssubstanzen bedingte Verunreinigungen, aber es ließ sich eindeutig nachweisen, daß PUM II zu seinen Lebzeiten nur ein Zehntel jener Bleimenge aufgenommen hatte, die sich heutzutage in unseren Organismen ansammelt. Man folgerte daraus, daß die Belastung der Umwelt durch Blei in der Gegenwart beängstigend zugenommen hat. Als man die Muskelgewebe untersuchte, erkannte man Zinkmangel, der noch heute bei den jungen Männern Ägyptens für Anämie und Reifungshemmung verantwortlich ist.

Alle diese Entdeckungen wurden nach und nach gemacht. Die Cockburns und ihre Kollegen veröffentlichten die ersten Fakten in einem Rundbrief, den sie mutig ›Paleopathology Newsletter No. 1‹ nannten, wenngleich sie mit einer zweiten Ausgabe selbst nicht ernsthaft rechneten. Aber die PUM-II-Autopsie weckte das Interesse von Presse und Wissenschaftlern in aller Welt. Anthropobiologen und Kultur-Anthropologen, Historiker und Ärzte schickten Zuschriften. 1974 hatte das PUM-Team bereits die Paleopathology Association ins Leben gerufen, der in etwa einem Dutzend Ländern zweihundert Mitglieder angehörten; der Rundbrief erschien mittlerweile als Vierteljahresschrift. Vier Jahre später waren es schon dreihundert Mitglieder aus zweiundzwanzig Ländern – auch ich gehörte inzwischen dazu und verfolgte fasziniert die wissenschaftlichen Fortschritte der Gruppe. Die Paläopathologie, lange Zeit nur wenig mehr als die bloße Idee, entwickelte sich nunmehr zu einem interdisziplinären Spezialgebiet, das an etlichen Dutzend Universitäten gelehrt wurde.

Als die Cockburns 1974 eine weitere Autopsie vornahmen, hatten sie sich bereits der Mitarbeit von mehr als vierzig Spezialisten versichern können. Auf dem Sarg stand geschrieben, daß die Mumie einmal Nakht geheißen hatte und in einem Tempel, der dem Geist des Pharao Setnakht gewidmet war, dem Beruf des Webers nachgegangen war. Nakht war nicht zufällig ausgewählt worden. Wie der Sarg zeigte, war er ein Handwerker gewesen, der vor etwa 3200 Jahren in Theben verstorben war; nur sehr selten läßt sich eine Mumie zeitlich und örtlich so präzise einordnen. Zudem sind nur wenige Mumien von Angehörigen von Nakhts Gesellschaftsschicht erhalten; die meisten konnten sich keine aufwendigen Begräbnisse leisten, von Mumifizierung ganz zu schweigen. (Nakhts Sarg, Kosten: etwa fünf Wochenlöhne, ist vielleicht als zusätzliche Sozialleistung für Tempelbedienstete aufzufassen.) Außerdem wissen die Wissenschaftler über Nakhts Zeitalter mehr als über die meisten anderen Epochen des alten Ägypten – es war eine Zeit politischer Instabilität und progressiver Inflation, und Leute wie Nakht mußten vermutlich hart arbeiten, nährten sich nicht allzu gut und wohnten in bescheidenen Lehmziegelbehausungen.

Nakht war gewaschen und in Leinwand gewickelt worden; für die Konservierung sorgte allein das trockene Klima. Er war einmal zwischen 1,67 und 1,78 m groß gewesen und hatte zwischen 45 und 55 Kilo gewogen. Röntgenaufnahmen des Skeletts ergaben, daß er zwischen dem vierzehnten und achtzehnten Lebensjahr verstorben war; wahrscheinlicher ist das niedrigere Alter, denn zu Nakhts Zeiten waren Zähne und Knochen wohl erst ein paar Jahre später als heute gewachsen. Die Harrisschen Linien lassen wiederkehrende Krankheiten oder Unterernährung während seiner letzten zwei Lebensjahre erkennen. Anders als bei PUM II verraten Nakhts Überreste die Krankheit, der er erlag.

In Nakhts Leber und Nieren fanden sich Schistosoma-Eier; sie hatten zu einer Leberzirrhose geführt und Blase und Blut in Mitleidenschaft gezogen (Nakhts Mumie war der älteste menschliche Überrest, in dem man rote Blutkörperchen feststellte). Eigentlich war Nakht ein wahres Museum für Parasiteninfektionen. Sein Gedärm enthielt Bandwurmeier; seine Milz wirkte vergrößert, vielleicht gerissen, so daß Malaria als Möglichkeit nicht auszuschließen war. Nakht wurde zahlreichen Blutgruppen-, Antikörper- und anderen Labortests unterzogen. Wie im Fall PUM II waren die Proteine nicht gut genug konserviert, um viele bestimmen zu können, es gab aber ein paar grobe Ergebnisse. Nuklearmedizinische Hepatitis-Tests verliefen negativ, aber Tests des Milz-Gewebes erbrachten den vorläufigen Beweis für das Vorhandensein von Malaria-Antigenen.

Die Autopsien von PUM II und Nakht forderten zu Mutmaßungen über Vergangenheit und Gegenwart auf. Beide Ägypter, wenngleich verschiedenen Epochen und Gesellschaftsschichten zuzurechnen, waren von Parasiten befallen; Kinderkrankheiten, die unwirtliche Wüste und unzulängliche Ernährung hatten beide geprägt. Möglich, daß zu ihrer Zeit die ganze Gesellschaft unter Malaria, Schistosomiasis und Darmparasiten litt; viele, die das früheste Erwachsenenalter überlebten, waren von degenerativen Krankheiten wie Arteriosklerose und Arthritis betroffen – Krankheiten, die wir dem Menschen mittleren Alters und den heutigen Lebensumständen zuzuschreiben pflegen.

Ferner setzten die Untersuchungen PUM IIs und Nakhts neue Maßstäbe und leiteten zu neuen Methoden über. Die Paläopathologen obduzieren nicht mehr Hunderte oder gar Tausende von Mumien, um sich in aller Eile von ihren Krankheiten ein Bild zu machen. Heute können sich die Laborarbeiten vielleicht zehn Jahre in die Länge ziehen und Dutzende von Spezialisten in aller Welt beschäftigen. Immer neue Techniken werden angewandt;

Nakht war die erste Mumie, die einer Computertomographie unterzogen wurde, das heißt, deren Gewebe röntgenologisch auf Geschwülste untersucht wurde. Die Forscher heben heute bei einer Mumienautopsie gewonnene Gewebeproben auf, um beim Vorhandensein besserer Untersuchungstechniken darauf zurückzugreifen.

Sobald dies der Fall ist, kann man sich um neue Informationen bemühen. Eines Tages mag die Blutgruppenbestimmung vielleicht mithelfen, Verwandtschaftsverhältnisse zwischen den königlichen Mumien zu bestätigen; am Leichnam Tutenchamuns sind solche Untersuchungen bereits angestellt worden. Und was noch wichtiger ist: Bestimmt man über einige Zeit die relative Häufigkeit der Blutgruppen einer Population, so könnte man in Erfahrung bringen, wer die Betreffenden waren, wie sie sich verändert haben und ob sie jemals ihre angestammten Wohngebiete verlegt haben. Schädel und Zähne der Nubier deuten darauf hin, daß es sich bei der heutigen Bevölkerung um direkte, unvermischte Nachkommen der von den späten ägyptischen Königen beherrschten Nubier handelt. Versuche, so gewonnene Informationen durch Blutgruppenbestimmung zu erhärten, reichen zwar bis in die dreißiger Jahre zurück, aber erst jüngste Techniken haben sie verläßlicher gemacht. Untersuchungen von an der peruanischen Küste gefundenen, zwischen fünfhundert und zweitausend Jahre alten konservierten Leichen haben gezeigt, daß sich die relative Häufigkeit ihrer Blutgruppen mit der der heute dort lebenden Indios deckt. Immunologische Untersuchungen der peruanischen Mumien haben auch die geschichtliche Annahme bestätigt, daß die eingeborene Bevölkerung und die spanischen Kolonisten in manchen Gegenden untereinander geheiratet, sich zumindest aber miteinander vermischt haben. Entsprechende Forschungen haben mit dazu beigetragen, die komplizierten Bevölkerungsverschiebungen in Ungarn im Verlauf vergangener Jahrhunderte voneinander abzugrenzen.

Ist man im Besitz hinreichender Informationen über große Populationen im Zuge längerer Zeiträume, wird man vielleicht sogar zu verstehen beginnen, wie und warum sich verschiedene Blutgruppen herausgebildet haben. Man war lange Zeit der Auffassung, daß die Vorfahren des heutigen Menschen lediglich das Gen für die Blutgruppe 0 besaßen, und daß sich die Gruppen A,B und AB erst jüngst entwickelt hätten. Die Untersuchungen prädynastischer ägyptischer Mumien aber haben gezeigt, daß diese Gruppen schon vor fünftausend Jahren gängig waren. Wir wissen nicht, warum in den einzelnen Völkern die relative Häufigkeit der einzelnen Blutgruppen verschieden ist; vielleicht helfen die für die Ausprägung verschiedener Gruppen verantwortlichen Gene bei der Anpassung an gewisse Klimate, Ernährungsweisen oder umweltbedingte Krankheiten. Das Verständnis der Herausbildung der Blutgruppen führt vielleicht zu größerem Wissen um Antigene und das Immunsystem im allgemeinen – mit entsprechender Bedeutung für Problembereiche wie Resistenz gegen Infektionskrankheiten und Krebs.

Bereits jetzt bestätigt die Mumienforschung gewisse Auffassungen vom Charakter des Krebses. Die Paläopathologen haben dem Krebs in Mumien und uralten Knochen nachgespürt, aber praktisch ohne Erfolg. Für das seltene Vorkommen gibt es zwei verschiedene Erklärungen. Manche behaupten, Krebsfälle hätten in jüngster Zeit stark zugenommen, Krebs sei eigentlich eine weitgehend moderne Krankheit. Andere versteifen sich darauf, daß Krebs (oder die entsprechende Anlage) wohl auch in vergangener Zeit normal gewesen sei, indes seien die Beweise dafür aus verschiedenen Gründen verdeckt: In früheren Jahrtausenden lebten die Leute nicht lange genug, um einen Krebs sich ausbilden zu lassen; Geschwülste blieben nach der Mumifizierung nicht gut genug erhalten, um bestimmbar zu sein; Knochenkrebs hinterlasse gemeinhin nur einen Defekt, der von anderen Krankheitsfolgen nicht unterscheidbar sei. Diese Streitfrage ist nicht nur theoretisch interessant; wenn Krebs heute wirklich häufiger als in der Vergangenheit ist, dann wird es von Nutzen sein zu wissen, warum.

Dieses Problem interessierte Dr. Michael Zimmerman einen in Anthropologie promovierten Pathologen, der etwa gleichzeitig mit den Cockburns, mit denen er dann auch oft zusammenarbeitete, auf die Paläopathologie stieß. Zimmerman, der in Ägypten und Europa Röntgenaufnahmen von Mumien auswertete, fand keine verbindliche Krebsdiagnose. Er studierte Autopsieberichte und stellte fest, daß bei Mumien nur in drei Fällen unter dem Mikroskop Tumore diagnostiziert worden waren: das eine Mal nicht mit letzter Sicherheit, in den beiden anderen Fällen handelte es sich um gutartige Hautgeschwülste. Kurzum, er fand bei antiken menschlichen Überresten nicht eine einzige sichere Diagnose auf Krebs. Wie es sich für den guten Biohistoriker gehört, versagte er sich alle Rückschlüsse, bis er alle möglichen Argumente gegen seine Erkenntnisse überprüft hatte.

Als Pathologe mußte Zimmerman die Opfer einer großen Vielzahl von Krankheiten obduzieren. Dabei entnahm er allen relevanten Teilen des Organismus Proben für gesundes und kanzeröses Gewebe. Damit machte er ein Experiment, das ihn viele Monate in Anspruch nahm: Er simulierte Mumifizierung, rehydrierte die Proben danach wieder und untersuchte sie unter dem Mikroskop. Der Konservierungsgrad war ein wenig besser als bei echten Mumien, aber die Gewebeveränderungen waren im wesentlichen die gleichen. Zimmerman stellte tatsächlich fest, daß kanzeröses Gewebe viel besser als gesundes erhalten blieb. Mithin ist es nicht wahr, daß die Mumifizierung kanzeröse Zellveränderungen kaschiert; im Gegenteil, sie werden dadurch nur erkennbarer.

Behauptungen, die Zeit lasse bei antiken Überresten Hinweise auf Krebs verschwinden, fand Zimmerman kaum haltbar. Viele Ägypter der Antike, die nicht bereits in jungen Jahren starben, erreichten ein mittleres oder hohes Alter; wir wissen, daß sie lange genug lebten, um es mit Arthritis, Arteriosklerose und Herzanfällen zu tun zu bekommen. Sie erreichten also jenes Alter, in dem Krebs wahrscheinlicher zu werden beginnt. Da chirurgische und andere Behandlungsmöglichkeiten zu jener Zeit nicht gegeben waren, sollte eine Krebsgeschwulst also im Körper des Betroffenen erhalten geblieben sein. Wenngleich Krebs hauptsächlich eine Alterskrankheit ist, sind Leukämie und Knochenkrebs schließlich in den ersten Lebensjahrzehnten am häufigsten, aber auch darauf fanden sich in den Überresten von Kindern und Jugendlichen vergangener Zeiten keine Hinweise.

Es gibt auch historische Belege. Wenngleich griechische Ärzte schon vor gut zweitausend Jahren Krebs beschrieben, so behaupteten sie doch nicht, die Krankheit sei häufig. Viele Krebsarten wurden zudem erst während der letzten zweihundert Jahre erstmalig erwähnt. Viele der in letzter Zeit entdeckten Varianten sind berufsbedingt und werden durch Chemikalien oder Reizstoffe verursacht. Und erst zu Anfang des zwanzigsten Jahrhunderts stellten die Wissenschaftler weltweit eine Zunahme der Krebserkrankungen fest.

Zimmermans letztes Argument sind seine eigenen Erfahrungen. Er hat an über hundert konservierten Leichen aus Ägypten, Peru und Alaska Autopsien vorgenommen – von der Zahl her wohl mehr als jeder andere, der sich heute mit Paläopathologie beschäftigt. Er hat dabei nicht einen einzigen Lungen-, Brust-, Darm- oder sonstigen heute so alltäglichen Krebs festgestellt. Heutzutage tritt bei jedem dritten oder vierten Amerikaner in irgendeiner Form Krebs auf; in siebzehn Prozent aller Todesfälle ist Krebs die Ursache. Gegenwärtig nimmt man an, daß drei Viertel aller Krebsfälle unmittelbar oder teilweise durch Tabak, industrielle Schadstoffe, Strahlung und vielleicht auch durch Veränderungen der Ernährungsgewohnheiten, der Erbanlagen und durch fortwährend entstehende Viren verursacht werden. Es drängt sich der logische Schluß auf, daß wir in Gebeinen und Mumien aus dem Altertum deswegen keinen Krebs finden, weil er seinerzeit viel seltener vorkam, und daß die jüngste Zunahme der Erkrankungen auf die heutigen Umweltbedingungen und Lebensweisen zurückzuführen ist. Dieser Schluß muß nicht unbedingt hieb- und stichfest sein, er ist aber ein treibender Leitgedanke künftiger Forschung.

Die meisten von uns bringen das Studium der Mumien gedanklich noch immer mit goldenen Grabbeigaben und seltsamen antiken Gebräuchen in Verbindung. Genau das aber dürfte bei der Untersuchung der Überreste wohl der unwichtigste Gesichtspunkt sein. Die Paläopathologie ist bereits über das Diagnostizieren am individuellen Toten hinaus; sie wird fraglos zu neuen Methoden führen und neue Fragen aufwerfen. Die Paläopathologie kann heute bereits die Geschichte der Krankheiten des Menschen hinter sich lassen und das Alltagsleben untergegangener Völker enthüllen. Wie das nächste Kapitel beweist, muß unser Leben nicht in Kunst und Literatur beschrieben werden, um Belege zu hinterlassen. Unser Lebenslauf steht buchstäblich in unseren Leibern geschrieben und wird auch nach Jahrtausenden noch lesbar sein.

5. Kapitel

VERDORRTE GEBEINE

Die nichtüberlieferte Geschichte

Der Versuch, der Geschichte über ihre ›großen Männer‹ – Helden oder Scheusale – näher zu kommen, tritt seit mehr als einem Jahrhundert immer stärker in den Hintergrund. Die Mächtigen, Begnadeten und Schurken sind nach wie vor interessant, aber die Erkenntnisfähigkeit der Gesellschafts- und Naturwissenschaften nahm ungemein zu, so daß man zu neuen Auffassungen von den Gesellschaften und der menschlichen Rasse selbst kam. Dazu gehören zwingende Argumente dafür, daß in der Geschichte der Menschheit Kontinuität und Wechsel von den Taten der Individuen unabhängig sind. Abgesehen davon ist man seit jeher neugierig, wie das gewöhnliche Volk in der Vergangenheit lebte. Zum Teil rührt diese Neugier vom Reiz der Vorstellung her: Wie wäre es mir in Penns Wildnis, im Inkareich oder in der Höhle eines Neandertalers ergangen, wie hätte ich gearbeitet und gespielt, gekämpft und geliebt? Je weiter man zurückblickt, um so mehr muß man sich an die Biohistorik um Antwort wenden.

Über das Alltagsleben in historischer Zeit etwas in Erfahrung zu bringen ist relativ leicht, braucht man sich doch hauptsächlich nur an Chroniken und Memoiren zu halten. Sucht der Biohistoriker Penns Amerika, so greift er auf physische Belege großenteils zurück, um schriftliche Quellen zu verifizieren und zu generalisieren. Faßt er die alten Ägypter und Inkas ins Auge, so verknüpft er aufgefundene menschliche Überreste mit Geschäfts- und Regierungsaufzeichnungen, Tempelinschriften und Bildern von religiösen und legendären Gestalten. Des Biohistorikers fesselndstes, beinahe ausschließliches Betätigungsfeld aber ist die Vorgeschichte, obgleich er erst in jüngster Zeit allein physische Belege heranziehen konnte, um die Verhältnisse von Leuten zu enthüllen, die außer ihren Gebeinen nur wenig oder gar nichts überliefert haben.

Diese Art von Biohistorik erzählt nichts über die Lebensläufe von Gestalten wie Napoleon, Poe oder eine der namenlosen Mumien. Statt dessen liefert sie ein Bild von Zeitaltern, Gesellschaften und unserer sich entwickelnden Spezies. Zu diesem Zweck muß sie sich auf Felder stürzen, die der medizinische Biograph außer acht lassen kann, sie muß Teilerkenntnisse, die von nur in den seltensten Fällen zusammenarbeitenden Wissenschaftlern gewonnen wurden, wie Mosaiksteinchen zusammenfügen. Mit einer großen Vielzahl von neuen Einfällen und Techniken versucht man das Leben in einem präkolumbianischen Königreich zu beleuchten oder sich über die Gewohnheiten eines längst verschwundenen Stammes nomadisierender Jäger Klarheit zu verschaffen. Daß sich so viele Erkenntnisse aus so wenig Substanz gewinnen lassen, macht zum Teil die Faszination der Biohistorik aus.

Daß es diese Konzeptionen und Techniken früher nicht gab, hielt leider niemanden von der Behauptung ab, er rekonstruiere die Vergangenheit. Das Ergebnis war oftmals eine Mischung aus Mutmaßungen und Klischees. Illustrationen und Museen zeigen gewöhnlich eine Gruppe von einem halben Dutzend Neandertalern im Alter zwischen drei und dreißig Jahren; die Frauen hocken am Boden, die Männer, ungeschlachte Kerle, stehen müßig um ein Feuer herum; die ganze Gruppe blickt starr und reglos in die Ferne. In Filmen hört man sie grunzen, zähnefletschend knurren, während sie, um ein Stück Fleisch oder eine Frau raufend, sich gegenseitig die Schädel einzuschlagen versuchen. Eigentlich gab es nur Spekulationen, ob der Neandertaler im Familienverband oder in größeren Gruppen lebte. Wie alt sie wurden, wie gewalttätig oder kooperativ sie waren, wie bei ihnen die intersexuelle Arbeitsteilung aussah, ja sogar, ob sie saßen oder hockten, ließ sich bislang ebenfalls nur vermuten. Es war eine Unterstellung, keine Tatsache, daß sie weder vergnügte Kurzweil kannten noch vor Kummer erblaßten oder zartere Gefühle zeigten – kurzum, daß sie weniger ausdrucksvoll als normale Paviane waren.

Diese dumme Auffassung kam wahrscheinlich unabsichtlich zustande. Da niemand mit Sicherheit wußte, wie Neandertaler empfanden und agierten, ließen Künstler und Anthropologen einen weißen Fleck, wo eigentlich die Lebensäußerungen hingehört hätten; vielleicht hat man auch in jedem Vorfahren der viktorianischen Oberschicht eine Hobbessche* tierhafte Roheit vermutet. Diese stumpfsinnige Darstellung wurde automatisch wiederholt. Ähnlich wurden Vorstellungen von anderen alten Völkern geformt. Zum Beispiel wissen wir nicht, wie die heidnischen Götteranbeter von Stonehenge aussahen, aber alle Illustratoren führen uns in Tierhäute gehüllte Keltenhorden vor, die, wilden oder träumerischen Blicks, einen weißbärtigen Druiden umlagern, der seinerseits in wilder Erleuchtung in die Sterne starrt. Wir wissen eigentlich nicht, daß eine leidenschaftliche ersische** Nacht

* Thomas Hobbes, 1588–1679, englischer Philosoph, der in seiner Staatslehre davon ausging, daß Selbsterhaltungstrieb und Machtgier des Menschen im Urzustand zu einem fortwährenden Kampf aller gegen alle führen, der nur beizulegen ist, wenn alle Macht einem Souverän übertragen wird, der allmächtig und einzige Instanz der Recht- und Moralsetzung ist... Hobbes lieferte mit dieser Staatslehre die theoretische Rechtfertigung des Absolutismus. A. d. Ü.
** Das Ersische gehört zu den inselkeltischen Sprachen. A. d. Ü.

dem keltischen Zwielicht voranging, daß die Erbauer der Dolmen* niemals ungeschickt waren und sich tolpatschig anstellten, daß die Druiden grundsätzlich nicht kahlköpfig, bartlos und froh und heiter waren. Man vergleiche damit Bilder, die die amerikanischen Indianer Jahrtausende vor Kolumbus zeigen: gewöhnlich sieht man sie mit unbewegter Miene Häute gerben und Körbe flechten. Diese Leute hatten wohl auch ihre eigenen gemütsbewegenden Mythen und Zauberformeln, und die Kelten verrichteten ganz gewiß ebensolche prosaischen Arbeiten wie die Indianer, aber nur wenige Bilder lassen das erkennen.

Der Biohistoriker muß über solche überkommenen Vorstellungen hinausgreifen. Vieles wird jederzeit Mutmaßung und Rückschluß bleiben, heute läßt sich jedoch mehr als je zuvor verifizieren, wenn man auf das im vorigen Kapitel beschriebene Instrumentarium zurückgreift und sich zu interdisziplinärer Gruppenarbeit wie beim Studium der Mumien zusammenfindet. Der Biohistoriker verknüpft die sich immer mehr verbreiternden Sachgebiete Anthropologie, Archäologie, Chemie, klinische Medizin, Ethologie, Sozio-Biologie und Paläobotanik. Diese Aufgabe ist so neuartig und herausfordernd, daß man bei der Rekonstruktion untergegangener Kulturen bislang noch nicht aus allen verfügbaren Quellen schöpfte. Wir werden uns einige dieser neuen Möglichkeiten ansehen und darlegen, wie sie sich, was zweifellos sehr bald geschehen wird, miteinander kombinieren lassen.

Wie in der Vergangenheit wird man sich gewöhnlich zunächst den menschlichen Gebeinen zuwenden; gelegentlich muß sich der Biohistoriker bei seiner Arbeit damit begnügen. Das Ausgraben morscher Knochen wird von den meisten Leuten für eine romantische Betätigung ge-

* Prähistorische Steingräber. A. d. Ü.

halten, das Untersuchen derselben aber für eine eher trokkene Angelegenheit. Es ist ein unglückliches Zusammentreffen, daß Anthropologen und Pathologen Skelettreste aus früher Zeit zur Unterscheidung von Überresten jüngeren Datums mit dem Begriff ›trockenes Gebein‹ belegt haben. Dieses trockene Gebein aber kann heute Geschichten erzählen, die vor Jahrtausenden darin niedergeschrieben wurden. Die so gewonnenen Erkenntnisse verschaffen uns Zugang zu Dörfern und Wohnplätzen längst verschwundener Völker und manchmal sogar zu deren Gedankenwelt.

Die einfachste Aussage, die man über Größe, Körperbau und Gesichtsschnitt eines Volkes hinaus den Knochen entnehmen kann, betrifft Lebenserwartung und maximale Sterblichkeitsrate (Bestimmung des Alters, in dem die häufigsten Todesfälle zu verzeichnen sind). Jüngere Untersuchungen widerlegen selbst in so elementaren Dingen schon einige ältere Auffassungen. Die Wissenschaftler hatten lange angenommen, daß sich das Leben, wie es sich vor fünf oder fünfzig Jahrtausenden darbot, in dem Schicksal heutiger Völker auf einer prätechnologischen Kulturstufe widerspiegele. Da man allenthalben auf hohe Kindersterblichkeit und kurze Lebenserwartung stieß, wurde angenommen, das Leben in vorgeschichtlicher Zeit sei durchweg primitiv und kurz gewesen; viele Kinder seien geboren worden, um größtenteils im zarten Alter zu sterben, und die meisten Erwachsenen seien beizeiten Gewaltakten oder Krankheiten zum Opfer gefallen. Trockene Gebeine beweisen jetzt aber, daß diese Auffassung zu weit ging.

Der Wissenschaftler Steven Clarke verglich jüngst die Knochen Angehöriger von fünf verschiedenen prähistorischen Völkern aus Nubien, Illinois und Arizona miteinander; bei allen fünfen war die Säuglingssterblichkeit weitaus niedriger als in vielen armen Völkern unserer Tage.

Die Sterblichkeit war im Alter zwischen zwei und sechs sowie zwischen zwanzig und dreißig Lebensjahren am größten; das Leben war also nach Entwöhnung der Kinder – wahrscheinlich wegen ernährungsbedingter Belastung – und im frühen Erwachsenenalter, wegen Jägerei, kriegerischen Auseinandersetzungen und Schwangerschaften, besonders bedroht. Trotzdem gab es Individuen, die beide kritischen Lebensalter überstanden; Forscher haben zahlreiche Skelette aus angelsächsischer Zeit und selbst aus der Zeit des Neandertalers gefunden, die zum Teil nach mehr als fünfzigtausend Jahren noch erkennen lassen, daß ein Leben auch vierzig oder fünfzig Jahre währen konnte.

Diese und andere Untersuchungen der letzten zwei Jahrzehnte haben gezeigt, daß Lebensdauer und Sterblichkeitsspitzen unter den alten Völkern breit schwankten. Zum Beispiel zeigen etwa tausend Jahre alte Gebeine von Indianern aus dem heutigen Ohio, daß bei ihnen die Lebensdauer kurz und die Säuglingssterblichkeit niedrig war; warum, weiß man noch nicht. Manche Paläopathologen sind der Ansicht, daß die heute so übliche kurze Lebenserwartung und hohe Säuglingssterblichkeit in nichtwestlichen Völkern hauptsächlich daher rühren, daß von den Kolonialherren europäische Krankheiten eingeschleppt und die Lebensgewohnheiten der Urbevölkerung verändert wurden. Augenscheinlich haben sich Gesundheit und Langlebigkeit aufgrund von technologischem Wandel, Veränderungen der sozialen Organisation, Umgebung und Umwelt und der mit dem Menschen sein Dasein teilenden Mikroben auf komplizierte Weise geändert.

Die Knochen verraten auch Art und Ausmaß der in einer Gesellschaft anzutreffenden Gewalttätigkeit; diese Frage berührt unsere Auffassung vom Charakter des Menschen aufs engste. Es ist nach wie vor heftig umstritten, ob Aggressionen unserer genetischen Erbmasse entspringen oder ein Resultat gesellschaftlicher Kräfte und persönlicher Erfahrung sind. Für die Hitze der Auseinandersetzung sorgten teils biologische Deterministen, die im Menschen nichts anderes als das Produkt seiner Gene sehen, zum anderen die Sozialdeterministen, die vom Menschen reden, als ob sie es mit Astralleibern zu tun hätten. Der Biohistoriker, in Biologie und Sozialwissenschaften gleichermaßen wurzelnd, muß eine mittlere Position beziehen: Gewalt, generelle Möglichkeit des Menschen, wird in manchen Gesellschaften kultiviert, in anderen minimiert.

Es ist heute weithin anerkannt, daß Primaten einer prähumanen Entwicklungsstufe vor ein paar Millionen Jahren mit Hilfe eines Steines Tierknochen – vielleicht auch die ihrer Artgenossen – zertrümmerten, um an das Mark heranzukommen. Manche behaupten gar, Werkzeuggebrauch und Gewalt hätten sich gleichzeitig entwickelt. Ganz gewiß liefern Ethologie (Tierverhaltensforschung) und Sozio-Biologie (Erforschung der genetischen Wurzeln des Verhaltens) massive Beweise, daß Gewalt seit Millionen von Jahren zu unserem evolutionären Erbe gehört. Knochenfunde bestätigen, daß die gesamte prähistorische Zeit durch Gewalt gekennzeichnet war. Während der ersten Hälfte dieses Jahrhunderts versuchten ein paar Anthropologen und Ärzte diese Belege aus Knochenbrüchen herauszulesen – mit wechselndem Erfolg. Ihre Nachfolger kannten bereits bessere diagnostische und statistische Methoden und gelangten daher zu deutlicheren Ergebnissen.

Man nahm eine Zeitlang an, daß ein Tier, aufgrund eines Knochenbruches jagd- und verteidigungsunfähig, nach kurzer Zeit verenden würde; für die ersten Menschen der Vorzeit habe dies genauso zu gelten. Allerdings haben Forscher bei freilebenden Gorillas, Schimpansen und unseren hominiden Vorfahren wohlverheilte Knochenbrüche nachweisen können. Es überrascht daher nicht, sie auch bei den ersten Menschen anzutreffen; was allerdings Erklärung verlangt, ist die ungemein große Zahl von Frakturen. Der Biohistoriker muß an dieser Stelle zum Gerichtsmediziner werden, um höchst verzwickte Unterscheidungsprobleme lösen zu können. Ein Knochen kann postum gebrochen worden sein – von Menschenhand, durch Erdbewegungen oder den stetigen Druck von wachsenden Baumwurzeln. Eine Schlagverletzung des Schädels oder gebrochene Rippen können von einem Schlag, Sturz oder herabfallendem Gestein verursacht worden sein. Fehlende Gliedmaßen können im Kampf verloren worden sein, aber auch strafweise abgetrennt oder gar aus medizinischen Gründen amputiert worden sein, denn Trümmerbrüche wurden von den Ägyptern schon vor viertausend Jahren oder noch längerer Zeit entsprechend behandelt.

Die Biohistoriker haben scharfsinnige Methoden entwickelt, unter mehreren Möglichkeiten die jeweils richtige Erklärung herauszufinden. Eine Fraktur ist ein unauslöschliches Merkmal eines Knochens, und dasselbe gilt für die Heilung der Bruchstelle. Weist ein Knochenbruch keine Anzeichen von Verheilung auf, dann weiß man, daß der Betreffende ihn sich längstens eine Woche vor seinem Tode zugezogen haben kann. Wurde ein Arm abgetrennt und der Betreffende überlebte den Verlust, so kommt es bei Schlüsselbein und Schulterblatt schließlich zu einer charakteristischen Atrophie. Der Streich einer Steinaxt, das Auftreffen einer Pfeilspitze oder eines von der Schleuder gewirbelten Steins und der Hieb einer Metallklinge hinterlassen alle ihre typischen Merkmale. Selbst die Abwehr eines Angriffs hinterläßt in den Knochen kennzeichnende Spuren. Wenn jemand reflexartig den Arm hochreißt, um einen dem Kopf geltenden Schlag abzulenken, ist ein ›Parierbruch‹ des Unterarms die Folge. Die große Mehrheit handhabt, da Rechtshänder, eine Waffe mit der Rechten, während die Linke der Selbstverteidigung dient. Deshalb landet die Mehrzahl aller Schläge auf der linken Körperhälfte und dem linken Unterarm des Gegners. Bei den Knochen eines einzelnen mag eine Spur des Zweifels bleiben, aber im Rahmen einer ganzen Population sind Anzahl, Art und Lage von Knochenbrüchen schlüssig. Weisen viele Individuen Brüche des linken Unterarms, der linken Schädelseite und anderer Knochen der linken Körperhälfte auf, dann war die betreffende Gesellschaft eher kriegerisch als unfallträchtig.

Dutzende von Studien haben Beweise dafür erbracht, daß die Gewalttätigkeit in frühen Gesellschaftsordnungen nicht nur mehr als alltäglich war, sondern daß viele Opfer diese Gewalttaten auch Jahre oder gar Jahrzehnte überlebten. Die mehrere hunderttausend Jahre alten Schädel der Java- und Peking-Menschen zeigen viele verheilte Bruchstellen, die von Steinen oder Keulen verursacht wurden. Stichwunden, zugefügt vielleicht durch pickhackenähnliche Waffen, finden sich in den Schädeln des Rhodesien-Menschen und vieler anderer altsteinzeitlicher Völker. Der allererste Neandertaler, 1856 gefunden, wies so etwas wie einen verheilten Parierbruch auf. Praktisch jedes vollständige Neandertaler-Skelett und fast die Hälfte aller Neandertaler-Schädel zeigen Verletzungsspuren, von denen viele Steinäxten zuzuschreiben sind.

Eine gewissenhafte Untersuchung von Neandertaler-Skeletten wurde von jenem Dr. Michael Zimmerman angestellt, der auch die Erkenntnisse über ägyptische Mumien bereicherte. Er untersuchte die etwa fünfzig- bis sechzigtausend Jahre alten Gebeine von sieben erwachsenen Neandertalern und zwei kleinen Kindern, die in den fünfziger Jahren in der Shanidar-Höhle im Irak gefunden worden waren. Vier der sechs relativ gut erhaltenen Skelette wiesen schwere Verletzungen auf; zwei der Männer waren wahrscheinlich dadurch körperlich behindert geblieben. Ein Mann, der mehrfache Brüche des Schädels, der Beine, Hände und Füße überlebt hatte und dem zudem noch über dem linken Auge der Schädel zertrümmert worden war, ist zwischen fünfunddreißig und fünfzig Jahre alt geworden. Infolge der Verletzungen dürfte er einseitig gelähmt und auf einem Auge blind gewesen sein. Manche der Verletzungen ließen sich Unfällen zuschreiben, aber bei weitem nicht alle. Woher sie auch rührten, er konnte nur deswegen ein mittleres Alter erreichen, weil ihm während mehrerer Phasen seines Lebens intensive Pflege und Hilfe zuteil wurde. Offenbar stießen die Neandertaler ihre Verwundeten, Verstümmelten und Alten nicht kurzerhand aus – ein Umstand, der ebenso bedeutsam ist wie ihre Kampfeslust.

Für Gewalt und Überleben im Paläolithikum liefern die Schädel der Cro-Magnon-Menschen noch weitere Beweise. In der Alten und Neuen Welt gefundene Knochen aus der Jungsteinzeit zeigen auch im Nahkampf erworbene verheilte Kopfverletzungen, Parierbrüche und Handbrüche. Vom späten Neolithikum an nahmen Anzahl und Schwere von Kampfverletzungen zu. Knochen aus dem frühhistorischen Ägypten und Rom weisen aus, daß Gewalttätigkeit und technologisches Wissen gleichzeitig wuchsen; Waffen aus Metall verursachten häufiger tödliche Schädelverletzungen und führten bei Körpertreffern öfter zu Verstümmelungen. Der Trend sollte anhalten; eine Untersuchung in Griechenland – man befaßte sich mit Skeletten, die aus dem siebten Jahrtausend v. Chr. bis in die Gegenwart datierten – bewies, daß die Frakturen immer zahlreicher wurden. Mit zunehmenden Fortschritten in der Entwicklung von Sprengstoffen, Feuer- und Kernwaffen nahm also auch die Gewalttätigkeit zu; der Trend kulminierte in unserem Jahrhundert – Jahrzehnt für Jahrzehnt – in Tod und Verstümmelung von Millionen Menschen.

Die Vor- und Frühgeschichte war keine Zeit allgemein üblicher unaufhörlicher Gewalttaten. Damals wie heute gab es mehr und weniger kämpferische Populationen. Bei in der Nähe von Loisy/Frankreich ausgegrabenen jungsteinzeitlichen Knochen finden sich zum Beispiel nur wenige eingeschlagene Schädel, zerhauene Gliedmaßen und Parierbrüche. Die gleichen Anzeichen für einen relativ friedfertigen Lebenswandel finden sich in Gebeinen von mittelalterlichen Friedhöfen der Normandie und Yorks. Amerikanische Anthropologen fanden bei Untersuchungen von Indianern der Späten Waldland-Epoche in Ohio nur wenige Kampfverletzungen; sie schlossen daraus, daß sich die Betreffenden ihre Verletzungen nach und nach im Laufe ihres Lebens zugezogen hatten. Die Art der Verletzungen weist darauf hin, daß Arbeit und Unfälle, nicht aber auflodernde Feindseligkeiten ihren Tribut verlangten.

Eine überkommene Auffassung von der Menschheit, die durch einen vereinfachenden Darwinismus nur gestützt wird, zeichnet den Charakter in blutigsten Farben und rühmt dann, die Zivilisation habe die Bestie Mensch gezähmt. Rousseauistische, rückwärts blickende Utopisten versichern das Gegenteil; sie stellen die ersten Menschen als Bewohner einer idyllischen Handwerkerkolonie hin, die erst durch Privateigentum, Kanalisation und Multiplikationstabellen das Zähnefletschen lernten. Beide Auffassungen tragen den Beweisen des Biohistorikers nicht Rechnung, daß die Menschen als Spezies zu allen Zeiten zwar mehr oder weniger aggressiv waren, daß es aber bedeutsame Unterschiede hinsichtlich Ausmaß, Ziel und Ursache ihrer Aggressionen gibt.

Ein altes lateinisches Sprichwort besagt, der Mensch sei des Menschen Wolf. Man kann nur wünschen, daß dem so sei, denn tödliche artinterne Gewaltanwendung ist nicht wölfisch, sondern eine typisch menschliche Eigenschaft. Wie Konrad Lorenz und andere Ethologen gezeigt haben, sind Wölfe wie alle standorttreuen Raubtiere hochgradig aggressiv; wie alle diese Kreaturen, insbesondere aber die Herdentiere, haben sie eine wirksame Aggressionssteuerung entwickelt, die von ritualisierten Kämpfen bis hin zu einem recht stabilen Herrschaftssystem reicht. Schließlich bedeutet Überleben nicht nur Jagen, sondern auch gegenseitigen Schutz, Zusammenarbeit, Paarung und Aufzucht der Jungen. Kämpfe unter Wölfen enden mit der Kapitulation des einen, nicht aber tödlich; die größten Aggressionen legen die männlichen Tiere untereinander an den Tag, nicht aber gegenüber schwächeren Weibchen und Jungtieren.

Der Mensch hat sich wie der Wolf als geselliges, räuberisches und reviertreues Wesen entwickelt. Wegen der einzigartig langen Hilflosigkeit der Kinder mußte der Mensch auch zu besonderer Kooperation und Fürsorge bereit sein. Deswegen ist es nicht verwunderlich, daß die Neandertaler zwar sehr kriegerisch waren, ihre Verwundeten aber hingebungsvoll pflegten. Ebensowenig erstaunt es, daß sich die meisten kampfbedingten Knochenbrüche bei den erwachsenen Männern finden. Zudem spiegeln die meisten Gesellschaften die Aggressionsunterdrückungsmechanismen des Wolfsrudels wider. Praktisch in jedem Volk gibt es Bräuche und Gesetze, die ungehemmte oder zufällige Körperverletzung unter Strafe stellen.

Trotzdem vergegenwärtige man sich einmal ein befestigtes Dorf, gelegen am Crow Creek* in South Dakota auf

* An der Mündung des Crow Creek, eines östlichen Nebenflüßchens des Missouri zwischen den Städten Pierre und Chamberlain, befindet sich heute ein kleines Indianerreservat. A. d. Ü.

einem Steilhang über dem Missouri, das jüngst von einem Ärzte- und Anthropologenteam erforscht wurde. Dort hatten im vierzehnten Jahrhundert mehr als fünfhundert Männer, Frauen und Kinder ein gemeinsames Grab gefunden. Unverheilte Knochenbrüche waren die Regel, von vielen Leichen waren die Köpfe, Hände und Füße abgetrennt; die Mehrzahl der Schädel weist die fürs Skalpieren typischen Kratzspuren auf. Nur sehr wenige Knochenbrüche ließen auf Abwehrreaktionen schließen. Es scheint, daß die ganze Dorfbevölkerung hinterrücks überfallen, gefangengenommen, massakriert, verstümmelt und in den Wallgraben geworfen wurde, der sie nicht zu schützen vermocht hatte.

Dies alles deutet auf entsetzliche Verhaltensunterschiede zwischen dem Menschen und vergleichbaren Arten hin. Wenn die Leute sich untereinander wirklich wölfisch verhielten, dann würden sie ausschließlich aus Gründen der Nahrungsbeschaffung töten und sich gegenseitig über gelegentliches Drohen und Raufen hinaus nichts zuleide tun. Die Menschen sind als einzige höhere soziale Spezies in der Lage, die eigenen Artgenossen, darunter auch Frauen und Kinder, in großen Mengen umzubringen. Die Forschungsergebnisse der Biohistoriker zeigen nun, daß die todbringenden artinternen Aggressionen im Laufe der Zeit immer mehr zunahmen. Ich vermute, dies hat die gleichen Gründe wie die Steigerung des Zivilisationsstandes selbst: bessere technologische Möglichkeiten und kulturelle Verschiedenartigkeit.

Mord und Totschlag waren von den ersten Menschen gar nicht so einfach zu bewerkstelligen; die entscheidende Zunahme der Aggressivität dürfte nicht mit von Hand geführten Waffen und Feuerwaffen zusammenhängen, sondern mit den ersten wirklichen Fernwaffen. Es ist schwierig, jemanden mit bloßen Händen umzubringen; besser geht es schon mit einer Keule, und noch besser mit

Spieß oder Schwert. Aber als Bogen und Schleuder erstmalig Ferntötung zuließen, muß sich im Leben des Menschen etwas unwiderruflich geändert haben. (Heute ist die Schleuder ein Spielzeug, aber ein geübter Schleuderer wußte auch aus größerer Entfernung zu töten. Die Römer und andere Völker der Antike hatten ganze Legionen von Schleuderern, deren Geschosse unverwechselbare Schädelspuren hinterließen. Die Wirkung von Speeren und Pfeilen ist weniger zu beweisen, denn anders als Wurf- und Schleudergeschosse sind erstere oftmals auch dann tödlich, wenn kein Knochen beschädigt wird.) Feuerwaffen machten das Töten noch einfacher und unpersönlicher. Die Bombenabwürfe und Raketenabschüsse unserer Tage setzen bloß einen Trend fort, der vor Zehntausenden von Jahren begann. Wie die fünfstimmige Fuge, die Molekularchemie und die angewandte Biohistorik expandierte auch die Gewalttätigkeit mit der Nutzung der Hirnrinde. Die Cortex befähigt zu Problemlösung und Erfindungen, aber sie ist nicht für die Steuerung von Ungestüm und Gewaltsamkeit zuständig; diese Mechanismen sind im primitiveren Mittelhirn angesiedelt.

Mit der Technologie allein läßt sich die Zunahme der Gewalttätigkeit nicht erklären. Aggressionen kommen auch familienintern und innerhalb von Gemein- und Staatswesen vor, aber bei zwischenstaatlichen Feindseligkeiten versagen die Limitierungsmechanismen der Gewaltanwendung am drastischsten. Wir sind das geworden, was der Ethologe Desmond Morris eine Spezies von Stämmen und Superstämmen, In-Gruppen und Out-Gruppen nennt. Menschen, die ein Territorium, eine Sprache, Gebräuche und Überzeugungen gemein haben, werden das, was ich eine Sozialspezies nennen möchte: sie halten andere Völker für andersartige Wesen. Wie Wölfe, die zwar ihre eigenen Jungen schützen, Hirschkälber aber reißen, so schlachten Menschen, die an ihren eigenen

Verwandten und Nachbarn hängen, nichtsdestoweniger ausländische Männer, Frauen und Kinder ab.

Diese Sozialspezies begann sich wahrscheinlich vor zehntausend Jahren mit dem Übergang zum Landbau zu vervielfachen und komplizierter zu werden. Die längste Zeit ihrer Geschichte lebten die Menschen vermutlich als ein paar Dutzend bis ein paar Hundert Mitglieder starke Gruppen von streifenden Jägern und Sammlern zusammen. Mit dem Aufkommen von Landwirtschaft, Städten und Nationen begannen sie ihre Sozialspezies nicht mehr nur als kleine Horde, sondern gleichzeitig als einer Region, Nation, Religion, Klasse, Kaste, Rasse und politischen Richtung zugehörig zu sehen. Jetzt war der Hauptimpuls der Evolution des Menschen nicht mehr physischer, sondern kultureller Natur. Dieses reichliche Vorhandensein von Stämmen, Unterstämmen und Superstämmen führte zu immer mehr Situationen, in denen sich die Menschen immer heftiger den üblichen, naturgegebenen Regeln des artinternen Zusammenlebens versagten.

Paradoxerweise hat dieselbe Technologie, der so viele unpersönliche Gewalttätigkeiten entsprangen, das Leben gleichzeitig erhalten und verschönert. Professor Ralph Solecki von der Columbia Universität, der die Shanidar-Skelette ausgrub, fand in ihrer Nähe haufenweise Pollen von Heilkräutern, die die Neandertaler offenbar gekannt und gesammelt hatten. Ebenso, wie die Methoden, Knochen zu zerschmettern, verbessert wurden, besserten sich die Methoden, sie wieder zu flicken. Man kann nicht immer sicher sein, ob prähistorische Knochenbrüche behandelt wurden, aber vielfach war es offenbar der Fall. Die Kunst, Knochen wieder zu richten, ist schon alt, und in manchen Gesellschaften unterschied man sie von anderen Heilkünsten. Sie wird auch heute noch von vielen Völkern auf vortechnologischem Zivilisationsstand hervorragend beherrscht; Richten, Ruhigstellung, Strecken und Massieren sind ihnen durchaus geläufig. Noch eindrucksvoller ist es, daß an vielen Schädeln aus dem Altertum eine erfolgreich verlaufene Trepanation, also Entfernung eines Knochenstücks zwecks Freilegung des Gehirns, erkennbar wird. Diese Art der Schädeloperation war in Europa schon vor zehntausend Jahren üblich und blieb es bis ins Mittelalter; sie war auch in Peru schon vor ein paar tausend Jahren weit verbreitet. Wahrscheinlich wurde erstmals trepaniert, um das Gehirn eines eingeschlagenen Schädels von durch Blut und Knochensplitter verursachtem Druck zu befreien; in manchen Gesellschaften wurden auch Kopfschmerzen, Epilepsie und Geisteskrankheiten nach dieser Methode behandelt.

Man ging dabei in der Vergangenheit so vor, wie es noch heute in Bolivien und Kenia praktiziert wird: Man kratzt und bohrt mit einem Steinwerkzeug so lange herum, bis ein Teil der Schädeldecke entfernt werden kann. Nachdem der Patient vielleicht mit Alkohol oder Kokain betäubt worden war, hatte man die Angelegenheit nach ein paar Stunden erfolgreich erledigt. In manchen Gesellschaften lag die Genesungsrate bei über fünfzig Prozent. Manche jungsteinzeitlichen Schädel zeigen bis zu sechs erfolgreich verlaufene Trepanationen, die allesamt ohne Infektion wieder verheilten.

Wir sind nunmehr auf mehrere Punkte gestoßen, in denen das Bild der prähistorischen Menschen revidiert werden sollte. Manche von ihnen dürften vierzig oder fünfzig Jahre alt geworden sein, und manch einem der Männer gelang dies, wenngleich er durch Unfall- und Kampfverletzungen verunstaltet und sogar zum Krüppel geworden war. Man könnte ihn liegend darstellen, die linke Kopfhälfte übel verletzt, der linke Unterarm gebrochen, während ihm ein Verwandter oder Freund sorgfältige Pflege angedeihen läßt; vielleicht könnte man den gebrochenen Arm auch geschient zeigen. Stellt man einen Mann kämpfend dar, was gar keine schlechte Idee wäre, dann sollte sein Gegner aber wohl ein Angehöriger der Nachbarhorde, aber niemand aus seiner eigenen Gruppe sein. Individuen sollten nicht ausdruckslos oder untereinander beziehungslos herumstehen, sondern mit einer Gestik und Mimik gezeichnet werden, die auf eine eng zusammengehörende, kooperative Gruppe schließen lassen. Sollten sie aber sitzen, stehen, hocken oder auf der Erde ausgestreckt liegen? Diese anscheinend nebensächliche Frage, die jedoch Zugang zu sehr wichtigen Erkenntnissen verschafft, läßt sich manchmal beantworten.

Bei Völkern, die gewohnheitsmäßig auf den Fersen hocken, flachen die Seiten bestimmter Knochen ab; das Knien führt zu ähnlichen, jedoch davon unterscheidbaren Knochenveränderungen. ›Hockabflachungen‹ konnte man an in Frankreich gefundenen Skeletten aus der Bronzezeit feststellen; man sollte diese Menschen also bei der Arbeit oder müßig hockend darstellen. Wie bei den meisten Knochenveränderungen, so ist auch bei den Hockabflachungen zunächst nach anderen Erklärungsmöglichkeiten zu suchen. Was danach aussieht, könnte auch durch lebenslanges Herumlaufen auf grobem, steinigem Untergrund entstanden sein; hierfür sind schwerer Verschleiß und Risse der Knochen von Ferse und Knie verräterisch. Entsprechende Veränderungen weisen die Knochen der alten Palomanen auf, die vor gut sechstausend Jahren in Peru lebten. Wir können nicht mit Sicherheit sagen, ob sie hockten oder ihre Knochen nur deswegen abflachten, weil sie ihr Leben lang in den Hängen der Anden herumkletterten. Bei altertümlichen Skeletten aus Ecuador sind Abflachungen, die auf ein Knien schließen lassen, bei weiblichen Knochen stärker als bei männlichen ausgeprägt; beide Geschlechter knieten wahrscheinlich, wenn sie ruhten, und die Frauen dürften auch bei der

Tagesarbeit gekniet haben. Diese Knochen weisen also nicht nur auf die gewohnheitsmäßige Körperhaltung hin, sondern auch auf Tagesarbeit und intersexuelle Arbeitsteilung, die zu den wichtigsten Merkmalen einer jeden Gesellschaft zählen. Die Untersuchung auf Brüche, Arthritis und andere Knochenveränderungen ist noch aufschlußreicher.

Die schwere Beanspruchung der Gliedmaßen kann letztendlich nicht nur zu Knochenbrüchen, sondern zu einer Vielzahl von degenerativen Veränderungen führen, die der Laie allesamt unter dem Begriff Arthritis zusammenfaßt. Arthritis tritt an der Wirbelsäule und den Gliedmaßen am häufigsten auf, die durch Lastentragen und schwere oder ständig wiederholte Arbeiten am schwersten beansprucht werden; die Schwere ist nach Alter, Geschlecht, genetischer Anfälligkeit und Arbeitsweise verschieden. Zudem passen sich die Knochen an die Überentwicklung der daran ansetzenden Muskeln an; es bilden sich feine Hinweise auf permanente, spezialisierte Arbeit heraus. Heute sind an den Händen von Erntepflükkern, an den Wirbelsäulen von Holzfällern und an den Knien der Bergleute typische Knochenveränderungen voraussagbar. Ein Mann, der beim Ausbruch des Vesuvs vor neunzehnhundert Jahren, das Schwert an der Seite, unter der Asche begraben wurde, hatte vergrößerte Armknochen, weil er über Jahre hinweg in der einen Hand den Schild trug und mit der anderen den Speer warf; seine Knie hatten sich der Beinmuskulatur des Reiters angepaßt. Wenn man nicht schon gewußt hätte, daß es bei den Römern Berufssoldaten, darunter auch Kavalleristen, gab, so hätte man es aus diesen Knochen erfahren können.

Die Knochen liefern jetzt ein besonders interessantes Bild der Arbeits- und Lebensbedingungen vor, während und nach dem Übergang vom Jäger und Sammler zum

Landbau – auf dem Boden dieser ›Agrarrevolution‹ sind die heutige Gesellschaft und Technologie entstanden. Es ist eine anthropologische Binsenweisheit, daß die Männer jagten, während die Frauen das Sammeln besorgten – so ist es zweifellos Hunderttausende von Jahren lang gewesen, denn nach den jüngsten Forschungsergebnissen ist dies mehr als bloße Spekulation. Zum Beispiel beweisen die Knochen von präkolumbianischen Indianern von der kalifornischen Küste, daß die Männer als häufigste Knochenverletzung Parierbrüche davontrugen. Bei den Frauen waren Knöchelbrüche am häufigsten, wozu es sehr leicht kommt, wenn man auf holperigem Boden ausrutscht. Eindeutig: Die Männer jagten und kämpften, während die Frauen zwischen den schlüpfrigen Steinen am Strand Krebse und Muscheln sammelten.

Arthritische Veränderungen sagen auch Eindeutiges über veränderte Tätigkeiten infolge geänderter Existenzweisen aus. Jäger-Krieger erleiden Kampfverletzungen, Unfälle und – da Männer allerorten Arbeiten verrichten, die äußerste Kraft verlangen – Verletzungen wie ›Ermüdungsbrüche‹, also durch große Anstrengung verursachte Brüche der unteren Wirbel. Man möchte auch erwarten, daß der Gebrauch von Speer, Bogen und anderen Waffen Hand- und Schultergelenk strapaziert und zu dem Tennis- und Werferarm* ähnlichen Verletzungen führt. An prähistorischen männlichen Skelettknochen finden sich überall auf der Welt, von Griechenland bis Brasilien, tatsächlich Merkmale, die auf Kampf, Waffengebrauch und körperliche Spitzenleistungen schließen lassen. Frauen übernahmen die weniger anstrengenden, dafür aber länger anhaltenden Tätigkeiten wie Graben, Lastentragen, Nahrungszubereitung und Bearbeiten von Häuten und

* Der Werfer (Baseball) läßt zum Wurf den ausgestreckten Arm im Schultergelenk mehrmals wild rückwärts kreisen. A. d. Ü.

Fellen. Solche Verrichtungen führen zu chronischem Verschleiß der Finger- und Ellbogenknochen.

Als der Anthropologe Robert Pickering in Illinois die Knochen von Jägern und Sammlern untersuchte, fand er neben den eine solche Arbeitsteilung zwischen Männern und Frauen widerspiegelnden arthritischen Knochenveränderungen auch interessante altersabhängige Unterschiede. Arthritis – am schlimmsten betroffen waren Ellbogen und Daumen – trat bei den Frauen etwa mit Mitte Zwanzig auf. Die Männer hatten mehr darunter zu leiden, hauptsächlich an Hand- und Ellbogengelenken, aber bei ihnen stellte sich die Arthritis erst ein paar Jahre später ein. Der Altersunterschied leuchtet ein, wenn man bedenkt, daß das Entstehen einer arbeitsbedingten Arthritis etwa zehn Jahre dauern kann, und daß Jungen und Mädchen die gesellschaftliche Reife in unterschiedlichem Alter erreichen. Die von Pickering Untersuchten lebten wahrscheinlich so wie die afrikanischen Kung, die heute noch auf der Stufe der Jäger und Sammler stehen: die Mädchen fangen mit dem Sammeln und Verrichten anderer weiblicher Arbeiten mit vierzehn an, die Jungen jagen aber erst, wenn sie sechzehn und älter sind. Dies deckt sich mit biologischen Erwartungen; bei den Menschen erreichen die Frauen wie die Weibchen vieler höherer Arten die körperliche und gesellschaftliche Reife vor den Männern.

Im Vergleich mit dem heutigen Stadtbewohner erlitten die Jäger und Sammler beider Geschlechter vergleichsweise viele Brüche und arthritische Veränderungen der Knochen. Die Bewohner der unwirtlichsten Gegenden, zum Beispiel die Eskimos, hatten schon in jungen Jahren einen hohen Anteil von degenerativen Gelenkerkrankungen und Ermüdungsbrüchen. Die Skelettfunde zeigen, daß der Übergang zum Landbau das Leben in vielen Teilen der Erde beträchtlich einfacher und gesünder machte. Zum Beispiel unterscheiden sich Knochen aus dem französischen Neolithikum in pathologischer Hinsicht kaum von denen heutiger Amerikaner. Schließlich aber brachte der Landbau hinsichtlich Arbeit, Lebensstil und Gesundheit Veränderungen mit sich, die nicht nur zum Besseren waren.

Eine augenfällige Veränderung war der Übergang zu intensiver Landarbeit selbst. An manchen Orten, wo aus Dörfern Städte wurden, kam es zu einer Spezialisierung: Bauern, Soldaten, Ausübende sitzender Berufe wie Handwerker, Händler, Geistliche und dazu auch noch müßige Reiche. Für die große Mehrheit der Bevölkerung bedeutete die Agrarrevolution jedoch ganztägige Landarbeit, die man selbst heute noch zu Recht als Knochenarbeit bezeichnet. Beide Geschlechter hatten harte, sich turnusmäßig wiederholende Dauerarbeit zu leisten. Um zu begreifen, was das heißt, sollte sich der moderne Stadtbewohner einmal einen ganzen Tag lang mit Hacke oder Sense abmühen und sich dabei vorstellen, er hätte es mit einem Holzpflug oder einer Sichelklinge aus aneinandergereihten Feuersteinsplittern zu tun. Viele europäische Gebeine aus der späten Jungsteinzeit bis in unsere Tage zeigen an der unteren Wirbelsäule und an den Extremitäten schwere Arbeitsschäden; sie müßten eigentlich fast ausgereicht haben, daß sich die Bauern wieder nach der Mammutjagd und dem kämpferischen Vagabundieren früherer Zeiten sehnten.

Einem Weltreisenden ist es noch möglich, sich von den unzähligen tiefgreifenden Unterschieden zwischen einer Nomadenhorde, einem kleinen Bauerndorf und der Stadt aus erster Hand zu überzeugen. Die Agrarrevolution und das Entstehen der Städte müssen tagtäglich jede Einzelheit des gesellschaftlichen, wirtschaftlichen und politischen Lebens berührt haben. Größere, seßhafte Populationen boten bessere Möglichkeiten der Partnerwahl; die Folge waren genetische Veränderungen. Änderungen der

Arbeitsteilung dürften das Eigentums- und Erbrecht, Sexualverhalten, Familienleben und Kindererziehung beeinflußt haben. Die genannten Bereiche werden, sofern sie die Gegenwart betreffen, von Forschung und Kritik weiter exploriert; über die Vergangenheit kann man nur mutmaßen. Aber sorgsam durchdachte, kollaborierende Untersuchungen dehnen unseren Wissensstand weiter aus. Auch ohne daß jemand seine Knochen der Nachwelt hinterlassen hat, kann man über den Betreffenden etwas erfahren: aus Müll und Haushaltsabfällen.

Ein gutes Beispiel dafür ist eine Höhle an der nordspanischen Küste, die von knapp zwei Dutzend Spezialisten näher in Augenschein genommen wurde: Dort hatten, erstmalig vor einundzwanzigtausend Jahren, Jäger und Sammler zwölftausend Jahre lang gehaust. Es fanden sich keine menschlichen Überreste, aber die Wissenschaftler arbeiteten sich durch Schutt- und Abfallschichten immer tiefer vor und identifizierten Tausende von Bruchstücken von Tierknochen, Weichtierschalen und Werkzeugen. Zunächst einmal bestimmten Paläontologen daraus Art und Größe von Landtieren, Fischen und Muscheln, die je nach Änderung der örtlichen Vegetation und des lokalen Klimas dort heimisch waren. Danach war die Paläobotanik an der Reihe; das Studium prähistorischer Pflanzen und Pollen hat sich während der letzten sechzig Jahre zu einem aussagekräftigen Spezialgebiet entwickelt. Die für jede Pflanzenart charakteristischen Pollen bleiben im Gegensatz zu den Pflanzen selbst recht leicht erhalten. Aus den Abfällen in der spanischen Höhle klaubten die Paläobotaniker Schicht um Schicht die Pollenstäubchen heraus, klassifizierten und zählten sie und rekonstruierten so die örtliche Flora eines Zeitraums von zwölftausend Jahren. Von Änderungen der Flora ließen sich dann Veränderungen der gesamten Umwelt – vom Wetter bis hin zur Nahrungskette – herleiten.

Es stellte sich heraus, daß der Speisezettel der Jäger und Sammler durch technologische Neuerungen bereichert worden war. Aufgefundene Gräten von Seefischen ließen erkennen, wann die Höhlenbewohner mit Reusen oder Netzen umzugehen lernten. Bruchstücke von knöchernen Harpunenspitzen zeigten, wann man auf größere Meeresbewohner Jagd zu machen begann. Wir müssen noch in Erfahrung bringen, ob sich die auf Existenzerhaltung bezogene Technologie eigendynamisch entwickelte, weil Nahrungsquellen durch Bevölkerungsdruck versiegten oder sich wandelten, oder deswegen, weil ein freundlicheres Klima neue Möglichkeiten bot. Aus Untersuchungen wissen wir, daß die landwirtschaftliche Revolution kein einmaliger Geniestreich war; viele Jäger und Sammler hatten jahrtausendelang immer bessere Gerätschaften zur Verbreiterung ihrer Ernährungsgrundlage eingesetzt. Aus welchen Gründen auch immer, die Menschen in vielen Teilen der Erde begannen, wilde Tiere einzupferchen und aus ihnen schließlich domestizierte Arten herauszuzüchten, und ebenso pflanzten sie Gräser, statt die Körner in der Wildnis zu sammeln.

Der Übergang zur Landwirtschaft hatte deutliche Vorteile. An Gebeinen von Jägern und Sammlern erkennt man, daß sie sich manchmal gut und abwechslungsreich nährten, gelegentlich aber auch der wechselhaften Großzügigkeit der Jahreszeiten und der Umwelt zum Opfer fielen. In den gemäßigten Zonen litten sie winters oft an Eiweißmangel, Skorbut und Hunger. Wir haben im vorigen Kapitel von den Harrisschen Linien gesprochen, die in den Knochen Heranwachsender zurückbleiben, wenn das Wachstum nach einer Krankheits- oder Ernährungsmangelphase wiederaufgenommen wird; der Abstand einer solchen Linie vom Knochenende sagt aus, wann sie sich gebildet hat. Wohlgenährte und chronisch Unterernährte haben nur wenige Harrissche Linien; die ersteren brauchen sich kaum zu erholen, und die anderen kommen nur selten in den Vollbesitz ihrer Kräfte. Wer aber periodisch Krankheiten oder Mangelsituationen durchmacht, hat viele Harrissche Linien, und genau das findet man in den Knochen vieler Jäger und Sammler. In den Knochen der Indianer Kaliforniens zum Beispiel fanden sich solche Linien einmal in großer Zahl; sie wurden indes weniger, als die Leute Eicheln einzulagern lernten und sich so während des Winters mit wichtigen Vitaminen und Spurenelementen versorgen konnten.

Dies bestätigen die sogenannten Wilsonschen Ringe im Zahnschmelz. Sie weisen wie die Harrisschen Linien auf Krankheiten oder Ernährungskrisen während der Wachstumsjahre hin, anders als erstere werden sie aber nicht durch Wiederaufnahme des Wachstums, sondern durch die Beeinträchtigung des Organismus verursacht. Die Wilsonschen Ringe korrespondieren nicht immer exakt mit den Harrisschen Linien, sie sind aber als grober Hinweis auf Gesundheitszustand und Ernährungssituation gut zu gebrauchen. Besonders gute Indikatoren sind sie für Erkrankungen frisch entwöhnter Kinder, die beim Versuch, sich auf unangemessene Nahrung einzustellen, oftmals der Diarrhö zum Opfer fallen und anfällig für Infektionskrankheiten sind.

Die Bauern der Vorzeit haben sich vielleicht von der Zukunft eine Zeit grenzenloser, allgemeiner Fülle versprochen. Ihre Knochen und Zähne aber zeigen, daß die vom Landbau bewirkten Veränderungen nicht alle zum Besseren waren; eigentlich waren die Auswirkungen auf die Ernährungsweise oftmals verheerend. Dies war hauptsächlich deswegen der Fall, weil der Körper durch übermäßige Abhängigkeit vom Getreide zwar reichlich mit Kohlehydraten, aber kaum mit Eiweißstoffen versorgt wurde. Eine der auffälligsten Veränderungen nach Einführung der Landwirtschaft ist der Rückgang des Längenwachstums. Wie die vieler anderer Völker, so zeigen auch Skelette aus Griechenland, daß die Körpergröße zurückging, als – dort vor siebentausend Jahren – die altsteinzeitliche Ernährung, Fleisch und Grünzeug, auf einen hohen Kulturgetreideanteil umgestellt wurde; das Längenwachstum nahm wieder zu, als man dort fünftausend Jahre später zu einer abwechslungsreicheren Kost zurückkehrte. Die Kohlehydrate verlangten auch einen hohen Tribut in Form von Zahnverfall und Wurzelabszessen. In Peru nahm die Zahnfäule gewaltig zu, als man dort vor viertausend Jahren von der Fischerei zur Landwirtschaft überging; daß man in Ecuador zur gleichen Zeit Karies nicht kannte, reicht für den Biohistoriker für den Rückschluß hin, daß dort nicht so intensiv Landbau betrieben wurde.

Bei den Indianern, die sich fast ausschließlich von Mais ernährten, fanden sich Harrissche Linien, Wilsonsche Ringe und Karies in erschreckend gestiegenem Maße. Dies ist aber erst seit etwa zehn Jahren unstrittig; die Erkenntnis hat dazu beigetragen, eines der am längsten – ein halbes Jahrhundert – kontrovers diskutierten Rätsel der Geschichte zu klären: den Untergang des Mayareiches. Im Jahre 1930 hatte der berühmte Harvard-Anthropologe Ernest Hooton die Ergebnisse einer Untersuchung von Überresten der Mayas veröffentlicht. Bei Chichén Itzá in Yukatan hatte er Skelette aus den Jahren zwischen 900 und 1200 gefunden – Zeit des raschen Zerfalls des Reiches. Bei zwei Dritteln der Kinder zwischen sechs und zwölf hatte Hooton Vertiefungen in den Augenhöhlenknochen und schwammige Veränderungen der Schädelknochen, eine sog. Osteoporose (in letzter Zeit spricht man von poröser Hyperostose), entdeckt. Hooton verglich sodann die Maya-Schädel mit denen heutiger Kinder, die an sog. Thalassämie (Mittelmeer- oder Mediterrananämie), einer erblichen Anämieform, gelitten hatten. Er stellte Parallelen fest und mutmaßte daher 1940, daß ›Osteoporose den Untergang der Maya-Kultur verursacht‹ habe.

Dieser Vermutung folgte eine lange Reihe weiterer über angebliche Ursachen des Niedergangs – Revolution, Invasion, Malaria, Bodenerschöpfung, Mißernten, hinter dem Bevölkerungswachstum zurückgebliebene Nahrungsmittelressourcen. Es gab keinen schlüssigen Beweis für oder gegen diese Thesen, bis ein paar Jahrzehnte später Untersuchungen von Paläopathologen in größerer Zahl vorlagen. Eine verbindliche Antwort auf Hootons Vermutung ist erst seit wenigen Jahren möglich.

Zunächst einmal muß man etliche Möglichkeiten, darunter auch Hootons Vermutung, inzwischen ausschließen. Vertiefungen in den Augenhöhlenknochen und Hyperostose findet man in der Alten Welt als Folge von Malaria und erblichen Anämien wie Sichelzell- und Thalassämie. Thalassämie verläuft allerdings gewöhnlich nur in frühester Kindheit tödlich, und Sichelzellanämie und Malaria gelangten wahrscheinlich erstmalig mit den afrikanischen Sklaven, also Jahrhunderte nach dem Untergang des Mayareiches, in die Neue Welt. Keine dieser Krankheiten kann daher die pathologischen Veränderungen der Maya-Schädel erklären, vom Untergang ihres Reiches ganz zu schweigen.

Ärzte, Anthropologen und Historiker sind nunmehr ziemlich sicher – was Hooton indes nicht sein konnte –, daß als normalste Ursache von Vertiefungen in den Augenhöhlenknochen und Hyperostose nur durch Eisenmangel bedingte Anämie in Frage kommt. Als originäre Ursache kommen in Betracht: zuwenig eisenhaltige Nahrung; Eisen kann über den Magen-Darm-Kanal nicht resorbiert werden; Eisenverlust durch Bluten und Schwitzen; Störungen des Eisenstoffwechsels und der Hämoglobinbildung. Selbst in rein ernährungsbedingten Fällen reicht

Eisendefizienz als einzige Erklärung gewöhnlich nicht hin; auf mangelhafte Ernährung allein läßt sich nur selten verbindlich schließen. An Eisenmangel Leidenden fehlt oft auch gleichzeitig das Vitamin C, dessen Resorption aber nötig ist, damit der Körper aus Eisen und den nötigen Proteinen Hämoglobin synthetisieren kann. Anämie und entsprechende Knochenveränderungen stellen sich oftmals infolge von Rachitis, Skorbut und anderen durch unzureichende Ernährung bedingten Krankheitserscheinungen ein.

Vertiefungen in den Augenhöhlenknochen – heute aufgefaßt als Vorboten einer Hyperostose des Schädeldaches – findet man bei unzureichend ernährten Kindern zu allen Zeiten. Davon betroffen waren fast alle jüdischen Kinder, die sich vor knapp zweitausend Jahren, von den Römern während des Bar-Kochba-Aufstandes belagert, hungernd in Höhlen verborgen hielten.* Im alten Nubien, wo die Bodenkrume sehr eisenarm ist, waren solche Knochenveränderungen häufig. Sie sind auch heute noch in der Äquatorgegend weit verbreitet: Starkes Schwitzen führt zu hohem Eisenverlust, und Verseuchung mit Parasiten wie Haken- und Bandwürmer hat chronische Darmblutungen zur Folge. Manchenorts kommt es dazu bei Diarhoea ablactatorum: Die Muttermilch ist schon eisenarm, und der Übergang des frisch entwöhnten Säuglings zu einer noch eisenärmeren Kost führt zu akuter Anämie.

In Mexiko und Guatemala leben heute noch reinrassige Maya-Nachkommen; Untersuchungen ihres Gesundheitszustandes und ihrer Gepflogenheiten zeigen, daß sie

---

* Simon Bar-Kochba (›Sternensohn‹) führte 132–135 die palästinensischen Juden in einem sehr stark religiös motivierten Aufstand gegen Kaiser Hadrian. Nach gewissen Anfangserfolgen wurde er mit den Resten seiner Anhänger in der Festung Beth-Ter belagert, die schließlich durch Verrat fiel. Bar-Kochba fiel im Kampf; die Römer schlachteten Tausende von Menschen ab und verkauften die Überlebenden des Massakers als Sklaven oder deportierten sie nach Ägypten. A. d. Ü.

praktisch unter jeder Form von Eisendefizienz leiden. Der Boden ist eisenarm, die Muttermilch auch. Entwöhnungsdiarrhö der Kleinkinder ist gang und gäbe – wie in der Vergangenheit; spanische Kolonisten berichteten seinerzeit, die Mayas setzten ihre Kinder mit drei oder vier Jahren ab: Untersuchungen von Zähnen aus jener Zeit weisen für das entsprechende Alter stark ausgeprägte Wilsonsche Ringe nach. Darmparasiten führen insbesondere bei Kindern vielfach zu Krankheit und Tod. Im feuchtheißen Klima der Region schwitzt man besonders stark. Und was vielleicht das Schlimmste ist: die heutigen Mayas ernähren sich wie ihre Vorfahren.

Das heißt, sie stützen sich vor allem auf Mais und Bohnen – beides eiweißarme Feldfrüchte mit hohem Kohlehydratgehalt. In der Nahrung der Mayas war und ist so gut wie kein Vitamin C enthalten, und da sie die Früchte lang in Wasser kochen müssen, zerstören sie dabei größtenteils die Folsäure und das Vitamin B_{12}, die zur Bildung der roten Blutkörperchen erforderlich sind. Mais ist eisenhaltig, er enthält aber auch pflanzliche Säuren, die die Resorption des Eisens verhindern. Forschungsergebnisse deuten jetzt darauf hin, daß auch das traditionelle Zermahlen der Maiskörner zwischen Steinen letztendlich dazu führt, daß die Eisenresorption chemisch verhindert wird.

Die Wissenschaftler haben nun Tausende von Schädeln aus der Neuen Welt aus historischer und prähistorischer Zeit untersucht; wo sich der Mensch in Abhängigkeit von Mais begab, ist durch Anämie verursachte Hyperostose deutlich höher als andernorts. Die Mayas waren von schwerer Anämie heimgesucht, und ihre Umwelt und ihre Gepflogenheiten verschlimmerten das Problem nur. Diese Heimsuchung aber kam nicht urplötzlich über sie; schon tausend Jahre bevor das Reich zerfiel, war das Längenwachstum der Mayas immer schwächer geworden. Es mag sein, daß eine Invasion oder soziale und politische Umwälzungen aus dem festen Zusammenschluß ihrer Stadtstaaten ein paar verstreute, verarmte Dörfer werden ließen, aber der Übergang zu einer gefährlich unausgewogenen Ernährung hatte die Bewohner schon lange vorher geschwächt und verkümmern lassen.

Die Maya-Forschung ist nur ein Beispiel dafür, daß zunehmendes Wissen und bessere Praxis in Chemie und Physiologie zu neuen Erkenntnissen über Völker des Altertums führen. Seit den sechziger Jahren können die Biohistoriker in den Skeletten mit immer größerer Genauigkeit Spurenelemente nachweisen, jene Mineralien also, die in den Knochen nur in winzigsten Mengen anzutreffen sind. Da gewisse Mineralien in bestimmten Nahrungsmitteln in größeren Mengen als in anderen enthalten sind, kann man von den Spurenelementen in den Knochen auf Nahrung und Lebensweisen schließen. Solche Untersuchungen setzen hochentwickelte Analyseverfahren voraus; die Interpretation der Ergebnisse bleibt dennoch schwierig. Manche Mineralien werden nicht in den Knochen eingelagert, andere wieder können nach dem Tode aus dem Erdreich in die Knochen gelangt sein; wie sich die Mineralien im Organismus gegenseitig beeinflussen, weiß man noch nicht genau. Trotzdem hat die jüngste Forschung einige sehr scharfsichtige Mutmaßungen möglich gemacht.

Es hat den Anschein, daß der Kupfergehalt in den Knochen zu-, der Zinkanteil aber abnimmt, wenn man von abwechslungsreicher Pflanzenkost zum vornehmlichen Genuß von Getreide überwechselt. Nur in wenigen anderen Nahrungsmitteln außer Weich- und Schalentieren des Meeres ist reichlich Cadmium enthalten; die Knochen nehmen es auf. Als man die Überreste der alten Palomanen von der peruanischen Küste, die vor fünf- bis siebentausend Jahren von der Stufe der Jäger und Sammler zu

Ackerbauern aufstiegen, untersuchte, ging die Forschergruppe just von diesen Erkenntnissen aus. Die Spurenelemente in den Knochen lassen erkennen, daß die Menschen seinerzeit nach und nach zum Getreide griffen, dabei aber von Seemuscheln abhängig blieben. Da auch ein paar Palomanen mumifiziert erhalten blieben, konnte man auch deren Haare auf Spurenelemente untersuchen; wie beim Versuch, Napoleons angebliche Vergiftung nachzuweisen, so wurden auch hier die Haare in kleine Stückchen zerschnitten, um die Metallaufnahme zeitabhängig nachzuweisen – diesmal aber, weil man wissen wollte, ob es jahreszeitlich bedingte Schwankungen gab. Strontium wurde bei Männern und Frauen in unterschiedlichen Mengen festgestellt; der Strontiumgehalt von Fleisch und Pflanzen ist ebenfalls verschieden groß. Dies deutet darauf hin, daß sich Männer und Frauen der Palomanen verschieden ernährten. Weitere Erkenntnisse werden sich einstellen, wenn man mit neuen Analysemethoden sechstausend und mehr Jahre alten Blutspuren auf Werkzeugen und Gerätschaften nachgeht, um zu bestimmen, von welchen Tieren sie herrühren. Untersuchungen dieser Art werden vielleicht ergeben, daß es im Laufe der Zeit in den Populationen von Geschlechtszugehörigkeit, Altersgruppe und sozialer Klasse abhängige Ernährungs- und sonstige Unterschiede gab. Als man jüngst in Tennessee die Überbleibsel prähistorischer Indianer untersuchte, stellte man fest, daß die an den Begräbnisplätzen der höheren Schichten gefundenen Skelette größer waren und anhand der Spurenelemente auf bessere Ernährung schließen ließen als die Knochen der übrigen.

Andere Entdeckungen verdanken wir neuen wissenschaftlichen Instrumenten. Dr. Alan Walker von der John-Hopkins-Universität hat festgestellt, daß bei Zähnen unter dem Stereomikroskop ganz typische Verschleißerscheinungen erkennbar sind, die durch Verzehr von Gräsern, Blättern, Früchten und anderen Nahrungsmitteln verursacht werden. (Vielleicht kann seine Feststellung zu dem Nachweis beitragen, daß die Urmenschen schon vor mehr als zwei Millionen Jahren Spalt- und Schneidwerkzeuge kannten.) Forscher von der Universität des Bundesstaates Massachusetts haben sich den Umstand zunutze gemacht, daß das Antibiotikum Tetracyklin von den Knochen aufgenommen wird und unter bestimmten Voraussetzungen unter ultraviolettem Licht gelb fluoresziert. In den fast zweitausend Jahre alten Knochen von sudanesischen Nubiern konnten sie so Tretracyklin nachweisen. Dieses Antibiotikum wird wie Penicillin auf natürlichem Wege von einer Mikrobe produziert, die in feuchtem Getreide gedeiht; diese Streptomyceten kommen in der Bodenkrume Nubiens von allen Bakterien am häufigsten vor. Offenbar lagerten die Nubier Getreide ein und schufen dadurch den Streptomyceten einen idealen Lebensraum, und der Zufall wollte es, daß die mit der Nahrung genügend natürliches Tetracyklin zu sich nahmen, daß sich eine therapeutische Wirkung einstellen konnte.

Die Genetik und die klinische Medizin lassen schließlich Rückschlüsse auf die Sozialstrukturen und Heiratsbräuche alter Völker zu. Möglich ist dies, weil man inzwischen besser versteht, welche erblichen Gegebenheiten einem erhöhten Auftreten von Palatum fissum, Spina bifida (ein schwerer, angeborener Wirbelsäulendefekt) und gut zwei Dutzend anderen Defekten und Unregelmäßigkeiten des Knochengerüsts zugrunde liegen. Die Knochen der untergegangenen Modoc-Indianer des amerikanischen Nordwestens und diejenigen eines einzelnen prähistorischen marokkanischen Volkes zeigen sehr häufig Fälle von Spina bifida. Andere angeborene Knochenmißbildungen waren im jungsteinzeitlichen Frankreich häufig. Man kann mittlerweile gefahrlos davon ausgehen, daß diese Knochenfunde auf hochgradige Inzucht, also die

Heirat zwischen genetisch Verwandten, über längere Zeit hindeuten.

Manchmal deuten auch kleinere Knochenveränderungen Inzucht an. Die süddeutschen Merowinger* litten an vielen Unregelmäßigkeiten des Knochenbaus von Hüfte, Knie und Ellbogen. Heute rühren solche Deformationen von Krafteinsatz und schwerer Arbeit her; sie kommen daher bei Männern häufiger als bei Frauen vor. Bei den Merowingern waren sie bei beiden Geschlechtern gängig; dies deutet auf eine – naheliegenderweise auf Inzucht zurückzuführende – erbliche Anfälligkeit der ganzen Bevölkerung hin.**

Solche Anhaltspunkte berühren Bereiche, die für die Menschheit ebenso elementar sind wie Gewaltanwendung, Arbeit, Existenzsicherung und Verwandtschaftsstrukturen. Jede Gesellschaft kennt Exogamieregeln, die Heiraten von Angehörigen verschiedener gesellschaftlicher Gruppen (die unterschiedlich als Familie, Dorf, Stamm, Sippe, Kaste, Gesellschaftsschicht etc. definiert werden) begünstigen sollen. Exogamie reduziert das mit Inzucht verbundene Risiko vererbbarer Schäden und fungiert gleichzeitig als eine Art sozialer Kreuzbefruchtung. Kam es bei den alten Marokkanern und Merowingern wegen natürlicher Isolation zur Inzucht? Oder waren sie isoliert, weil sie mit den Nachbarvölkern in Fehde lagen? Gab es bei ihnen gesellschaftliche Bräuche, die sich nachteilig auf den genetischen Austausch auswirkten? Um

* Weitverzweigtes Kleinkönigsgeschlecht der salischen Franken; sie regierten seit etwa 425 regional, seit Chlodwig im ganzen Reich, bis sie 751 durch Pippin abgesetzt wurden. Ihre genauen Verwandtschaftsverhältnisse sind für ihre Früh- und Spätzeit nicht mehr rekonstruierbar. A. d. Ü.

** Dies dürfte ein sehr gewagter Schluß sein, denn da die Merowinger kein Volk, sondern eben nur eine Herrscherfamilie waren, kann man deren Heiratsgebaren nicht ohne weiteres auf die vielstämmige Bevölkerung des riesigen Frankenreiches übertragen, das erst 843 de facto dreigeteilt wurde, ohne daß die Reichseinheit nominell verlorenging. A. d. Ü.

solche Fragen beantworten zu können, müssen Anthropologen und Paläopathologen zusammenarbeiten und die Familien- und Sozialstrukturen sowie die Heiratsbräuche des Altertums rekonstruieren. Zu diesem Zweck wird man wohl zu Beginn die Völker der Frühgeschichte auf vererbbare Defekte hin untersuchen müssen. Es müssen Völker sein, über deren Sitten und Gebräuche es schriftliche Überlieferungen gibt, oder solche wie die Mayas, bei denen es von der alten Zeit bis in die Moderne schriftliche Zeugnisse und lebende wie stumme Zeugen gibt. Durch Rückwärts-Extrapolation findet man dann die gesuchten Antworten.

Es gibt noch eine weitere neue Quelle der Erkenntnis über Völker, die nicht einmal ihre Gebeine hinterlassen haben – die Untersuchung von Koprolithen, also fossilen Exkrementen. In alten Senkgruben Nordwesteuropas und ariden Zonen wie dem Westen und Südwesten Amerikas findet man sie in reichlicher Fülle. Dieses Sachgebiet, das gelegentlich von allen Seiten her Hilfe verlangt, wird durch Koprolithenfundorte wie Dirty Shame Rockshelter in Oregon, Danger Cave in Utah und Devil's Lair im Westen Australiens wieder neu in den Vordergrund gerückt. Solche Fundorte lieferten fünfzigtausend Jahre alte Koprolithen von Pferden und Mammuten und dreißigtausend Jahre alte, versteinerte menschliche Fäkalien.

Die ersten bedeutsamen Studien über Koprolithen stammen von einem Forscher namens A. Szidat, der Anfang der vierziger Jahre im Darmkot ostpreußischer Moorleichen Eier von Wurmparasiten fand. Andere Forscher, die es ihm nachtaten, begründeten damit das neue Spezialgebiet Paläoparasitologie. In alten Salzminen in den österreichischen Alpen fand man Fäkalien von Bergleuten, die darauf hindeuteten, daß die Bergarbeiter vor zweitausend Jahren von Darmparasiten so stark befallen waren, daß sie sich vor Schmerzen gekrümmt haben müssen. In der Danger Cave fanden andere Forscher Spring- und Bandwürmer in zehntausend Jahre alten menschlichen Koprolithen.

Um 1970 interessierten sich die Forscher beim Untersuchen der Koprolithen für Pflanzenfasern, unverdaute Samenkörner und Knochen- und Schuppen- oder Muschelschalenfragmente, um daraus auf die Ernährungsweise zu schließen. Die Suche war nicht erfolglos, und man konnte mit Hilfe von Paläobotanikern, Paläopathologen und Archäologen die Ernährungsweise und die Umwelt alter Völker rekonstruieren. In Peru hat man in fast viertausend Jahre alten Koprolithen nun die Sporen von Pilzen gefunden, die seinerzeit Mais und Baumwollpflanzen befallen hatten. Mit Hilfe von Elektronenmikroskop, Massenspektrometrie und Gaschromatographie wird man bald nicht nur der Entwicklung der Menschheit und ihrer Parasiten auf die Spur kommen, sondern auch über frühen Feldfrüchtebau und Pflanzenkrankheiten Näheres erfahren.

Noch nicht zu sprechen gekommen sind wir bisher auf die bekanntesten Rückschlüsse aus menschlichen Überresten: Rückschlüsse, die die Archäologen aus den Gegebenheiten des Fundortes ziehen. Hierüber gibt es zahlreiche Bücher, und manch einer hat schon darüber gelesen, wie man aus Verfassung, Lage und Umgebung dänischer Moorleichen entnehmen kann, daß manche von ihnen hingerichtet, andere hingegen geopfert wurden. Aber nur wenige von uns wissen vielleicht um die Erforschung der Bonje aus dem nördlichen Ghana. In alter Zeit wurden die Bonje-Frauen mit dem Gesicht nach Westen begraben, damit die untergehende Sonne sie an die Zubereitung der Abendmahlzeit erinnern konnte; die Männer ruhten mit Blick nach Osten, damit die aufgehende Sonne sie auf den Beginn der Feldarbeit hinweisen konnte. Als die Bonje den Islam annahmen, wurden beide Geschlechter den

Bräuchen ihres neuen Glaubens entsprechend mit dem Gesicht nach Osten begraben. Durch Erforschung der Veränderungen der Beerdigungspraktiken kann man so vielleicht der Ausbreitung des Islam weiter nachspüren.

Bald wird man vielleicht auch die Mischung traditioneller Wissenschaften wie Archäologie und Anthropologie mit den neueren Methoden der Biohistorik für selbstverständlich halten. Man bediente sich ihrer zum Beispiel bei der Untersuchung der auf natürliche Weise konservierten Leiche eines neunjährigen Inkajungen, die in den chilenischen Hochanden gefunden wurde. Die Kleidung des Jungen wies darauf hin, daß er einen hohen Sozialstatus hatte und aus Nordchile oder Südbolivien stammte – Regionen, die gut tausend Meilen auseinanderliegen. Die Paläopathologen konnten an der Leiche keine Spuren von Krankheit oder Gewaltanwendung entdecken; die Knochen wiesen nicht eine einzige Harrissche Linie auf. Auf seinem Obergewand fanden sich jedoch Spuren von Erbrochenem, während das Gesicht des Jungen einen ausgesprochen friedvollen Eindruck machte. Er muß zu den Kindern gehört haben, die im ganzen Inkareich ausgewählt wurden, um zur Sommersonnenwende geopfert zu werden. Aus Inkachroniken geht hervor, daß die Kinder mit Bier betäubt und lebendig begraben wurden, sobald sie die lange Reise zu den Opferstätten hinter sich gebracht hatten.

Traditionelle Geschichtswissenschaft und Archäologie vervollkommnen sich heute schneller, als sich sinnvolle Anwendungsmöglichkeiten für Neuerungen finden lassen. Die Zahl der Anhänger der neuen Biohistorik ist noch klein, die Arbeit ist zeitraubend, und Geldmittel stehen oft nur beschränkt zur Verfügung. Trotzdem gibt es ein paar ehrgeizige Versuche, Paläopathologie, Paläobotanik, Paläoparasitologie und viele andere Spezialgebiete, darunter auch die Untersuchung auf Spurenelemente, beim

Studium der menschlichen Überreste aus alter Zeit zusammenzufassen. Jahre werden vergehen, bis die Arbeiten abgeschlossen sind, aber vielleicht setzen die Ergebnisse neue Maßstäbe für das Verständnis von Gesundheit, Ernährung, Arbeit und Lebensweise in Abhängigkeit von Alter, Geschlecht und gegebenenfalls weiteren Faktoren.

Serologie, Immunologie und andere medizinische Spezialgebiete können bei der Erkundung alter Völker ebenfalls zu zahlreichen neuen Erkenntnissen führen. Dies gilt insbesondere für das Erforschen der Krankheiten, die sich wie jeder andere Aspekt des Daseins evolutionär entwikkelt haben. Als streifende Jäger erst Dorfbewohner, dann Städter wurden, nahmen die Infektionskrankheiten wahrscheinlich ebenso zu, wie sich die Extremwerte des Sterblichkeitsprofils verlagerten. Tuberkulose und andere Krankheiten zog man sich vermutlich erstmalig über die vom Menschen domestizierten Tiere zu; mit wachsender Bevölkerungsdichte und zunehmender Größe der Ansiedlungen begann deren Verbreitung. Neue Drogen, Weltreisen und die Evolution der Mikroben, die zum Überleben auf den Menschen angewiesen sind, sorgen heute für immer beschleunigteren Wandel. Es bedarf eines separaten Kapitels, um sich einmal Gedanken zu machen, wer stärker gefährdet ist: der Mensch oder eine gewisse Anzahl seiner mikroskopisch kleinen Mitreisenden auf dieser Erde.

6. Kapitel

BIOLOGISCHE UMWÄLZUNGEN

Partner im Krankenbett

Wir täuschen uns über das Wesen der Krankheit, wenn wir sie für eine Störung halten. Schmerz und Schwäche überkommen uns; mit Arbeit, Spiel und selbst dem Nachtschlaf ist es plötzlich vorbei. Wir sind in Gefahr, sind Spielball des Unvorhergesehenen und Unkontrollierbaren.

In epidemischer Form wirkt Krankheit störend auf eine ganze Gesellschaft ein; im schlimmsten Falle ist Krankheit eine biologische Macht, die das Sozialgeflecht einer Stadt, eines Kontinents und in manchen Fällen der ganzen Erde zerreißt. Hundertjährige Forschung hat zu so vielen Heilmitteln und Infektionshemmern geführt, daß viele Leute das Grauen solcher Verheerungen niemals kennengelernt haben.

Wir sind aber keineswegs immun gegen Katastrophen dieses Ausmaßes. Die Drohung lastet noch immer auf der Erde, nur daß zu den altbekannten Seuchen inzwischen immer wieder neue hinzukommen. Ob Beulenpest oder AIDS, ob die Ursache ein Virus ist oder in der Strafe Gottes gesehen wird – der Mensch empfindet dieselbe Hilflosigkeit, den gleichen gewaltsamen und schwächenden Eingriff.

Dies ist eine verengte Auffassung von Krankheit, die deren Ursachen oder geschichtlicher Entwicklung kaum gerecht wird. Krankheit ist eigentlich keine Störung, und unser Verhältnis zu den Krankheiten gleicht nur in den seltensten Fällen einer periodischen Kriegführung. Beim Versuch zu überleben passen wir und unsere Parasiten uns fortwährend aneinander an. Wenngleich eine Epidemie gelegentlich die verheerende Folge eines biologischen Unfalls ist, muß man sie häufiger als eine heftige Auseinandersetzung in einer unauflöslichen Lebensgemeinschaft sehen.

Dies wird deutlich, wenn man einmal versucht, die Störung aus der Sicht ihres Erregers zu betrachten. Um Krankheit aber vollends zu begreifen, muß man noch weiter gehen und in ihr nur ein Fädchen eines ökologischen Netzwerks sehen, zu dem Dutzende von Spezies, eine sich ändernde Umwelt und die menschliche Zivilisation gehören. Dann erst wird Krankheit zu einem sinnvollen Stück der Geschichte. Bis in die jüngste Zeit aber wurde eine solche Auffassung von den meisten Historikern bewußt gemieden.

Medizinisch vorgebildete Historiker konzentrierten sich auf das Auflisten, Datieren und Identifizieren der Seuchen der Vergangenheit; andere Historiker nahmen solche biohistorischen Ansätze kaum und nur widerstrebend zur Kenntnis. Über große Seuchen wird seit mindestens viertausend Jahren immer wieder berichtet; es begann mit den alten Ägyptern, Hebräern, Babyloniern und Chinesen.

Das Buch Exodus spricht davon, daß die Ägypter um 1500 v. Chr., wie von Mose angedroht, unter einer Seuche zu leiden hatten: ›Da brachen auf böse Blattern an den Menschen und am Vieh.‹ (2. Mose 9/Vers. 10) Ein paar Jahrhunderte später heißt es bei Samuel im ersten Buch, der Herr habe die Philister wegen Raubes der Bundeslade ›mit bösen Beulen‹ geschlagen (5. Kapitel, 6. Vers), sie aber bei Rückgabe der Lade wieder davon befreit; daraufhin seien fünfzigtausend Israeliten der Seuche zum Opfer gefallen.* Diese Epidemie wurden von der Wissenschaft oft zitiert; man schätzte, daß es sich um Pocken oder ein Dutzend andere Infektionskrankheiten, darunter vielleicht auch heute gar nicht mehr bekannte, gehandelt haben könnte. Diese vagen Zeitangaben und Diagnosen verhelfen niemandem zu einem besseren Verständnis der Geschichte.

Jedoch verwiesen selbst manche alten Chronisten auf die gewaltigen sozialen und historischen Implikationen der Krankheit. Athen trat 431 v. Chr. zur Zeit seiner höchsten kulturellen und politischen Blüte in den endlosen Peloponnesischen Krieg gegen Sparta und seine Verbündeten. Im Jahre 430 schon brach im belagerten Athen eine tödliche Krankheit aus, die vielleicht zu Schiff aus Ägypten eingeschleppt worden war. Die peloponnesischen Gegner blieben unbehelligt, unter den Athenern aber wurde die Seuche pandemisch, das heißt, die Epidemie brach wellenweise immer wieder aus. Als sie schon abgeklungen schien, brach sie auf den Schiffen, die Perikles – er selbst dürfte ihr zum Opfer gefallen sein – gegen den Feind schickte, erneut aus. Zum Schluß hatte die Seuche 25–50 Prozent aller Athener Bürger und Soldaten dahingerafft.

Thukydides, der die Pestilenz überlebt hatte, hinterließ eine detaillierte Beschreibung; dennoch kann man die Krankheit heute nicht mehr exakt bestimmen. Es kann sich um das erstmalige Auftreten von Typhus in Europa, Blattern, Milzbrand oder Scharlach gehandelt haben; hundertprozentig passen die Symptome zu keiner der heute bekannten Krankheiten, aber unter einer erstmalig betroffenen Population ruft eine jede Krankheit andere Sympto-

* Darüber ist in der Lutherbibel im Zusammenhang mit der Rückgabe der Bundeslade nichts zu finden; es heißt dort lediglich, der Herr habe 70 Mann geschlagen, weil sie sich über die Rückgabe nicht freuten. A. d. Ü.

me hervor als dort, wo sich nach mehrmaligem Auftreten schon eine gewisse Immunabwehr gebildet hat. Ein weiterer Hinweis dafür, daß es sich um eine bei ihren Opfern bis dahin unbekannte Krankheit gehandelt haben muß, war die hohe Sterblichkeitsrate. Thukydides sagte, die Leichen hätten auf Straßen und in Tempeln zuhauf gelegen; Hunde, Vögel und Aasfresser seien mit den Menschen verendet; die Sterbenden seien auf der Suche nach Wasser zur Linderung ihres unstillbaren Durstes und zur Kühlung ihrer brennenden Haut durch die Straßen gewankt. Die Armen hätten von den Reichen Vermögen geerbt und alles auf einmal durchzubringen versucht, ›denn Geld und Leben schien gleichermaßen ephemer zu sein‹. Ausschweifungen, Gesetzlosigkeit und selbst Mord waren die Regel, denn niemand rechnete damit, lange genug zu leben, um vor Gericht zur Verantwortung gezogen werden zu können, und ›jedermann fühlte, daß über ihn bereits ein weitaus strengeres Urteil gefällt war‹.

Diese furchtbare Pandemie ließ ein geschrumpftes, demoralisiertes Athen zurück, dessen gesellschaftliches und politisches Gefüge zerstört und dessen ehemalige Seemacht vernichtet war. Nach siebenundzwanzig Kriegsjahren fiel Athen schließlich, sein alter Glanz war für immer dahin, und der Verlauf der Geschichte des Mittelmeerraums wurde von anderen Kräften bestimmt. Thukydides, der Zeuge der Verheerungen geworden war, schob der Seuche eine Teilschuld zu. Versuchen moderne Autoren aber den Niedergang Athens zu erklären, dann billigen nur wenige den Auswirkungen der Krankheit eine solche Bedeutung zu.

In diesem Jahrhundert erst begannen manche Wissenschaftler, die geschichtliche Rolle einiger weniger Krankheiten voll gelten zu lassen. Zu den ersten gehörte Typhus, der vier Jahrhunderte lang im europäischen Kriegswesen eine Schlüsselrolle spielte. An Typhus starben mit den Opfern auch viele Kleiderläuse, die die Krankheit übertragen hatten; dies deutet darauf hin, daß Typhus für beide Spezies etwas Neues war. Typhus war wahrscheinlich in alter Zeit eine Krankheit von Ratten und Mäusen und ihren Flöhen. Aus uns unbekannten Gründen machten die Typhuserreger – Rickettsien, also zwischen Viren und Bakterien einzuordnende Kleinstlebewesen – irgendwann den adaptiven Sprung auf den Menschen und seine Läuse.

Beim Ausbruch einer Epidemie unter den Soldaten des spanischen Königspaares Ferdinand von Aragon und Isabella von Kastilien im Jahre 1490 wurde in Europa erstmalig Typhus erkannt; die Krankheit könnte von den Soldaten aus Zypern eingeschleppt worden sein. 1526 wütete der Typhus unter den französischen Soldaten vor Neapel so schrecklich, daß sie die Belagerung der Stadt abbrechen mußten. Die erste klassische Beschreibung der Krankheit erfolgte zwei Jahrzehnte später durch Girolamo Fracastoro, den größten Epidemiologen seiner Zeit. Mehrere Jahrhunderte lang geißelte der Typhus nun Heere, Elendsviertel und Gefängnisse; überall dort, wo Dreck, Übervölkerung, Armut und Hunger anzutreffen waren, fand die Krankheit ideale Voraussetzungen.

Wir sagten im ersten Kapitel, daß Napoleons Große Armee nach zwei Jahrzehnten verblüffender Erfolge im Jahre 1812 in Rußland zerschlagen wurde. Von den dreihunderttausend Mann der Hauptstreitmacht, die gegen Rußland antraten, kamen nur neunzigtausend in Moskau an; die Hauptursache der Ausfälle war Typhus. ›Eher als die russischen Kugeln haben General Hunger und General Winter die Große Armee besiegt‹, schrieb der Marschall Michel Ney seiner Frau. Dem fügte der Biohistoriker Frederick Cartwright noch hinzu, daß Hunger, Dreck, Regen und Läuse das Heer auch ein dahinwankendes Opfer des Generals Typhus werden ließen.

Nach Entdeckung der Rickettsien und deren Übertragung durch Läuse war es möglich, dem Typhus mit Seife und Insektiziden zu Leibe zu rücken; Impfstoffe und Antibiotika boten schließlich Vorsorge und Heilung. Wahrscheinlich war es allein Seife und regelmäßigen Entlausungen zu verdanken, daß sich die Riesenheere im Ersten Weltkrieg jahrelange Grabenkämpfe liefern konnten. Trotzdem fielen der Seuche noch zwei bis drei Millionen Soldaten zum Opfer, ehe sie über Serbien nach Rußland gelangte, wo sie dann über zwanzig bis dreißig Millionen Menschen herfiel und zehn Prozent der Kranken umbrachte. Lenin, der es 1919 mit nationalen und internationalen kriegerischen Auseinandersetzungen, mit Hunger und Seuchen zu tun hatte, erklärte seinerzeit: ›Entweder besiegt der Sozialismus die Laus, oder die Laus besiegt den Sozialismus.‹ Zeitlich gesehen hatte Lenin Glück. In den zwanziger Jahren war es mit Typhus als einer globalen Bedrohung vorbei.

›Rats, Lice and History‹, ein Buch des Bakteriologen Hans Zinsser, erschien 1935 in Boston und gehörte schnell zu den populärsten Büchern des Jahrzehnts. Ein Kapitel dieser Geschichte des Typhus trägt die Überschrift ›On the Influence of Epidemic Desease on Political and Military History, and on the Relative Unimportance of Generals‹. Diesen Worten zum Trotz handelte Zinsser die Krankheit noch immer so ab, als ob ein großer, scheußlicher Stein von Zeit zu Zeit einmal in den breiten Fluß der geschichtlichen Ereignisse gestoßen würde. Diese Auffassung ist gängig geblieben. Oberschüler zum Beispiel wissen um die große irische Kartoffelmißernte und deren unmittelbare Folgen; daß in den vierziger Jahren des vorigen Jahrhunderts in Belgien, Deutschland und anderen Teilen Europas ähnliche Verhältnisse herrschten, wissen schon weniger; noch weniger aber wissen um die Millionen von Typhustoten unter der hungernden armen Bevölkerung oder ahnen, welche Rolle der Typhus daher bei den irischen und deutschen Massenauswanderungen jener Zeit spielte und welchen Einfluß er mithin auf die Geschichte der Vereinigten Staaten, Australiens und anderer Staaten hatte.

Die erste Krankheit, der man ihre historische Bedeutung uneingeschränkt zuerkannte, war der ›Schwarze Tod‹, jener katastrophale mittelalterliche Ausbruch einer Krankheit, die man Beulenpest nennt, wenngleich damit nur eine Erscheinungsform bezeichnet wird. In den Jahren 542–548 trat die Pest in Europa, soweit bekannt, erstmalig mit verheerenden Folgen auf. Das römische Kaiserreich war in zwei Teile zerfallen; der westliche Teil des Reiches mit der Hauptstadt Rom war in Feindeshand geraten (Odoaker) – teilweise vielleicht, weil Malaria und andere Infektionskrankheiten grassierten. Das Ostreich mit der Hauptstadt Konstantinopel wurde vom ersten Ausbruch der Pest heimgesucht. Die Krankheit hatte ihre Stammheimat in Nordostindien oder Zentralafrika verlassen, war nach Ägypten vorgedrungen und hatte von dort aus, eingeschleppt vielleicht durch Schiffsratten, die Hauptstadt des oströmischen Kaisers Justinian überfallen.

Vom Chronisten Procopius stammt die erste Beschreibung der ›Justinianischen Plage‹; sie verursacht Bubonen, also Schwellungen der Lymphknoten in der Leiste, in den Achselhöhlen und am Hals. Die Bubonenpest wütete so verheerend, daß Procopius meinte, ›die ganze menschliche Rasse stand vor ihrer Vernichtung‹. Der Eindruck muß sich förmlich aufgedrängt haben, denn in vier Monaten fielen ihr allein in Kostantinopel zweihunderttausend Menschen zum Opfer. Danach tobte die Plage durch ganz Europa und mähte die Bevölkerungen von Städten und Reichen dahin, die sich aus den Trümmern des Imperium Romanum erhoben hatten. Zum Schluß war zwischen

Dänemark und Arabien, vielleicht sogar noch tiefer nach Afrika hinein, niemand mehr vor der Seuche sicher. Sie klang niemals ganz ab, sondern entwickelte sich zu einer Pandemie, die in Zyklen zwischen zehn und vierundzwanzig Jahren zwei Jahrhunderte lang immer wieder auftrat.

Moderne Historiker haben die ruinösen Folgen beschrieben. Im Nahen Osten, in Nordafrika und Europa führten ungeheure Zahlen von Opfern zu staatlichem und landwirtschaftlichem Niedergang; Heere wankten und Regierungen stürzten; Justinians Reich löste sich auf und wurde vom byzantinischen mit seiner griechischen Sprache und Kultur abgelöst. Die Verheerungen führten dazu, daß der Mittelmeerraum, der ohnehin unter anderen Pandemien (vielleicht virulente Masern und Blattern) gelitten hatte, für Jahrhunderte hinsichtlich Bevölkerungswachstum und kultureller Fortentwicklung hinter Nordeuropa zurückfiel. Auch die muslimische Welt wurde von der Seuche nicht verschont; manche Historiker nehmen an, daß der Islam nur deswegen so schnell durch so viele Länder vorstoßen konnte, weil ihm die Pest so gründlich den Weg geebnet hatte.

Über knapp tausend Jahre nach der Justinianischen Plage hinweg blieb Europa von ernsthaften Pandemien verschont; die Pest war in dieser Zeit nur noch in alten Chroniken anzutreffen. 1347 aber schlug sie als Teil einer weltweiten Pandemie erneut zu. Sie war vermutlich im Jahr zuvor auf der Krim ausgebrochen und hatte sich von dort aus über Skandinavien, Rußland, Indien, China und Afrika zu verbreiten begonnen. Als italienische Kaufleute aus dem Mittleren Osten nach Genua zurückkehrten, brachten sie an Bord infizierte Ratten mit, deren Flöhe die Krankheit auf den Menschen übertrugen. Sehr bald wurde aus der Beulenpest die noch gefährlichere Lungenpest; diese Art Infektion wird durch Husten und Niesen direkt von Mensch zu Mensch übertragen.

Kaum hatte die Seuche Genua erreicht, da machte sie sich auch schon eiligst über Italien und das restliche Europa breit. Petrarca sagte, künftige Generationen würden die Schrecken, die sich wirklich ereignet haben, nicht glauben wollen. Angst vor der Seuche führte dazu, daß Eltern ihre sterbenden Kinder sich selbst überließen. Moribunde schwelgten in Erpressung, Vergewaltigung und Mord. Boccaccio spricht von leeren Häusern, verlassenen Städten, von mit Leichen übersäten Feldern und Straßen, vom Gestank der faulenden Kadaver; die Welt scheint eine menschenleere Öde gewesen zu sein. Ganze Schiffsbesatzungen verreckten, und nur mit Kadavern bemannte Schiffe trieben auf dem Mittelmeer sowie auf der Nordsee.

Der Schwarze Tod, wie diese zweite pandemische Plage genannt wurde, mag wohl den stärksten Aderlaß der Menschheit während ihrer gesamten Geschichte bedeutet haben. In Europa kamen mehr als zwanzig Millionen Menschen um, also ein Viertel bis ein Drittel der Gesamtbevölkerung des Kontinents. Zehntausende von Dörfern wurden mit Stumpf und Stiel ausgerottet, viele Städte verloren ein bis zwei Drittel der Bevölkerung. Ein Drittel der ägyptischen Bevölkerung ging an der Pest zugrunde, und im Mittleren Osten, in Indien und China wütete sie vergleichbar schlimm. Wie seinerzeit die Justinianische Plage, so entwickelte sie sich auch diesmal zu einer lang hingezogenen Pandemie; in Europa kam es dreihundert Jahre lang zu immer wieder neuen Ausbrüchen der Pest. Ihr letztes, größeres Aufflackern war die Große Seuche von 1665, die von Defoe in seinem ›Journal of the Plague Year‹ so grandios beschrieben wurde. Frankreich machte 1720 die letzte große Pestepidemie durch.

1896–1904 trat die Seuche ein weiteres Mal auf: mehr als eine Million Opfer in China. Danach griff die Pest nach Hongkong und Südafrika über, um im Jahre 1900 Kalifornien zu erreichen. In der Mandschurei kam es 1910/11 zu einem schweren Ausbruch der Lungenpest. Heute kann man der Infektion mit Antibiotika zu Leibe rücken, die übertragenden Ratten und Flöhe lassen sich vernichten. Trotzdem ist die Krankheit noch nicht ausgestorben. Sie tauchte während der sechziger Jahre im Vietnamkrieg auf, und im Sommer 1983 gab es im amerikanischen Südwesten Dutzende von Fällen.

Die Pest hat mehr Opfer als jeder Krieg oder jede beliebige Naturkatastrophe gefordert, trotzdem schienen jahrhundertelang nur wenige Historiker zu begreifen, daß sie den Lauf der Geschichte entsprechend geprägt hat. Ein Grund dafür ist darin zu sehen, daß die Krankheit nicht nur Individuen und Gemeinwesen, sondern ganz besonders dem Historiker weh tut, geht sie doch über seine Theorien hinweg, daß große Männer, Massen oder Klassen unser Schicksal bestimmen. Historiker stehen Krankheiten hilflos gegenüber und sehen in ihnen einen der Menschheit geltenden Wutausbruch der Natur oder einen Eingriff ins Rad der ›wirklichen‹ Geschichte. Lenin erkannte die Macht der Laus über die Dialektik des Klassenkampfes an, aber zu solcher Weisheit haben nur zu wenige Historiker gefunden.

Manche Wissenschaftler haben zuletzt ein wenig ihrer ideologischen Reinheit und sorgfältig gehegten Ahnungslosigkeit von Biologie fahrenlassen. Während des letzten Jahrhunderts hat sich über die Pest, insbesondere aber über den Schwarzen Tod, die zweite Pandemie, ungemein viel historische Literatur angesammelt. Das Schrifttum konzentrierte sich zunächst auf die konventionelle Geschichte – Wechsel von Herrschern, Mächten, Bevölkerungen und Kulturen. Die Historiker behaupteten, der Schwarze Tod habe überall in Europa Kriege beendet, Wikingersiedlungen in Grönland und Finnland ausgedünnt, Europas Griff nach der Neuen Welt verzögert, für das Entstehen der Flagellanten und anderer ketzerischer

Sekten gesorgt, die die Spaltung der Christenheit beschleunigt hätten; er sei für blutige Pogrome verantwortlich zu machen, die die Juden nach Osten getrieben hätten, wo sie sich dann eine neue Kultur geschaffen hätten; ebenso habe er die arabische Welt so geschwächt und terrorisiert, daß sich deren Entwicklung und Beziehungen zum christlichen Abendland geändert hätten.

Als sich die Historiker zunehmend ökonomischen Theorien zuwandten, schrieben sie über die Auswirkungen der Pest auf Handel und Wandel und die Verteilung des Wohlstands. Dadurch, daß ein paar Reiche und scharenweise Arme umkamen, habe der Schwarze Tod das Feudalsystem abzuschaffen geholfen. Leibeigene und kleine Landbesitzer hätten Ländereien geerbt oder einfach besetzt, weil die früheren Eigentümer dahingerafft worden seien. Bauernaufstände und gravierende Arbeitsverknappungen hätten die Arbeiterklasse physisch und ökonomisch mobil gemacht; viele seien in die Städte gezogen, um dort Kern der urbanen Mittelschicht zu werden. Arbeitsverknappungen und neue Erwartungshorizonte der Arbeiterschaft können aber auch die tiefe Verwicklung der Europäer in den afrikanischen Sklavenhandel bewirkt haben. Manche behaupten (während ihnen andere widersprechen), daß Re-Infektionen und Todesfälle in Südeuropa am häufigsten gewesen seien, so daß es zu einer nordwärtigen Verlagerung der ökonomischen und kulturellen Zentren des Kontinents gekommen sei.

Vor ein paar Jahrzehnten dann begannen die Wissenschaftler den Schwarzen Tod in eine primitive biohistorische Perspektive zu rücken. Die Pest nicht anders als ein Massensterben jeder anderen Spezies auffassend, hieß es bei ihnen, die Seuche habe das Bevölkerungswachstum gedrosselt. Diese Ansicht ist zwar logisch, aber historisch und biologisch unvollkommen. Andere begannen sich sorgfältig mit der Epidemiologie der Pest zu befassen. Sie sahen darin eine Krankheit von Ratten und ihren Flöhen, die von der Ratte über den Floh an den Menschen weitergegeben wurde. Zutreffend ist, daß die großen Pestpandemien ganz offensichtlich von Schiffsratten nach Europa eingeschleppt wurden und sich von den Hafenstädten ins Hinterland ausbreiteten.

Der für den Schwarzen Tod verantwortliche Nager ist die in Indien beheimatete Schwarze Ratte, deren Flöhe von Ratten und Menschen leben können. Als gewandter Kletterer konnte die Ratte mühelos über die Festmacherleinen an Bord gelangen und an Handelsfahrten und Forschungsreisen um die ganze Welt teilnehmen. Manche Historiker meinen, der Schwarze Tod sei schließlich verblichen, als die Schwarze von der wilderen, kräftigeren Braunen Ratte verdrängt worden sei, die im frühen achtzehnten Jahrhundert aus Zentralasien nach Europa vorgedrungen sei. Die Braune Ratte lebe vorzugsweise in Scheunen und Kanalisationsrohren, meide menschliche Behausungen und habe Flöhe, die sich auf dem Menschen weniger wohl fühlten als die der Schwarzen Ratte. Die Schwarze Ratte nun habe sich hauptsächlich als Schiffsratte am Leben gehalten und auf diese Weise den Pestbazillus bis in unser Jahrhundert in der Welt herumgetragen.

Der Gedanke, die Pest spiegele das ökologische Gleichgewicht von Mensch, Ratte und Floh wider, weist in die richtige Richtung, er erklärt aber nicht, wieso die Seuche nicht verschwand, als dieses Gleichgewicht gestört wurde. Sie hat eigenartigerweise überdauert und flackert immer wieder auf, so wie es 1983 in kleinerem Ausmaß in meinem Lande der Fall war. Die Erklärung scheint in einer breiteren Perspektive zu liegen, die die Pest als einen Teil des Wechselspiels zwischen wilden Nagetieren, Ratten, Flöhen und Veränderungen des Klimas, der Mobilität des Menschen und der Technologie sieht. Um dieses Wechselspiel zu verstehen, müssen wir zunächst einmal zweierlei klären. Beim einen handelt es sich um Zoonosen, also Tierseuchen, die auf den Menschen übertragbar sind. Der zweite Punkt sind die Auffassungen eines Krankheitserregers von Überleben, Gesundheit und Krankheit seiner selbst wie seiner Wirte.

Yersinia pestis, der stabförmige Pesterreger, arbeitet nicht, spinnt nicht und hegt auch keine bösen Absichten,* sondern versucht, wie jedes andere Wesen auch, sich am Leben zu erhalten. Die Bakterien gehören zu den allerältesten Lebewesen, manche dürfte es bereits seit mehr als zwei Milliarden Jahren geben. Zunächst lebten sie wahrscheinlich im Meer und in der Erde; manche haben sich dann später an ein Leben an und in Wesen angepaßt, die viel größer als sie selbst waren. Noch andere lernten nach einigen weiteren Anpassungen in wieder anderen Wesen zu überleben. Der Begriff Zoonose wird also herangezogen, wenn der Mensch sich eine Krankheit zuzieht, die von einem in einer anderen Spezies heimischen Erreger verursacht wird.

Wenn ein Parasit zu einer anderen Wirtsspezies überwechselt, dann vermehrt er sich geschwind, da er durch keinerlei Immunreaktion behindert wird. Bringt sein Vermehrungsdrang den Wirt gar um, dann steht er samt Nachkommenschaft ohne Heim und gewissermaßen brotlos da. Entwickelt der Wirt eine ausgesprochen heftige Immunreaktion, läßt sich der Parasit vertreiben oder gar töten. Für den Parasiten ist die ideale Beziehung zu seinem Wirt die gegenseitige Toleranz oder gar eine Symbiose, die beide Parteien am Leben erhält. Oftmals bedeutet dies Anpassung an ein bestimmtes Organ oder Körpergewebe. Die Bakterien, die Meningitis verursachen, leben gemeinhin friedfertig im Hals des Menschen; dringen sie aber in die Hirnhaut ein, dann haben sie eine tödliche

* Anspielung auf den alten klassenkämpferischen Slogan ›Als Adam grub und Eva spann – wo war denn da der Edelmann?‹ A. d. Ü.

Wirkung. Bazillen im Dickdarm helfen bereitwillig bei der Verdauung mit; wer Antibiotika einnimmt, sollte, um die Kultur zu erneuern, Joghurt essen, wenn er keinen Durchfall bekommen will. Wenn dieselben Bazillen aber Harnröhre und Blase erreichen, führen sie zu hartnäckiger, schmerzhafter Zystitis. Die Koexistenz von Parasit und bestimmtem Gewebe setzt eine langfristige, hochspezialisierte Anpassung voraus.

Verständlich daher, daß ein auf einen neuen Wirt stoßender Erreger einen hohen Blutzoll verlangt. Als die Indianer zum Beispiel erstmalig mit europäischen Krankheiten wie Masern in Berührung kamen, war eine erschütternde Zahl von Todesfällen die Folge. Mit der Zeit haben die Überlebenden und ihre Nachkommen Immunreaktionen entwickelt; der einstmals tödliche Krankheitsverlauf wurde bei den Indianern wie bei den Europäern die Ausnahme – praktisch jeder bekommt einmal die Masern, aber die Schwere der Erkrankung hält sich in Grenzen. Das heißt also, auch bei den Indianern wurde aus einer alle Altersgruppen betreffenden epidemischen Erkrankung eine relativ harmlose Kinderkrankheit.

Ein weiteres Beispiel ist der Tuberkelbazillus, vielleicht eine der ältesten aller Arten dieser Erde. Er hatte sich wahrscheinlich schon lange Zeit im Rindvieh heimisch gefühlt, ehe dieses vor mehr als zehntausend Jahren domestiziert wurde. Der Bazillus traf auf Menschen und stellte fest, daß es sich in ihnen leben ließ. TB war für lange Zeit eine heftige Krankheit, die sehr oft tödlich verlief und praktisch jeden Körperteil angriff. Zahlreiche Skelette aus dem alten Ägypten und Peru weisen schwere Fälle von spinaler Tuberkulose aus. Mit der Zeit paßte sich der Erreger der Lunge des Menschen an; damit – und nicht allein der Antibiotika wegen – wurde die Krankheit weniger akut. Heutzutage zeigen überall auf der Welt gesunde Menschen eine ansatzweise Immunreaktion auf den Erreger, wenngleich sie zu keiner Zeit Tuberkulosesymptome aufwiesen. Mensch und Bazillus sind schließlich zu einer wechselseitigen Anpassung gelangt, die beiden Seiten größere Überlebenschancen einräumt. Vielleicht werden sie sich eines nicht fernen Tages tatsächlich noch gegenseitig helfen.

Wenden wir uns jetzt noch einmal der Pest zu. Man hatte längst bemerkt, daß tote Ratten das erste Anzeichen einer bevorstehenden Epidemie waren; für sie war die Pest als Krankheit offenbar ebenso neu wie für den Menschen. Eigentlich aber konnte Yersinia pestis damals schon auf ein langes, recht friedliches Verhältnis mit einer Vielzahl von anderen wilden Nagern, zum Beispiel Eichhörnchen und Feldmäusen, zurückblicken; Yersinia wurde mit den Flöhen der Nagetiere von Wirt zu Wirt weitergegeben. Als die Schwarzen und Braunen Ratten, beides in der Nähe des Menschen lebende Aasfresser, die Krankheit erstmals von wilden Nagern übernahmen, müssen Erreger und Ratte einen potentiell folgenschweren Unfall erlitten haben – lag doch das klassische Problem vor, daß ein Erreger von einer vertrauten Spezies zu einer ungewohnten überwechselt.

Nach Ansicht des Biohistorikers William McNeill trat der Schwarze Tod auf, als Yersinia pestis, in den Steppen Nord- und Mittelasiens in wilden Nagern längst heimisch, auf Ratten überwechselte, die gegen den Bazillus keinen Immunschutz hatten. Als die Ratten erkrankten und verendeten, suchten sich Flöhe und Erreger im Menschen ein neues Heim. Daß sich die Seuche über den zentralasiatischen Raum hinaus ausbreitete, mag zum Teil daran gelegen haben, daß eine nachhaltige Klimaänderung in der Region die Mongolen auf die Wanderschaft zwang. Die Ausbreitung über die ganze Erde erfolgte dann über die traditionellen Straßen des Gewürzhandels; Schiffsratten sorgten für die Verbreitung der Seuche über See.

Sie haben die Seuche wahrscheinlich auch in unser Jahrhundert getragen und sie überall auf der Welt an wilde Nager – die herkömmlichen Wirtstiere – weitergegeben. Die um die Jahrhundertwende im Pazifischen Becken ausgebrochene Pandemie griff auf kalifornische Erdhörnchen über, die die Erreger dann ins amerikanische Binnenland trugen. Beamte des Gesundheitswesens gehen davon aus, daß die Seuche 1983 nur deswegen im Südwesten aufflackern konnte, weil sich die Vororte der Städte schon so weit in die freie Natur hinausgeschoben haben, daß die dort wildlebenden Nager die Erreger entweder unmittelbar oder über Ratten auf den Menschen übertragen konnten.

Manche behaupten, daß man angesichts von Antibiotika und eines angemessen hohen Lebensstandards schwere Ausbrüche der Seuche nicht mehr zu fürchten habe. Trotzdem ist sie in den wilden Nagern weltweit nach wie vor endemisch; Krieg und Naturkatastrophen können diese Infektionsquelle jederzeit zum Sprudeln bringen. In ihrer langen Geschichte hat die Seuche zunächst Millionen Opfer gefordert, um sich dann jahrhundertelang verborgen zu halten, während der Immunschutz des Menschen immer schwächer wurde. Wir können nicht mit Sicherheit sagen, ob die Pest wirklich beinahe gänzlich verschwunden ist oder ob sie nur irgendwo auf die nächstbeste Gelegenheit lauert.

Krankheiten sind aber nicht nur durch Handel und Wandel und durch die Seefahrt verbreitet worden. Beinahe jede Veränderung unserer Lebensgewohnheiten zwingt zu neuen Anpassungen an andere Spezies sowie deren und unsere Krankheitserreger. Das beste Beispiel dafür ist eine andere Krankheit, die viele Wissenschaftler für bereits beinahe vollständig ausgerottet hielten: Syphilis. Die Geschichte dieser vielenorts wieder sehr verbreiteten Krankheit führt unter Kennern der Humanmedizin zu manchen schwierigen, aber interessanten Kontroversen. Endlich gibt es sinnvolle Theorien, die die Infektionskrankheit als wechselseitige Anpassung von Mensch und Erreger an Veränderungen der Technologie und des Lebensstils und gar an veränderte Auffassungen und Verhaltensweisen darstellen.

Die Syphilis breitete sich wie der Typhus im letzten Jahrzehnt des fünfzehnten Jahrhunderts als neue Krankheit explosionsartig aus. Der Überlieferung nach waren die Neapel belagernden Söldner des französischen Königs Karl VII. die ersten Betroffenen. Ein paar Jahre später kehrten die Soldaten in ihre über ganz Europa verstreuten Heimatorte zurück; was sie von ihrem Feldzug nach Hause brachten, war die Lustseuche, eine höchst ansteckende Krankheit, die sich zunächst in Form eines schrecklichen Hautausschlags äußerte. Die Syphilis kam 1496 nach England, in Rußland trat sie 1500 erstmalig auf. 1498, es war die Zeit der großen Forschungsreisen zu Schiff, hatte sie Indien erreicht, eingeschleppt wahrscheinlich von den Seeleuten Vasco da Gamas. Sie gelangte 1505 nach Kanton und war 1569 auch in Japan nicht mehr unbekannt. Zwecks Namensgebung mußte stets das jeweilige Nachbarvolk herhalten, von wo aus die Krankheit angeblich gekommen sein sollte. Für Engländer, Deutsche und Italiener war es die Französische Krankheit; die Franzosen selbst nannten sie die Italienische. Was für die Perser die Türkische Krankheit ist, heißt in Polen Deutsche Krankheit, und die Russen nennen sie die Polnische Krankheit.

Die traditionelle Einführung in die Geschichte der Syphilis erfolgte in Gestalt einer Beschreibung ihres ersten epidemischen Auftretens in Europa und der Benennung von berühmten Herrschern und Künstlern, die angeblich oder tatsächlich die Spätsymptome der Krankheit – Paralyse und Irrsinn – aufwiesen: Karl VIII. und Franz I. von Frankreich, Alexander Borgia, Iwan der Schreckliche; vielleicht Heinrich VIII. von England, Casanova, Dürer, Cellini, Maupassant und Nietzsche. Oftmals werden auch Leute wie Goya und Beethoven mit aufgelistet, denen Syphilis aus fadenscheinigen oder gänzlich fehlenden Gründen zugeschrieben wird.

Die Geschichte der Syphilis ist eigentlich aber viel verworrener und interessanter: ein unergründlicher Sumpf für den Wahrheitsuchenden, gleichzeitig aber das helle Entzücken für den Liebhaber von Enthüllungen. Das Rätsel beginnt mit dem Dichter und Arzt Fracastorius, der als erster auch den Typhus beschrieb. Von ihm erfuhr die Lustseuche 1530 ihre klassische Beschreibung in Form eines ›Syphilis sive Morbus Gallicus‹ – Syphilis oder die Französische Krankheit – betitelten Hirtengedichts, in dem Syphilis, ein Schäfer, zur Strafe für die Sünde der Gotteslästerung zum ersten Opfer der Seuche wird. (Der imaginäre Schäfer brauchte ein paar Jahrhunderte lang seinen Namen noch nicht zur Bezeichnung der Krankheit herzugeben.) In einem Buch über ansteckende Krankheiten schrieb Fracastorius dann 1546, der Verlauf der Krankheit, die oftmals durch Geschlechtsverkehr übertragen werde, sei im Laufe der zurückliegenden zwanzig Jahre immer milder geworden, ihre Symptome seien weniger deutlich.

Diese verminderte Schwere der Krankheit hat einen Streit über die Geschichte der Syphilis provoziert. Man könnte schließen, daß Syphilis zunächst die typische Virulenz einer neuen Krankheit gehabt habe, daß die Menschen aber nach ein paar Generationen begannen, Abwehrreaktionen zu entwickeln. Diesen Rückschluß will aber nicht jeder gelten lassen. Der Bakteriologe Theodor Rosebury, Autor von ›Microbes and Morals‹, einer hervorragenden Darstellung der Geschichte der venerischen Krankheiten, bezweifelt Fracastorius' Beobachtung. Andere haben auf Syphilis maligna verwiesen, eine heute seltene Form, die aber immer noch gelegentlich vorkommt und vielfältige schwere Symptome hervorruft; vielleicht ist dies die Lues des frühen sechzehnten Jahrhunderts gewesen, die sich im Laufe der Zeit dann zu der heute bekannten Form abschwächte. Allerdings waren die meisten zeitgenössischen Beobachter damals überzeugt, daß Syphilis eine neue Krankheit sei, deren Heftigkeit nachlasse – und dies war offenbar auch der Fall, als die Infektionen auf den Mittleren Osten und Asien übergriffen.

Wenn Syphilis für Europa etwas Neues war – woher kam sie dann? Bis vor kurzem mutmaßten die meisten Ärzte und Historiker, daß entweder die Matrosen des Christoph Columbus oder die mit nach Hause gebrachten Eingeborenen der Karibik die Krankheit aus der Neuen Welt importiert hätten. Wenn dies zutrifft, dann war die Syphilis die einzige schlimme Krankheit, die aus der Neuen Welt in die Alte gelangte; im Normalfall war es stets umgekehrt.

Die Argumente für diese Auffassung waren nie recht tragfähig. Die Auffassung selbst wurde erstmalig ein Menschenalter nach der angeblichen Einschleppung vorgestellt, und erst Dias de Isla, ein Schriftsteller, machte die Behauptung eine weitere Generation später publik. Manche Wissenschaftler halten an der Auffassung fest, die Fugger hätten die Behauptung ausgestreut, die Syphilis sei eine amerikanische Krankheit, um die Preise für das von ihnen aus Amerika importierte Guajakholz, angeblich ein Heilmittel gegen Lues, in die Höhe zu treiben. Das Gerücht hat der Syphilis nicht geschadet, den Fuggern aber kräftig geholfen.

Manche Historiker meinen, die Krankheit habe lange Zeit in Europa geschwelt, um dann aus unbekannten Gründen im Jahre 1495 als wütende Epidemie in Erscheinung zu treten. Vielleicht war die Ursache eine Mutation oder ein neuer Stamm eines alten Erregers. Im Schrifttum der alten Hebräer, Griechen und Römer finden sich Hinweise auf Infektionskrankheiten, die sich als Syphilis auffassen ließen; vielleicht hat man seit frühgeschichtlicher Zeit bis ins sechzehnte Jahrhundert Syphilis, Lepra und andere entstellende Krankheiten auf einen Haufen geworfen.

Der entscheidende Beweis für diese Theorie wären Knochen aus Europa und Amerika; Schädel und Schienbeine wären besonders gut geeignet, da sich syphilitische Schädigungen dort am besten äußern. Seit Beginn des Jahrhunderts behaupten Paläonthologen, solche jahrtausendealte Knochen in Europa wie in der Neuen Welt zu finden, aber alle Diagnosen sind umstritten. Längst nicht alle Syphilitiker müssen bleibende Knochenschäden hinnehmen, und wenn, dann sind sie mit Knochenkrebs und den Folgen von vererbbarer Anämie und anderen Krankheiten leicht zu verwechseln. Die Wortführer beider theoretischen Lager streiten sich in Fachzeitschriften um den amerikanischen oder europäischen Ursprung der Syphilis. Bis auf den heutigen Tag konnte keiner den anderen überzeugen, und Dritte schon gar nicht.

Bevor es nicht mehr und bessere Beweise gibt, bleibt die Debatte weniger einleuchtend als eine breitere biohistorische Sehweise, die sich Dr. Ellis Hudson, Dr. C.J. Hackett und andere im Verlaufe mehrerer Jahrzehnte aneigneten. Ihre verschiedenen Versionen weichen geringfügig voneinander ab, sie decken sich aber insofern, wie darin die Perspektive des Erregers und eine breitgefächerte ökologische und historische Auffassung zum Ausdruck kommen. Sie alle halten die Syphilis und drei weitere Krankheiten – Pinta, Yaws und Frambösie – für im wesentlichen eine einzige Krankheit, wobei in jeder Erscheinungsform die Reaktion des Erregers auf das jeweilige Klima und auf Veränderungen der Lebensumstände des Menschen zum Ausdruck kommt.

Die Spirochäte bzw. Treponema, ein spiralförmiger Erreger, ist für alle vier Krankheiten verantwortlich. Als der Keim zu Beginn dieses Jahrhunderts als Syphiliserreger isoliert wurde, gab man ihm den Namen Treponema pallidum bzw. Spirochaeta pallida (lat. pallidus, -a, -um = blaß; grch. speira = Windung, chaite = langes Haar, trepo = drehe, nema = Faden), weil er bei Dunkelfelduntersuchung unter dem Mikroskop weiß erscheint. Eigentlich lassen sich die alle vier Krankheiten verursachenden Spirochäten unter dem Mikroskop oder beim Labortest voneinander nicht unterscheiden; man sollte sie wohl für vier sehr nahe verwandte Stämme einer einzigen Spezies halten, die sich bei ständiger Anpassung an den Menschen (und umgekehrt) langsam herausgebildet haben.

Vielleicht lebte die Spirochäte einmal von verwesender Materie, ehe sie zum Schmarotzer der afrikanischen Primaten wurde, um schließlich mehr als fünfzehntausend Jahre später beim Menschen eine Zoonose hervorzurufen – jene Krankheit, die heute Pinta heißt. Die Spirochäte hat ein Problem: sie ist sehr anfällig gegen Trockenheit sowie extreme Hitze und Kälte; ein auch nur kurzfristiges Überleben außerhalb des feuchtwarmen Wirtsleibes ist daher gar nicht so einfach. (Wegen dieser Hitzeempfindlichkeit behandelte man, ehe es Antibiotika gab, Syphilis u. a. auch, indem man den Patienten mit Malaria infizierte: Das hohe Fieber tötete die Spirochäten ab, und statt einer tödlichen behielt der Patient eine erträgliche Krankheit nach.) Die Spirochäte muß sich also eiligst von einem Wirt zum nächsten begeben, und die Methoden, dies zu bewerkstelligen, haben sich ebenso geändert wie die menschlichen Verhaltensweisen.

Pinta ist eine entstellende Hautkrankheit, die heutzutage in den tropischen Regionen von Mexiko bis Ecuador hauptsächlich bei Kindern anzutreffen ist; die Übertragung erfolgt durch Körperkontakt. In einem feuchtwarmen Klima findet es eine Spirochäte auf der nackten, schweißfeuchten Haut wohnlich genug. Die Krankheit verläuft relativ mild und greift Knochen und innere Organe nicht an. Etwa zehntausend Jahre vor unserer Zeitrechnung, sagt Hackett, brachte eine geringfügige Mutation der Spirochäte dann Yaws hervor. Auch diese Erkrankung, ebenfalls hauptsächlich unter Kindern verbreitet, bleibt weitgehend auf die Haut beschränkt, sie verläuft jedoch schon schwerer als Pinta. Yaws ist bis auf den heutigen Tag im tropischen Afrika heimisch.

Um 7000 v. Chr., als es den Menschen mehr und mehr in die gemäßigten Zonen und zu dörflicher Lebensweise hinzog, verlor die Spirochäte ihre angestammte Heimat. Die neue Umgebung war trockener und kühler, und immer mehr Menschen versteckten ihre Haut die meiste Zeit unter wärmender Kleidung. Die Spirochäte konnte überleben, weil sie sich nun in die feuchte Wärme von Schritt, Achselhöhlen und – ganz speziell – Mundhöhle zurückzog. Die Übertragung erfolgte durch Küssen und gemeinsam benutztes Eßgeschirr; es blieb aber im wesentlichen bei einer nichtvenerischen Infektion der Kinder: Frambösie; eine neue Krankheit, die stellenweise auch Syphilis nonvenerea genannt wird. Sie verläuft schwerer als Yaws und kann auf Kreislaufsystem und Knochen übergreifen. In den europäischen Elendsvierteln von Rußland bis Schottland kam Frambösie früher häufig vor, aber mit Verbesserung der Lebensbedingungen verschwand sie dann praktisch. Sie hat sich aber in überbelegten Nomadenhütten, in Teilen des nördlichen und südlichen Afrika und in anderen warmen, trockenen Regionen gehalten – wo der Mensch gewöhnlich bekleidet ist und in großer Zahl in dörflichen Verhältnissen lebt. Auf der Welt leiden mehr Menschen an Frambösie als an Syphilis.

Hudsons und Hacketts Theorien zufolge stellte sich letztere mit dem Übergang zum Stadtleben ein – vielleicht vor etwa sechstausend Jahren, als im Vorderen Orient die ersten wirklich großen Städte entstanden. Der Stadtmensch pflegt sein Leben voll bekleidet zu verbringen; Wohnsitz der Spirochäte wurden nunmehr die Genitalien. Die Übertragung erfolgte hauptsächlich mittels Geschlechtsverkehr, wenngleich auch die orale Ansteckungsmöglichkeit blieb. Mit der im wesentlichen geschlechtlichen Übertragungsweise änderte die Krankheit nun ihren Charakter. Die Syphilis ist überwiegend eine Erwachsenenkrankheit; sie kann neben Zentralnervensystem und Knochen auch das Herz und viele andere innere Organe angreifen.

Normalerweise beginnen Krankheiten als Zoonosen, sind akute Erwachsenenkrankheiten, um mit der Zeit zu verharmlosen und zu Standardkinderkrankheiten zu werden. Wenn Hudsons und Hacketts Annahmen zutreffen, dann ist dieses Schema bei Treponema-Infektionen merkwürdig auf den Kopf gestellt. Wo eine Treponema-Infektion häufig ist, kommen die anderen nicht vor; jede einzelne von ihnen macht gegen die übrigen immun. Diese sog. Kreuzimmunität deutet darauf hin, daß die Erreger aller vier Spielarten wenn nicht identisch, so doch nahe verwandt sind. Zudem kann man heute erkennen, wie sich die eine Infektionsform in die nächste verwandelt.

Wenn jemand, der im feucht-heißen Tiefland an Yaws leidet, in kühlere Bergregionen zieht, dann verschwindet der für Yaws typische Körperausschlag, um den himbeerartigen äußeren Merkmalen der Frambösie Platz zu machen. Hudson behauptete, bei Vorliegen der richtigen klimatischen und Lebensbedingungen könne sich Syphilis in Yaws zurückverwandeln. Wenn alle Treponema-Infektionen tatsächlich eine und dieselbe Krankheit sind, die sich je nach Klima und Lebensumständen des Wirts unterschiedlich darstellt, dann mag es im Verlauf der Geschichte solche Verwandlungen in die eine oder andere Richtung vielfach gegeben haben. Es gibt wirklich eine Theorie, daß es sich bei der ersten europäischen Syphilisepidemie eigentlich um Yaws gehandelt habe, die von Sklavenhändlern aus dem tropischen Afrika nach Spanien gebracht worden sei. In Europas Städten mit ihrem gemäßigten Klima hörte der Erreger sehr bald auf, die für Yaws typischen, vielen häßlichen Pusteln hervorzurufen, und produzierte statt dessen Syphilis – mit ihren von Fracastoroius beschriebenen harmloseren Anfangssymptomen.

Seit jüngerer Zeit verändert die Syphilis ihre Erscheinungsform auch noch aus anderen Gründen. Im neunzehnten Jahrhundert war sie eine verheerende Seuche, die in unzähligen Fällen zu Blindheit, Paralyse und Irrsinn führte. Die Krankheit wurde von infizierten Frauen (von denen manche gar keine Symptome zeigten) auf ihre ungeborenen Kinder übertragen; dieser Umstand war Quelle vieler heimlicher Ängste, in der eigenen Familie könnten Wahnsinn und Krankheit erblich sein. Als Ehrlich 1910 das Medikament Salvarsan – die erste ›Zauberkugel‹ der modernen Chemotherapie – herausbrachte, kamen gewisse Hoffnungen auf. Die Entdeckung der Antibiotika schien unfehlbare Heilung zu versprechen. Vor ein paar Jahrzehnten war die Syphilis aus dem Zentrum der ärztlichen Ausbildung an den entferntesten Rand gerückt worden, denn ihre vollständige Ausrottung schien unmittelbar bevorzustehen.

In den sechziger Jahren aber feierte die Geschlechtskrankheit fröhliche Urständ; sie fiel gleichermaßen über Halbwüchsige wie Erwachsene her, und männliche Homosexuelle erduldeten sie stillschweigend als todbringende Rektalinfektion. Der Armut und Übervölkerung ließ sich das Problem ganz gewiß nicht zuschieben; in wohlhabenden Nationen wie USA und Schweden lebten Geschlechtskrankheiten am kräftigsten wieder auf. Dort verbergen sich hinter der Fassade sexueller Befreiung ausgeprägte Relikte von Prüderie. Damit kommt einer der verblüffendsten Aspekte der Entfaltung der Krankheit zum Ausdruck: die Einwirkungsmöglichkeiten von Überzeugungen und Verhaltensweisen des Menschen – die oftmals ebenso durchschlagen wie biologische Kräfte. Leider ignorieren die meisten Historiker, Ärzte und Biologen die Soziologie, Psychologie und Geschichte der Sexualität vollständig.

Geschlechtskrankheiten sind insbesondere durch die Gedankenwelt, Sitten und Gebräuche eines Volkes bedingt. Wenn sich der Geschlechtsverkehr ausschließlich unter Ehepaaren abspielte, dann würde es Geschlechtskrankheiten praktisch gar nicht geben. Aber vor-, außer- und nacheheliche sowie homosexuelle Kontakte sorgen für deren Gedeihen. Daher geht man gewöhnlich davon aus, daß das Wiederaufleben der Syphilis der sexuellen Permissivität unserer Tage zu verdanken ist. Indes florierte die Seuche auch in der repressiven Atmosphäre des neunzehnten Jahrhunderts. Auf Grund von Schuldgefühlen und Verschwiegenheit verbreitete sich die Krankheit durch nichtehelichen Geschlechtsverkehr; die verängstigten, schuldbeladenen Opfer ließen sie oftmals unbehandelt.

Religiöse und gesellschaftliche Glaubensgrundsätze bestärkten sich bei der Verschleierung der Syphilis gegenseitig. Im Jahre 1826 verbot Papst Leo XII. den Gebrauch von Präservativen nicht etwa, weil sich damit Schwangerschaften verhindern ließen, sondern weil sie die Vorsehung daran hinderten, die Sünder an dem Organ, mit dem sie sündigten, mit Schwären zu schlagen. Diese Auffassung ist auch heute noch nicht so selten geworden, wie man annehmen möchte, wenngleich man sich heute nicht mehr in theologischem, sondern in gleichermaßen strafendem Sinne äußert: ›Wenn die Leute rumhuren wollen, dann sollen sie auch die Folgen tragen.‹ Ob solche Dekrete und Auffassungen der Moral förderlich sind, mag dahingestellt bleiben – der Spirochäte aber helfen sie auf jeden Fall. Die Politiker wollen aus Angst vor öffentlicher Mißbilligung dem Problem der Geschlechtskrankheiten nicht voll ins Auge sehen. In Rußland, China und Kuba – wo die Regierungen keine Wahlurne zu fürchten brauchen – wurde die Syphilis sehr stark zurückgedrängt, weil man dort allen Sexualpartnern der damit Infizierten rigoros nachspürte und so die weiteren Infektionsmöglichkeiten abschnürte.

Schwer zu sagen, was der Spirochäte mehr geholfen hat: die schuldbewußte Heimlichtuerei des Puritanismus oder die relative Lockerung der Sexualnormen in unserer Zeit. Den Wendepunkt im amerikanischen Sexualverhalten brachte eigentlich die folgenschwere sexuelle Revolution der zwanziger Jahre; darin mag sich zum Teil auch die Verstädterung meines Landes widerspiegeln. Kinseys anfängliche Untersuchungen zeigten schon, worauf jeder wohl auch von selbst gekommen wäre: daß den Großstädtern ein größeres Potential von Sexualpartnern zur Verfügung steht als der Landbevölkerung oder den Kleinstädtern und daß, nun ja, manche solche Gelegenheiten eben nicht ungenutzt lassen. Die Syphilis ging, so vermute ich, mit der Verstädterung nicht bloß deswegen einher, weil Bevölkerungsdichte und Kleidungszwänge zunahmen, sondern weil die Verhaltensmuster der Stadtbevölkerung größere Gelegenheit zu venerischer Infektion boten. Da die Verstädterung überall auf der Welt voranschreitet, ist auch mit verstärktem Auftreten der Syphilis zu rechnen. Und wenn der Trend – Scheidung und Wiederverheiratung – anhält, wird es immer mehr für Syphilis empfängliche alleinstehende, aber sexuell aktive Erwachsene geben. Weniger Personen als je zuvor benutzen heute ein

Präservativ, das einzige gängige Verhütungsmittel, das wirksamen Schutz vor venerischen Infektionen bietet.

Die Naturgeschichte der Pest und Syphilis zeigt, daß jeder Aspekt des Lebens irgendwie auf Gesundheit und Krankheit durchschlägt und dafür bestimmend ist, inwieweit der einzelne und die ganze Gesellschaft davon berührt werden. Die Vorgehensweise des Biohistorikers ist im wahrsten Sinne des Wortes ökologisch: Er spürt der Interaktion aller Wesen in einer sich wandelnden Umwelt nach. Es gibt noch andere umfassende Vorgehensweisen, die hier aber nur angedeutet werden können. Zum Beispiel nahmen Gesundheit und Krankheit des Menschen einen anderen Verlauf, als unsere Vorfahren aus den Bäumen kletterten und sich auf dem Erdboden einer gänzlich anderen Ökosphäre anpaßten, denn dort unten leben ganz andere Groß- und Kleintiere als in den Baumwipfeln. Die Naturgeschichte der Krankheit muß vertikal erforscht werden.

Eine andere Vorgehensweise ist horizontal – der Ansatz geht einfach von der Bevölkerungsdichte aus. Die hohe Bevölkerungszahl der Städte kann zur Folge haben, daß Infektionskrankheiten endemisch bleiben, die bei kleineren, ausgedünnten Populationen aussterben würden; es kann geschehen, daß ein Erreger dort keinen Zwischenwirt mehr braucht, um den Menschen zu infizieren. Die zur Verstädterung gehörenden technologischen Fortschritte ermöglichten es, um die ganze Erde zu reisen und sich in praktisch jeder Klimazone und Umwelt niederzulassen – was nicht nur Anpassung an neue Parasiten bedeutet, sondern das Legen biologischer Zeitbomben durch Stören alter ökologischer Gleichgewichte. Wie wir gesehen haben, bleiben nicht einmal Religion, Moral und Familienleben ohne Einfluß auf die Biohistorie. Damit verglichen, sind die Konsequenzen von Medikamenten und Impfstoffen vielleicht nur nachrangig.

Jede Biohistorik der Infektionskrankheiten muß die Fortentwicklung anderer Spezies berücksichtigen: Parasiten, Wirte und die Arten, von denen erstere in Mitleidenschaft gezogen werden. Wir müssen daran denken, daß unsere Krankheiten und deren Erreger ebensowenig wie der Mensch aus dem Nichts ins Dasein sprangen; sie entwickelten sich langsam. Viele Infektionen zog sich der Mensch von seinen domestizierten Tieren und deren Parasiten zu. Da sich die Erreger mancher Krankheiten verändert haben, müssen wir uns ihnen gezwungenermaßen anpassen. Der Grippevirus zum Beispiel tendiert besonders stark zu Mutationen, und jede Form der Grippe schützt vor der nächsten nur wenig oder gar nicht. Grippe kann mithin von einer vorübergehenden Belästigung zu einem globalen Millionensterben ausufern – so geschehen im Verlauf der großen Epidemie nach dem Ersten Weltkrieg –, wobei es sich möglicherweise um dieselbe Schweinegrippe (wiederum eine Zoonose) handelte, deren Wiederkehr manche Ärzte mit der halbwegs rechtzeitig unterdrückten Epidemie des Jahres 1976 befürchteten. Selbst wenn unsere Grippeviren einen Teil ihrer Munterkeit verlieren – die Viren anderer Spezies attackieren uns weiterhin mit gefährlicher Energie und Ausdauer.

Der Blatternvirus, der keine tierische Heimstatt besitzt, ist offenbar ausgerottet. Der Grippevirus und andere aber mutieren nicht nur, bei ihnen kommt es dazu noch häufig zu genetischen Neukombinationen, denen Hybriden entspringen: virulente neue Erreger, gegen die wir zunächst keine Abwehrstoffe haben. Reisende tragen neue Stämme des Polio-Virus rasch um die ganze Erde, nicht immunisierte Populationen sind ihnen hilflos ausgeliefert. Alte Stämme gefährlicher Viren können nach langen Ruhezeiten plötzlich wieder aktiv werden und Populationen heimsuchen, die zwischenzeitlich jede Resistenz verloren haben.

Aber nicht nur Viruserkrankungen sind bedrohlich. An Malaria, der jährlich mindestens eine Million Menschen zum Opfer fallen, leiden noch immer gut zweihundert Millionen Menschen. In Ländern wie Thailand und Sudan, wo man sie unter Kontrolle gebracht hatte, haben politische und wirtschaftliche Instabilität zu einem Wiederaufleben der Krankheit geführt. Neue Stämme von Malaria-Parasiten und der sie übertragenden Moskitos werden gegen zu ihrer Bekämpfung eingesetzte Chemotherapeutika und Insektizide resistent. Hinzu kommt, daß der Mensch nicht mehr als nur ein neuer Wirt der Stechmückenlarven ist, die in ihren alten Wirtstieren – Rindvieh, Hunde, Kröten etc. – nach wie vor prächtig gedeihen. Auch das Gelbfieber hat in den Affen der Tropen eine unzerstörbare Heimstatt; die Krankheit wird ebenfalls von Moskitos verbreitet.

Die Auffassung von Krankheit als einer wechselseitigen Anpassung von Mensch und Erreger läßt außer acht, daß der Mensch einmal in einer wohlgesonnenen Umwelt, einem prä-urbanen, Gesundheit spendenden Garten Eden lebte. Gleichzeitig zeigt diese Auffassung, daß wir von einem medizinischen Utopia noch weit entfernt sind. Zum Entzücken der Parasitologen schleppt der Mensch noch immer eine verblüffende Ansammlung von Pilzen, Protozoen, Viren, Bakterien, Zecken, Milben, Insekten und Würmern mit sich herum, die allesamt auf ihn als Wirt angewiesen sind. Ein Wirt ist jemand, der seinen Gästen den Tisch bereitet; in der Natur geschieht dies nach dem Gesetz ›Fressen oder gefressen werden‹. Die Biohistoriker sind gerade erst im Begriff zu würdigen, daß es Lebensräume – insbesondere feucht-warme – gibt, in denen der Mensch ohne bleibenden Immunschutz so vielen Parasiten ausgesetzt ist, daß die globalen demographischen Strukturen schwer in Mitleidenschaft gezogen werden. Just diese Gegebenheiten aber verhinderten jahrtausendelang die volle Besiedlung und Entwicklung weiter Landstriche Afrikas und Asiens.

Zugegeben, viele einstmals todbringende Infektionskrankheiten sind heute weitgehend heilbar oder unter Kontrolle zu bringen; niemand braucht mehr wie in früherer Zeit in ständiger Furcht vor Blattern oder Pest zu leben. Dennoch können dem zufälligen Zusammentreffen von neuen Wirten und alten Parasiten neue Krankheiten entspringen, Seuchencharakter nicht ausgeschlossen. Manche, die in einer begrenzten Region zunächst für neu gehalten werden, sind vielleicht gar nicht so neu oder regional begrenzt, wie es auf den ersten Blick schien.

Ein gutes Beispiel hierfür ist das rätselhafte Lassa-Fieber, das 1973 in Nigeria ausbrach. Die Krankheit wurde schließlich auf bestimmte Nagetiere zurückgeführt; die hohe Sterblichkeitsrate unter den ersten Opfern – europäische und amerikanische Missionsärzte – deutete auf eine neue Zoonose hin. Inzwischen geht die Forschung jedoch davon aus, daß die Krankheit nur für die Neuankömmlinge in dieser Gegend etwas Neues war. Eventuell war sie bei der einheimischen Bevölkerung schon lange endemisch, führte vielleicht zu einer Viertelmillion Krankheit bei jährlich Zehntausenden von Todesfällen, während sie als Malaria oder Fieber anderer Art fehldiagnostiziert wurde. Die Antwort auf diese Frage steht noch ebenso aus wie eine verläßliche Therapie. Zumindest aber ist die Krankheit bis jetzt noch nicht weltweit auf Menschen und Nagetiere übertragen worden.

Was das Auftreten oder die erstmalige Kenntnisnahme von Infektionskrankheiten betraf, waren die siebziger Jahre eine außergewöhnliche Dekade. Die Lyme-Krankheit, 1975 in Lyme, Connecticut entdeckt, dürfte eine weitere neue Zoonose sein. Sie wird – übertragen von Rotwild-Zecken – von einer Spirochäte verursacht, die auf Penicillin empfindlich reagiert. Es scheint, als könnte man die

Krankheit in den Griff bekommen, wenngleich sie verbreiteter ist als ursprünglich angenommen.

Schon ernsthafter und furchterregender ist die sog. Legionärskrankheit, von der 1976 in einem Hotel in Philadelphia 180 Personen befallen wurden, von denen neunundzwanzig starben. Sechs Monate lang versuchten die Forscher der Krankheit auf den Grund zu gehen; die vermuteten Ursachen reichten vom Erreger der Papageienkrankheit bis hin zu Nickelvergiftung. Schließlich ließ sich für die Infektion ein rickettsienartiger Organismus namhaft machen, der in den zurückliegenden zehn Jahren schon mehrfach für entsprechende Krankheitserscheinungen verantwortlich gewesen war. Weitere Untersuchungen ergaben, daß die Krankheit in New York und anderen großen Bevölkerungszentren alles andere als selten war; mangelnde Publizität heißt nicht, daß eine Krankheit der Vergangenheit angehört.

Im gleichen Jahre forderte eine fürchterliche, bislang offenbar unbekannte Krankheit – virales hämorrhagisches Fieber – in Zaire und Sudan Hunderte von Todesopfern. Wie sich herausstellte, war es eine Variante des Grünaffenfiebers bzw. der Marburger Krankheit, die ihren Namen bekam, weil sie 1967 in Marburg identifiziert wurde, nachdem dort nach Umgang mit aus Uganda und Kenia importierten Grünaffen dreißig Laborangestellte erkrankten, von denen sieben starben. Dies ist nur ein Beispiel dafür, daß man von Haus- und Versuchstieren aus anderen Teilen der Erde eingeschleppte Krankheiten jederzeit zu fürchten hat.

In dem genannten Zeitraum fand auch eine andere seltene, exotische, indes sehr signifikante Krankheit ihre Erklärung. Kuru war einmal eine auf den im Hochland Neuguineas lebenden Stamm der Fore beschränkte Krankheit; sie drohte dort ganze Dörfer auszulöschen. Nach Infektion folgte Entartung des Hirngewebes und zwangsläufiger Tod. Die Übertragung geschah durch Ritualkannibalismus; bei den Fore aßen Schwangere und Kinder die Gehirne ihrer Verstorbenen, um sich deren positive Eigenschaften anzueignen. Mit Abschaffung dieses Brauches war auch die Krankheit ausgemerzt. Bedeutsam für die übrige Welt war die Entdeckung, daß ein schleichender Virus der Verantwortliche gewesen war.

Die meisten Virus-Infektionen haben eine gewisse Inkubationszeit, um dann akut zu werden und nach Tagen oder Wochen wieder abzuklingen. Ein solcher Virus wie der Kuru-Erreger aber kann sich im Körper bis zu sieben oder acht Jahre aufhalten, ehe er seine Wirkung entfaltet. Solch ein Virus verursacht das Creutzfeld-Jakob-Syndrom, eine seltene, schwere Form präsenilen Irreseins mit Anfangssymptomen ähnlich denen der Alzheimerschen Krankheit (präsenile, degenerative Erkrankung der Großhirnrinde). Heute nimmt man an, daß solche trägen Viren für rätselhafte Störungen des Nervensystems wie etwa Multiple Sklerose und Parkinsonsche Krankheit verantwortlich sein könnten. Vielleicht lassen sich hierfür Anhaltspunkte aus einer bestimmten Viruserkrankung der Schafe (Erscheinungen: Nervenzucken, Erregbarkeit, intensives Hautjucken, übermäßiger Durst, Auszehrung, Schwäche, schließlich Lähmung) gewinnen; es könnte sich also auch hier um Zoonosen handeln.

Diese Möglichkeit besteht auch bei AIDS (Acquired Immune Deficiency Syndrome), einer Infektionskrankheit, die 1981 in den Vereinigten Staaten entdeckt wurde – vorzugsweise bei männlichen Homosexuellen und an der Nadel hängenden Rauschgiftsüchtigen. Inzwischen kommt diese tödliche Krankheit auch in Europa und Zentralafrika vor, und in zunehmendem Maße bei Heterosexuellen beiderlei Geschlechts. Amerikanische und französische Wissenschaftler glauben, den Übeltäter ermittelt zu haben, aber ihre jüngsten Forschungsergebnisse beantworten nicht mehr Fragen, als dadurch neu aufgeworfen werden.

Das Gefühl der Hilflosigkeit angesichts einer tödlichen, nicht in den Griff zu bekommenden Krankheit mag heute noch das gleiche sein wie zur Zeit der Pest. Ich habe es erlebt, daß Krankenhauspersonal angesichts eines mutmaßlichen AIDS-Opfers in Panik geriet. Beim Lesen dieser Seiten mag auch der eine oder andere schon fürchten, jede Krankheit, über deren Symptome man gerade liest, bereits zu haben oder sich doch wenigstens gerade zuzuziehen.

Für die meisten von uns ist Panik nicht angebracht, ernsthafte Besorgnis indes schon. Solange die Natur ihrem gewohnten Gang folgt, werden weiterhin neue Krankheiten entstehen, während altbekannte leichter werden. Ebenso wahr ist es, daß wir, da wir weiterhin unser Leben wie unsere Umwelt verändern, Risiken schaffen, die die ärztliche Kunst aufs äußerste fordern werden. Der Mensch ist mobiler und kann sich schneller fortbewegen als zu jeder anderen Zeit seiner Geschichte. Parasiten und ihre Träger bewegen sich in einem schwindelerregenden Tempo um die Welt; als Reaktion auf Pestizide und Pharmazeutika entwickeln sie sich munter weiter. Auftreten, Veränderung und Dahinschwinden von Krankheiten ist Teil eines uralten Balanceaktes; die Zyklen laufen jedoch inzwischen in einem derart wilden Tempo ab, daß für die früher üblichen schrittweisen Anpassungen keine Zeit mehr bleibt. Da wir das in Vergangenheit und Gegenwart unauflösliche Miteinander von Gesundheit und Krankheit nun besser verstehen, sehen wir für die Zukunft unberechenbare Veränderungen voraus. Und wie das folgende Kapitel zeigen wird, müssen wir sogar Gefahren für die gesamte Biosphäre ins Auge sehen, die nicht von Krankheitserregern herrühren, sondern aus dem Bauch der Erde kommen.

7. Kapitel

GIFT IST ALLGEGENWÄRTIG

Die leidende Biosphäre

Wir haben gesehen, wie sich wandelnde Naturkräfte und Krankheiten das Leben des einzelnen, die Gemeinwesen und schließlich die ganze Erde formen. Es gibt noch eine weitere Form der biologischen Umgestaltung – nicht ausgeschlossen, daß wir sie sehr bald als die Krankheit, die Goyas Dasein veränderte, kennenlernen. Früher blieb Bleivergiftung wahrscheinlich auf Angehörige bestimmter Berufe beschränkt, wenngleich es gewisse Verdachtsmomente gibt, daß ganze Reiche dadurch unterhöhlt wurden. Seit einigen Jahrzehnten sind weltweit, besonders aber in den Städten, hauptsächlich kleine Kinder gefährdet. Morgen schon könnte Bleivergiftung der ganzen menschlichen Rasse zu schaffen machen. Das Blei, dieses raffinierte, wandlungsfähige Gift, häuft sich in Luft und Wasser, Feldfrüchten und Tieren, dazu in unseren eigenen Knochen.

Die heutige Verwendung von Eisen und Stahl täuscht leicht darüber hinweg, wie lebensnotwendig das Blei seit jeher für den technischen Menschen ist. Im Verlauf der Geschichte wurde über Blei wohl weitaus mehr als über jede andere giftige Substanz geschrieben. Die Erforschung der Bleivergiftung ist als eine wichtige Vorstufe der Arbeitsmedizin, Arbeitsschutzgesetzgebung und Toxikologie zu sehen. Wegen seines niedrigen Schmelzpunkts und seiner großen Geschmeidigkeit und einfachen

Formbarkeit war das Blei eines der ersten Metalle, das der Mensch verarbeitete. Die Ägypter arbeiteten damit schon vor mehr als fünftausend Jahren; das Britische Museum besitzt eine Bleistatuette aus der Zeit der Ersten Dynastie. Die Ägypter machten daraus Schüsseln, Ringe, Amulette, Gewichte für Fischernetze und Farbstoffe für Augen-Make-up. Auch andere Völker des östlichen Mittelmeers bauten Blei ab; die Tributliste des Pharao Thutmosis III. (etwa 1500 v. Chr.) beweist, daß seine Heere Blei als Beute aus Mesopotamien mit nach Hause brachten. Es fand in Küche und Schiffbau Verwendung und konnte wegen seiner Weichheit entweder als Schreibstift oder Schreibtafel benutzt werden. Viele solcher antiken Tafeln sind erhalten geblieben, ›Fluchtafeln‹ ganz besonders: Man schmuggelte sie in das Grab eines Feindes, um die Niedertracht von Dämonen und bösen Geistern über ihn kommen zu lassen.

Im alten Indien mußte Blei für Amulette und Kettfadengewichte herhalten; in China und im vorkolumbianischen Mexiko wußte man es ebenfalls zu gebrauchen. Im Alten Testament ist von Blei die Rede. In großen Mengen fiel es erstmals als Nebenprodukt des Kupellierens an, also beim Scheiden des Silbers aus oftmals stark bleihaltigem Erz. Dieses Verfahren wurde wahrscheinlich vor gut viereinhalbtausend Jahren an der Küste des Schwarzen Meeres entwickelt; von dort aus trat es seinen Siegeszug an. Vom Kupellieren ist bei Jeremia die Rede, und Athen verdankt seinen Silberreichtum diesem Verfahren, dem die Erze der berühmten Minen Laurions* unterzogen wurden.

Mit Verbesserung der griechisch-römischen Technologie wurde immer mehr Blei benötigt: zur Stabilisierung

* Heute Lavrion, kleine Hafenstadt an der Südostküste Afrikas; dort werden statt des Silbers (Vorkommen erschöpft) seit 1865 Blei, Zink und Mangan abgebaut. A. d. Ü.

und Isolierung von Mauerwerk; für Faßreifen und -bänder (heute aus Bandstahl); für Anker, Sturmböcke und Schleudergeschosse; für Münzen und Haushaltsgerät; für Wasser- und Ölgefäße. Blei schützte den Schiffsboden vor Holzwurmbefall; ein etwa 150 v. Chr. gebauter, jüngst geborgener griechischer Weinfrachter trug zweihundert Tonnen gegossener Bleiauskleidung. Wasserspeicher, Aquädukte und Wasserleitungen von Rom bis ins Rhonetal waren mit Blei ausgeschlagen. Das Metall wurde auch zu Rohren und Gewichten vergossen; ›plumbum‹, das lateinische Wort für Blei, findet sich noch heute in Plombe, plombieren, verplomben im allgemeinen Sprachgebrauch*. Die römischen Ringer legten die Lederriemen, die sie um Fäuste und Arme wanden, mit Bleiplättchen aus. In Rom und Athen benutzten die Frauen weißes Bleioxid als Kosmetikum. Mit Zinnober, dem roten Bleioxid, wurde Wein gefärbt und aromatisiert, um danach in Bleifässern gelagert zu werden.

Kein Wunder, daß Bleivergiftung schon in den frühesten Annalen der Medizin auftaucht. Hippokrates berichtet, daß Bergleute an Blässe, Unterleibsspannungen und Milzvergrößerung litten. Wurde ein Sträfling in die Minen geschickt, kam es einem Todesurteil gleich. Vom Dichter und Arzt Nicander stammt eine detaillierte Beschreibung der Bleivergiftung – aus dem zweiten vorchristlichen Jahrhundert. Plinius erwähnt verheerende Folgen von Blei, Quecksilber und Schwefel; die Bleivergiftung wurde auf bleihaltige Tonglasuren, Nahrungsmittelzusätze und bleierne Lagergefäße zurückgeführt. Wie er sagte, benutzten die Zinnoberraffineure Tierblasen als Schutzmasken – eines der ersten belegten Beispiele für Arbeitsschutzmaßnahmen. Die mit Metallabbau und -verarbeitung verbun-

* Der deutsche Zoll, der es damit wahrhaft reichlich zu tun hat, spricht allerdings von ›Blei‹ und ›verbleien‹. A. d. Ü.

denen Gefahren waren offenbar allgemein bekannt; bei Martial, Juvenal und Lucretius läßt sich darüber nachlesen. In einer ersten großen Abhandlung über das Bauwesen warnte Vitruvius: In Bleirohren transportiertes Wasser sei weniger gesund als durch Tonröhren geleitetes, ›denn Blei hat sich als schädlich erwiesen... Dies läßt sich an Bleirohrlegern nachweisen, denn bei ihnen ist die natürliche Hautfarbe einer tiefen Blässe gewichen.‹ Der Kaiser Augustus verbot bleierne Trinkwasserleitungen, aber sein Dekret wurde, wie so viele andere Versuche im Zuge der Geschichte, die auf Reduzierung der Bleiaufnahme abzielten, wahrscheinlich nur vereinzelt befolgt.

Die Bleiproduktion brach mit der römischen Zivilisation zusammen. Um das zehnte Jahrhundert herum tauchen dann wieder Berichte über Bleiabbau im östlichen Deutschland auf. Als Landwirtschaft und Naturaltausch von Industrie, Handel und Geldwirtschaft abgelöst wurden, schnellte der Metallbedarf sprunghaft in die Höhe. Blei behielt seine alten Verwendungsbereiche, aber neue kamen hinzu: angefangen bei Flintenkugeln bis hin zu beweglichen Lettern. Mit dem Übergang zum Untertagebau weitete sich die Eisen-, Gold-, Silber- und Bleiproduktion zu wichtigen Industriezweigen aus, und die Menschen lernten die Auswirkungen der Metalle wieder einmal fürchten. Um 1470 schrieb Ulrich Ellenbog, ein Augsburger Arzt, eine Abhandlung über die Krankheiten der Gold-, Quecksilber- und Bleiarbeiter, die zunächst nur in Manuskriptform kursierte, kurz nach 1520 aber gedruckt wurde. Die erste Arbeit, die sich ausschließlich den typischen Erkrankungen der Bergleute, Schmelzer und Metallarbeiter widmete, war ›Über die Bergmannskrankheit (d. h. Silikose) und andere Erkrankungen der Bergleute‹; der Autor war der berühmte Theophrastus Bombastus von Hohenheim, der sich den Namen Paracelsus zugelegt hatte. Dieser 1493 in Einsiedeln/Schweiz geborene Arzt,

Chemiker, Alchimist und Okkultismusexperte, wurde wegen seines Jähzorns und seiner neumodischen Vorstellungen von einer Universität nach der anderen verwiesen. In seiner der Zeit weit vorauseilenden wissenschaftlichen Ein-Mann-Revolution wies er die Humoraltheorie weit von sich und stellte klinische Beobachtung des Patienten und krankheitsspezifische Heilmittel in den Vordergrund. Leider schrieb er Opium, Quecksilber und Blei auch therapeutische Eigenschaften zu.*

Während des sechzehnten Jahrhunderts kamen noch weitere Werke über Bergbau und damit verbundene Ge-

---

*Hier scheint einiges unrichtig zu sein. Paracelsus – der Name soll wohl bedeuten: dem Celsus, einem berühmten römischen Arzt des 1. nachchr. Jh., überlegen – begann seine Ausbildung als fahrender Scholar; er soll u.a. in Basel, Tübingen, Wien, Wittenberg, Leipzig, Heidelberg und Köln studiert haben, ohne indes mit seinen Lehrern zufrieden gewesen zu sein. (Er schrieb später, es habe ihn gewundert, ›wie die großen Kollegen es fertigbrachten, so viele große Schwachköpfe zu produzieren‹.) Neben seinen medizinischen Vorlesungen und Schriften verfaßte er noch über 200 theologische und philosophische Werke – wie Luther, mit dem er seiner radikalen Art wegen verglichen wurde, überwiegend auf deutsch. Das vom Autor der Schrift zugewiesene Entstehungsdatum – 1567 – kann nicht zutreffen, da P. bereits 1541 in Salzburg starb, wohin er sich über Colmar/Oberelsaß geflüchtet hatte, nachdem ihm als lehrbefugtem Stadtarzt von Basel wegen Streitigkeiten mit der dortigen med. Fakultät Verhaftung drohte. Sein Buch ›Die große Wundartzney‹ erschien 1536. Trotz seiner aus heutiger Sicht hervorragenden Verdienste war er seinen Zeitgenossen zutiefst verhaßt. Nicht zuletzt deswegen, weil er unter dem Gejohle seiner Studenten die Bücher mit den geheiligten Lehrmeinungen eines Avicenna und Galen vor der Basler Universität nach bester Luther-Art öffentlich verbrannte. Auch sein unstetes Leben hat ihm wohl viele Feinde verschafft: er war nach seiner Promotion – 1516 in Ferrara – über zehn Jahre unterwegs; er erwanderte praktisch ganz Europa, war in England, Irland, Schottland, in Rußland Gefangener der Tataren, floh nach Litauen, von dort aus nach Ungarn; 1521 war er irgendwo in Italien Feldchirurg, bis es ihn nach Ägypten, Arabien, Palästina und schließlich Konstantinopel verschlug. Ob er überhaupt promoviert worden war, ist unbekannt; er behauptete.es zwar stets, aber aus den Akten der Universität Ferrara für das Jahr 1516 geht derlei nicht hervor. Interessant ist jedoch, daß er im Jahre 1530 den Nürnberger Stadtrat schwer verärgerte, weil er in der bis dato besten klinischen Beschreibung der Syphilis behauptete, die Krankheit ließe sich durch homöopathische Dosen von Quecksilberverbindungen kurieren – ein Gedanke, der dem im vorigen Kapitel erwähnten Medikament Salvarsan Jahrhunderte später erst wieder zugrunde gelegt wurde. Und Opiate sind in ihrer schmerzlindernden Wirkung unübertroffen, wenngleich ihre Anwendung wegen rasch zunehmender Toleranz und Suchtgefahr etc. problematisch ist. P. führte das dem Leser im Kapitel über Poe vorgestellte Laudanum ein. Im übrigen gilt P. auch als einer der ersten, die sich der Psyche ihrer Patienten annahmen. A. d. Ü.

fahren heraus; man begann sich auch um die Gesundheit von Soldaten, Seefahrern, Salinenarbeitern und Gelehrten Gedanken zu machen. Dennoch: erst etwa 1700 begriff man die Berufskrankheiten als ein medizinisches Spezialgebiet, als Bernardino Ramazzini, ein Arzt aus Modena, sich medizinischen Ruhm erwarb, weil er, wie so viele andere auch, innehielt, um das Gewohnte in Frage zu stellen. In seinem Falle war das Gewohnte das Säubern der Kloaken. Den goldenen, übelriechenden Augenblick beschrieb Ramazzini wie folgt (ich fasse zusammen):

»In diesem Augenblick lade ich die Doktoren ein, aus dem zimtduftenden Apothekerladen hervorzukommen und sich zu den Latrinen zu begeben. In dieser Stadt pflegt man die Kloaken eines jeden Hauses alle drei Jahre einmal zu reinigen. Als man in meinem Hause dabei war, beobachtete ich den Arbeiter und stellte fest, daß er sehr bange wirkte und sich nach Kräften abmühte. Er tat mir wegen der Dreckarbeit leid, und ich fragte ihn, weswegen er sich so ins Zeug lege und die Arbeit nicht sachter angehen lasse, um Überanstrengung zu vermeiden. Der arme Kerl blickte auf, starrte mich aus der Grube heraus an und sagte: ›Wer so etwas nicht selbst mitgemacht hat, kann sich nicht vorstellen, was es kostet, mehr als vier Stunden an solch einem Ort zu arbeiten; es ist dasselbe, als ob man blind würde.‹«

Ramazzini untersuchte die Augen des Mannes und stellte fest, daß sie stark blutunterlaufen waren. Ob die Kloakenreiniger ein Mittel dagegen wüßten? Er mußte sich sagen lassen, daß man sich nur im Dunkeln einschließen und die Augen in lauwarmem Wasser baden könne, um die Schmerzen ein wenig zu lindern. ›Danach‹, schrieb Ramazzini, ›sah ich etliche halb- oder stockblinde Arbeiter dieses Standes in der Stadt um Almosen betteln... Ich neige zu der Annahme, daß in diesem Loch irgendeine flüchtige Säure aufsteigt, wenn der Dreck aufgerührt wird.‹

Die meisten hätten sich damit zufriedengegeben, aber für Ramazzini war seine Beobachtung erst der Anfang. Er war nicht nur charmant, ließ nicht nur Anteilnahme und menschliches Interesse des wahren Heilkundigen erkennen, er war auch ein praktisch veranlagter Bürger, der wußte, wie wichtig Gesundheit für Wohlbefinden und Wohlergehen in einem Gemeinwesen ist. Dazu besaß er die unstillbare Neugier und Unduldsamkeit des wissenschaftlich denkenden Neuerers gegenüber zusammenhanglos erscheinenden Fakten.

Jahrelang durchstreifte er inspizierend, überlegend und fragend die Werkstätten der verschiedensten Berufe Modenas. Im Jahre 1700 erschien dann seine ›Abhandlung über die Krankheiten der Gewerbetreibenden‹, worin er die typischen Leiden von zweiundvierzig Berufsgruppen – darunter Vergolder, Maler, Töpfer, Sänger, Hebammen und viele andere – beschrieb. Eine erweiterte Auflage aus dem Jahre 1713 enthielt dann noch ein Dutzend weitere Kapitel über Drucker, Weber, Brunnengräber und Gelehrte.

Das erste Kapitel dieses die Arbeitsmedizin begründenden Klassikers befaßte sich mit den Bergleuten, und Ramazzini konnte die zerstörerische Wirkung des Bleis isolieren als Ursache von ›Dyspnoe, Phthisis, Apoplexie, Paralyse, Kachexie, geschwollene Füße, eiternde Zahngeschwüre, Gelenkschmerzen und Tremor‹. Das Blei lastet schwer auf einem Großteil seiner Ausführungen. In dem Kapitel über die Töpfer schreibt Ramazzini, daß er auf der Suche nach der Ursache ihres bekanntermaßen schlechten Gesundheitszustandes ihre Werkstätten immer wieder aufs neue aufgesucht habe. Schließlich entdeckte er Blei in der Glasurmasse. Die Symptome der Bleigrubenarbeiter und Töpfer tauchen in dem Kapitel über die Maler ebenso wieder auf wie Melancholie saturnine.* Hier waren dann Blei- und Quecksilberfarbkörperchen die Ursache.

Mehr hoffend als überzeugt empfahl er einige wenige herkömmliche Abhilfemaßnahmen weiter. Gefährdete Handwerker sollten ihren Beruf aufgeben; tatsächlich aber waren die meisten wegen Armut oder aus Mangel an anderen Möglichkeiten an ihren Beruf gefesselt. Wenn sie Hilfe suchten, war es für die meisten zeitlich oder medizinisch gesehen bereits zu spät. Die Töpfer gingen erst dann zum Arzt, wenn ›ihre Füße und Hände total gelähmt und ihre inneren Organe sehr derb geworden waren; und dazu sind sie noch in weiterer Hinsicht behindert, ich meine, daß sie alle sehr arm sind‹. Damals wie heute gab es also zweitklassige Medizin für zweitklassige Mitbürger. Abschließend mußte Ramazzini dann noch Hippokrates zitieren: ›Wir müssen die unheilbaren Leiden erforschen, damit sie den Patienten so wenig wie möglich schaden.‹

Ein klein wenig versprach man sich von Vorsorgemaßnahmen. Die Minen sollten belüftet werden, die Arbeiter bekamen Schutzhandschuhe und Beinlinge. Manche Arsenarbeiter trugen Glasmasken; die Zinnoberschleifer sollten es den von Plinius beschriebenen Arbeitern gleichtun und sich Tierblasen vors Gesicht binden, um den giftigen Staub nicht einatmen zu müssen.

All dies brachte kaum wirksame Abhilfe. Ramazzinis Geschenk für die Medizin waren nicht neue Wunderthe-

---

* Ramazzini räumte ein, der Maler ›ans Haus gebundene Lebensweise und ihr melancholisches Temperament mag auch eine Teilschuld haben, denn sie sind vom Umgang mit anderen Menschen fast vollständig ausgeschlossen und von den Schöpfungen ihrer Phantasie fortwährend in Anspruch genommen‹. Ramazzinis letzte Äußerung war typisch pragmatisch. Als Beispiel für durch Blei verursachte Geistesverwirrung nannte er Correggio, der ›so melancholisch, um nicht zu sagen dumm gewesen sein soll, daß er um seinen künstlerischen Rang und den Wert seiner Bilder so wenig wußte, daß er seine wohlverdienten Honorare den Auftraggebern zurückerstattete ...‹

rapien, sondern eine neue Konzeption. Hippokrates, sagte er, habe aufgezählt, was ein Arzt beim ersten Krankenbesuch in Erfahrung bringen solle: welcher Art seine Schmerzen sind, wodurch sie verursacht seien, seit wann er krank sei, was er esse und wie es um seine Verdauung stehe. ›Ich möchte es riskieren‹, sagte Ramazzini, ›noch eine weitere Frage anzuhängen: Welcher Beschäftigung geht er nach?‹

In den ersten hundert Jahren nach dem Erscheinen seines Buches kam weder die Arbeitsmedizin nennenswert voran, noch stellten sich weiterführende Erkenntnisse über die Bleivergiftung ein. Die Krankheit blühte im Verborgenen und wurde erst in den letzten Jahren wiederentdeckt. Bis dahin aber stießen die Ärzte immer wieder zufällig auf die Gefahren mangelhaft glasierter Töpferwaren und entdeckten, daß saure Substanzen das Blei in Glasuren oder Legierungen aktivierten. Bleihaltiges Zinngeschirr verursachte in den amerikanischen Kolonien Großbritanniens so manche Bleikolik*. Die Massachusetts Bay Colony verbot 1723 jegliche Bleizusätze bei der Branntweindestillation, um ›trockenem‹ Leibreißen, also von Verstopfung begleiteter Bleikolik, vorzubeugen. Dies war die erste Gewerbehygiene-Gesetzgebung in den amerikanischen Kolonien. James Lind, der auch entdeckt hatte, daß man durch Genuß von Zitrusfrüchten dem Skorbut vorbeugen konnte, warnte dreißig Jahre später davor, sauren Fruchtsaft in irdenen Gefäßen aufzubewahren. Im Jahre 1767 dann führte Sir George Baker die in Devonshire endemischen Koliken darauf zurück, daß dort der Apfelwein in bleiausgeschlagenen Trögen gelagert wurde; gleichzeitig sprach er davon, daß in der Vergangenheit in

* Bleihaltige Zinnlegierungen gibt es auch heute noch; man benötigt sie zum Guß von Lagerschalen (Bleianteil 10 oder 18 Prozent). Hartzinn für Eß- und Trinkgefäße besteht aus 2% Kupfer, 91% Zinn und 7% Antimon. A. d. Ü.

Europa ähnliche Endemien aufgetreten seien. Ben Franklin stellte fest, daß Angehörige vieler Berufe, darunter auch seine Drucker-Kollegen, für Bleivergiftung anfällig waren.

Zweihundert Jahre nach seiner Zeit traten immer noch ähnliche Fälle auf. Wissenschaftler der McGill-Universität berichteten 1970, daß die Bleivergiftung zweier Kinder daher rührte, daß die Mutter ihnen ihren Apfelsaft immer aus einem Keramikkrug eingeschenkt hatte; ein Arzt hatte Bleivergiftung bekommen, weil er seine Cola immer aus einem von seinem Sohn glasierten Becher getrunken hatte. Die McGill-Wissenschaftler testeten fast 170 Eß- und Trinkgefäße aus Keramik und andere gängige glasierte Gegenstände; aus fast der Hälfte ließ sich eine Unmenge Blei herauslösen. In den Vereinigten Staaten wurden 1977 Hunderte Millionen von Trinkgläsern mit bleihaltigen Dekors hergestellt; Millionen davon mußten daher aus dem Markt genommen werden. Die erwähnten schnapsbrennenden Kolonisten haben auch im zwanzigsten Jahrhundert noch Nachahmer. Viele Schwarzbrenner kondensieren die Alkoholdämpfe in alten Autokühlern, und manche von ihnen halten es wie die Brauer des Altertums und des Mittelalters und setzen ihrem Gebräu zwecks Geschmacksverbesserung noch Blei – heute in Form von Akkumulatorenplatten – zu. Bleigicht und jene Bleienzephalopathie, an der Goya litt, ließen sich oftmals auf den Genuß von bleiversetztem Mondscheinwhisky zurückführen.

Solche Fälle sind leider nur der geringste Teil des Tributs, den die Bleivergiftung seit Beginn der Industriellen Revolution gefordert hat. Die fürchterlichen Bergwerke, Fabriken und Elendsviertel des neunzehnten Jahrhunderts brachten Armut und Lohnknechtschaft für Millionen. Elend und Krankheit dieser neuen Ära verlangten Abhilfe, und diese kam in Gestalt von Arbeitsrechtsetzung, öffentlicher Gesundheitspflege und Arbeitshygiene. Gleichzeitig brachten Fortschritte auf dem Gebiet der Medizin und Chemie die Erforschung der Berufskrankheiten beschleunigt voran. Bleikoliken, Tremor und Tod waren häufig genug, um größtes Interesse zu wecken.

Tanquerel des Planches beschrieb 1839 die Bleienzephalopathie und erkannte die durch Bleieinlagerung bedingten bläulichen Zahnfleischverfärbungen als verräterisches Indiz einer Bleivergiftung. Um die Mitte des vorigen Jahrhunderts war der Ärzteschaft bereits bekannt, daß Blei zu Fehl- und Totgeburten führen konnte; viele Frauen wußten dies indes auch, sie nahmen daher Blei, um abzutreiben – die Folge war oft eine akute Bleivergiftung. Um 1880 etwa hatte man sich von Bleivergiftung schon ein medizinisch eindeutiges Bild machen können; englische, deutsche und amerikanische Forscher machten sich nun an den Nachweis, wie Blei auf den Organismus einwirkt: Durch Schädigung der roten Blutkörperchen entsteht Anämie; es kann zu – manchmal bleibenden – Nierenschäden kommen; Blei ist im Urin chemisch nachweisbar; es bewirkt eine Degeneration der Nervenzellen, so daß Tremor und Lähmungen auftreten; es durchsetzt die Plazenta und vergiftet den Fötus; Blei verändert die Samenzellen, so daß auch eine Intoxikation des Mannes zu schweren Mißgeburten führen kann. Im Jahre 1926 dann hatten J. C. Aub und seine Kollegen genügend Wissen gesammelt, um das erste bedeutende Buch über Bleivergiftung unter Berücksichtigung medizinischer, chemischer und gewerblicher Kriterien zu schreiben.

Heute sind die schlimmsten Folgen des berufsbedingten Umgangs mit Blei ausgemerzt oder gemildert, und in vielen Alltagsprodukten kommt das Metall nicht mehr vor. Krämpfe, Blindheit und Halluzinationen als Folge einer akuten Bleienzephalopathie lernt der Arzt nur noch selten kennen; die frühen, leichteren Symptome werden öfter festgestellt und behandelt. Letztendlich hielt man Bleivergiftung für eine seltene und gemeinhin weniger bedeutende Krankheit. Abgesehen von einigen wenigen Studien über die komplexen Wirkungen des Bleis auf die Chemie des Organismus und der Zellfunktion erlahmte das Interesse der Forschung. Man hatte zu früh lockergelassen.

Die Krankheit trat in kleinerem Rahmen immer wieder auf. Manchmal lag es an bleiausgeschlagenen Bierfässern, an beim Verbrennen alter Autobatterien eingeatmeten Dämpfen, ein andermal hatte es die gleichen Gründe wie bei den Düsseldorfer Anstreichern; vielleicht kam die Vergiftung auch zustande, wenn Tabakpflanzen mit bleiarsenathaltigen Pestiziden behandelt wurden. Ende der zwanziger Jahre sorgten die Ärzte selbst für eine kurzfristige Wiederkehr der toxischen hämolytischen Anämie, weil intravenöse Bleiinjektionen als Krebstherapie gerade in Mode waren. Man erzählt sich, daß die Glasmacher in der besetzten Tschechei während des Zweiten Weltkrieges den Bleigehalt des für den Export nach Deutschland bestimmten Glases vorsätzlich erhöhten. Im April 1974 geschah etwas Unerwartetes, denn die Ralph Nader unterstellte Health Research Group verlangte von der Regierung, bleiversteifte Kerzendochte zu verbieten. Die Kommission behauptete, der brennende Docht setze gesundheitsgefährdende Bleidämpfe frei.

Aufregung über bleibewehrte Kerzendochte könnte vielleicht darauf hindeuten, daß Saturnismus heute eine exotische Krankheit sei. Aber im selben Monat sorgte ein weiteres Auftreten von Bleivergiftung für einen Eindruck von der furchterregenden neuen Dimension der Krankheit. Die Opfer waren Abbrucharbeiter, die in der Bronx die Schienen der alten Third-Avenue-Straßenbahn herausrissen. Der Fall läßt die Erinnerung an Plinius, Ramazzini und alle anderen wach werden, die im Laufe der

Jahrhunderte darauf verwiesen haben, daß Blei ein Gift ist.

Ein Trupp von zwölf ›Vorschneidern‹ sollte die schweren Eisenstränge grob anbrennen, ehe sie gänzlich durchtrennt und per Kran entfernt würden. Die Schneidbrenner verdampften nicht nur Metall, sondern auch im Verlauf von dreiundachtzig Jahren angesammelte Schichten von Bleifarben. Die Männer trugen Atemschutzgeräte, aber glücklicherweise kam das einigen Ärzten, die von den Abbrucharbeiten gelesen hatten und sich an bei früheren Gleisdemontagen aufgetretene Bleivergiftungen erinnerten, keineswegs beruhigend vor. Eine Gruppe von Arbeitsmedizinern des Environmental Sciences Laboratory des Mount-Sinai-Klinikums und Beamte des städtischen Gesundheitsamtes besichtigten die Baustelle. Sie untersuchten das Blut der Vorschneider auf Blei und fanden keinen Anlaß zur Besorgnis. Bei einer erneuten Blutprobe nach sechs Wochen aber stellten sie einen stark gestiegenen Blutbleispiegel fest; bei einer dritten Blutuntersuchung wurden kurze Zeit später bereits gefährliche Mengen nachgewiesen. Ein paar Männer berichteten von Krämpfen und Verstopfung: Bleikolik. Unter den gegebenen Umständen würden sich viele von ihnen bald schwere, wenn nicht gar tödliche Nieren- und Hirnschäden zugezogen haben.

Die Vorschneider mußten jeden Morgen ins Mount Sinai, um sich Kalzium-EDTA (Äthylen-Diamin-Tetraessigsäure) infundieren zu lassen. EDTA geht mit Blutblei eine stabile chemische Verbindung ein, die von den Nieren herausgefiltert und dann ausgeschieden werden kann.

Das wachsame Beobachterteam konnte auch die Ursachen der Vergiftung ausmachen. Das Atemschutzgerät eines jeden Arbeiters hätte von einer eigenen Pumpe mit Luft versorgt werden müssen, statt dessen aber hatte man jeweils zwei oder drei zusammengeschlossene Arbeiter an eine Pumpe gehängt. Da die Luftversorgung nicht ausreichend war, schlüpfte beim Einatmen Frischluft – und mit ihr giftige Bleidämpfe – unter dem Maskenrand hindurch. Gelegentlich arbeiteten die Vorschneider auch gänzlich ungeschützt. Einer der Arbeiter sagte: ›Manchmal kriegten wir nicht genug Luft; die Masken klebten uns dann so am Gesicht, daß wir sie abnehmen mußten.‹ Der Chef der Abbruchfirma antwortete der ›New York Times‹: ›Wir haben mit demselben Atemschutzgerät ein halbes dutzendmal Straßenbahnkörper demontiert, ohne daß das Problem aufgetreten ist.‹ Er gab aber zu, daß es seinerzeit keine Blutuntersuchungen gegeben hatte.

Just diese alte Farbe, wie sie die Vorschneider erkranken ließ, sorgt dafür, daß Kinder sich massenweise oftmals tödlich verlaufende Bleivergiftungen zuziehen. Die gefährlichen Bleifarben wurden in den Vereinigten Staaten gegen 1940 weitestgehend durch ungiftige auf der Basis von Titandioxid ersetzt; aber viele der heute baufälligen Häuser waren einmal mit bleihaltigen Farben gestrichen worden; und dieser Anstrich ist für Kinder, wenn sie eigenartige Eßgewohnheiten haben, eine ständige Gefahr.

Das lateinische Wort Pica meint Elster, jenen gefräßigen Vogel, der für seinen Appetit auf alles mögliche bekannt ist. Pica nennt man es daher, wenn jemand gewohnheitsmäßig etwas ißt, was gemeinhin für unbekömmlich gehalten wird: Lehm, Wäschestärke, Papier und – sehr häufig – Farbblättchen. Pica, seit dem Altertum bekannt und über die ganze Erde verbreitet, ist dennoch nur unzureichend erforscht. Die kleinen Kinder nehmen im ersten Lebensjahr fast alles in den Mund, ohne es indes unbedingt zu verschlucken. Zwischen zwölf und achtzehn Monaten beginnen dann viele, Ungenießbares zu essen. Im Alter zwischen drei und fünf Jahren läßt diese Angewohnheit nach; eine kleine Minderheit der Kinder bleibt aber weiterhin dabei. Schuld an dieser in die Länge gezogenen Pica ist möglicherweise eine Hirnschädigung – oftmals infolge einer Bleivergiftung.

Vor Jahrzehnten noch hielten die Ärzte Pica für einen Hinweis auf mangelhafte Ernährung; heute aber weiß man, daß Pica-Kinder wohlgenährt sind. Hinzu kommt, daß Pica nicht allein auf Kinder beschränkt ist; sie findet sich auch bei Erwachsenen, besonders aber bei Schwangeren. Die Mutter-Kind-Beziehung mag vielleicht in der Tat ausschlaggebend sein, denn bestimmte Studien haben gezeigt, daß die Hälfte der Mütter aller Pica-Kinder selber Pica hat. Kauen und Essen kann in jedem Alter Besorgnis verraten und verringern; jeder zwanghafte Knabberer weiß das. Eine arme, überarbeitete und mit Verantwortung überladene Mutter könnte Pica an den Tag legen. Das gleiche gilt für ein gestreßtes Kind; manchmal tritt Pica auf, wenn ein Bruder oder eine Schwester ankommt oder wenn die Mutter von Problemen niedergedrückt wird.

Pica kann auch kulturelle Hintergründe haben. In manchen Gegenden des ländlichen Südens wird von den Schwarzen häufig Lehm gegessen. Besorgte, geplagte Mütter geben ihren armen Kleinen den Lehm oder die Wäschestärke, worauf sie selber herumkauen, als Ersatz für Flasche oder Schnuller. Manche Forscher behaupten, daß viele dieser ländlichen Schwarzen Pica mit in die Nordstaaten nehmen, wo sich dann nach mehreren Generationen, hauptsächlich aber wegen zunehmender wirtschaftlicher Sicherheit, die Angewohnheit wieder verliert. Daß viele Leute mit Pica die eine oder andere Substanz vorziehen, deutet sicherlich eher auf kulturelle Einflüsse als auf unkritische orale oder nahrungsmäßige Bedürfnisse hin.

Eine noch jüngere Theorie geht davon aus, daß es sich bei Pica um keine Störung, sondern um eine normale

Entwicklungsphase handele. Pica wurde bei bis zu fünfzig Prozent aller Kinder beobachtet; das gilt für die Kinder des Mittelstandes ebenso wie für die der Slumbewohner oder der armen Landbevölkerung. Die Zeit ist noch nicht reif, um Pica verbindlich als normal oder als eine tradierte, der Sorge entsprungene Verhaltensweise hinzustellen. Gleichviel: muß ein Pica-Kind in einem abbruchreifen alten Hause leben, wo die Farbe von den Wänden blättert, dann ist mit den übelsten Verheerungen einer Bleivergiftung zu rechnen.

Pica und Bleivergiftung wurden schon vor mehr als fünfzig Jahren in ursächlichem Zusammenhang gesehen, aber erst in den letzten Jahrzehnten hat man das Problem als eine tödliche Endemie erkannt. Anfang der fünfziger Jahre wurden in den meisten größeren Städten jährlich nur einige wenige Fälle von Saturnismus erwähnt. Langsam aber drang das Problem stärker ins Bewußtsein, nahm die Beunruhigung so zu, daß eine Stadt nach der anderen Röntgenreihenuntersuchungen – insbesondere der Slumbewohner – vornahm. Hunderte, Tausende von Fällen wurden evident. 1968 wurde in New York (Stadt) von gut siebenhundert Fällen berichtet; 1970 waren es dann schon fast zweieinhalbtausend. Anhand von Urin-, Stuhl- und Blutuntersuchungen stellte man daraufhin bundesweit in allen Groß- und Mittelstädten Erhebungen an. In den alten Stadtvierteln von Chicago, Baltimore, New Haven, Norfolk und Washington waren die Ergebnisse ähnlich traurig: Wie die Laboranalysen zeigten, hatten gut fünf bis zehn Prozent der Kinder einen hohen Bleispiegel, während ein bis zwei Prozent an unerkannter Bleivergiftung litten. In den schlimmsten Elendsvierteln nahmen schätzungsweise zehn bis fünfundzwanzig Prozent der dort lebenden Kinder zuviel Blei in sich auf, wobei zwei bis fünf Prozent behandlungsbedürftig waren. Als Ende der siebziger Jahre eine halbe Million Kinder aus sechzig Städten untersucht wurden, zeigten etwa fünf Prozent einen hohen Bleispiegel. Blei war nicht nur ein Problem der Armen; es betraf in zunehmendem Maße auch die Kinder der Wohlhabenden, sofern sie in sanierten Altstadt-Wohnungen lebten.

Rechnet man diese Zahlen auf Bundesebene hoch, so zeigt sich, daß Bleivergiftung weitaus stärker als jede der gefürchtetsten Infektionskrankheiten Leben und Gesundheit der amerikanischen Kinder bedrohen könnte. Dies überrascht keineswegs, wenn man bedenkt, wie stark sich das Blei in einer mehrfach nachgestrichenen Wand, Veranda oder Rohrleitung verdichtet hat. Ein daumennagelgroßes Farbplättchen kann bis zu hundert Milligramm Blei enthalten. Der Körper eines Erwachsenen kann täglich nur ein halbes Milligramm Blei ausscheiden, der Rest wird eingelagert. Ein dicker, alter Farbbrocken kann daher also das Hundert- bis Zweihundertfache der Bleimenge enthalten, die der Erwachsene ›gefahrlos‹ aufnehmen kann. Ein paar solcher Brocken täglich führen dem Körper mehr Blei zu, als ein Staub oder Dämpfen schwer ausgesetzter Industriearbeiter aufnimmt. Das kindliche Verdauungssystem resorbiert vielleicht einen höheren Prozentsatz als der Erwachsene. Und Kinder sind für die verheerenden Folgen der Bleiaufnahme weitaus anfälliger als der ältere Mensch; dies gilt ganz besonders im Hinblick auf deren noch nicht voll entfaltetes Nervensystem.

Angesichts eines schreienden zwanzig Monate alten Kindes werden Eltern und Arzt aufgrund von fehlenden eindeutigen Symptomen über Bleivergiftung hinweggetäuscht. Zu welchen Schlüssen verleiten Erschöpfung, Appetitmangel, Verstopfung, Erbrechen, Erregbarkeit, Kopf- und Bauchschmerzen und Anämie unterschiedlichen Grades und Kombinationen dieser Erscheinungen? Während man noch unzählige mögliche Ursachen des Unwohlseins überdenkt, können sich schon Stupor, Koma und Krämpfe einstellen; letzteres könnte auf Meningitis oder Gehirntumor hindeuten. Alles hängt davon ab, ob sich Eltern und Arzt bewußt sind, daß eine mögliche Bleivergiftung in Betracht gezogen werden muß. Bleivergiftete Kinder lassen sich wie Erwachsene mit Chelatbildnern behandeln. Chelate sind ganz bestimmte innermolekulare, teilweise auch lösliche Komplexverbindungen, in denen Metalle, oftmals sehr fest, gebunden sind. Mit Kalzium-EDTA kann man dem Organismus zwar das Blei größtenteils entziehen, aber die in Nieren oder Gehirn bereits angerichteten Schäden lassen sich damit nicht wiedergutmachen.

Selbst vor zehn Jahren glaubten noch manche Optimisten, daß in den Vereinigten Staaten jährlich nur etwa zweihundert Kinder an Bleivergiftung sterben würden – eine Zahl, die die Krankheit aus medizinischer Sicht exotisch erscheinen ließ. Die Zahl war aber wohl nur deswegen so niedrig, weil viele Fälle unentdeckt blieben, während andere fehldiagnostiziert wurden. Bei einigen jüngst behandelten Gruppen von schwer betroffenen Kindern betrug die Sterblichkeitsrate zwar nur fünf Prozent, aber die Nachwirkungen der Enzephalopathie machten ein bis drei Viertel der Überlebenden zu Kretins. Wer erneut Blei ausgesetzt wird, trägt fast unweigerlich bleibende Schäden davon. Wenigstens sechshunderttausend Kinder erleiden jährlich eine mehr oder weniger schwere Bleivergiftung, und wir sollten nicht nur auf jene achten, bei denen Tremor, Blindheit, Epilepsie oder schwere geistige Retardierung nachbleiben. Weitaus mehr leiden auf früher unentdeckte Weise.

Als man Bleivergiftung als Seuche erkannte, konzentrierte sich die Forschung auf die lautlose Epidemie in Gestalt schwer erkennbarer Lerndefizite und abnormen Verhaltens. Diese schleichende Krankheit ist deswegen so furchterregend, weil sich bei vielen Kindern, die daran leiden, bei einer Blutuntersuchung zwar ein hoher Bleispiegel nachweisen läßt, die Symptome einer Bleivergiftung aber zu keiner Zeit erkennbar werden. Bei zahlreichen Kindern, die als retardiert, geistig schwerfällig oder hyperaktiv bezeichnet werden, ist trotz Fehlens aller Symptome ein erhöhter Bleispiegel gegeben. Eine in New Haven vorgenommene Untersuchung symptomfreier bleibelasteter Kinder offenbarte gestörte Feinmotorik und Sprachschwierigkeiten. Die Ärzte Julian Chisholm jr. und Eugene Kaplan stellten fest, daß selbst bei bleibelasteten Kindern mit guten Schulnoten und hohen Intelligenzquotienten teilweise leichte Störungen der optischen Wahrnehmung vorlagen; die Betreffenden neigten dazu, eine Zeichnung nicht als Ganzes zu sehen, sondern als eine gewisse Anzahl von Elementen aufzufassen. Bei diesen Kindern kann man auch das beobachten, was Chisholm und Kaplan ›Perseveration‹ nennen:

›Bringt man dem Kind zum Beispiel bei, daß $5 \times 5 = 25$, und fragt es dann nach dem Produkt von 3×4, sagt das Kind 25... Sobald es eine richtige Antwort gelernt hat, wird diese auch dann wiederholt, wenn sich die Fragestellung geändert hat. Der ahnungslose Lehrer (oder die Mutter) denkt vielleicht, ein solches Kind sei frech und unverschämt, und bestraft es; die bei solchen Kindern oft vorliegenden Verhaltensprobleme werden dadurch nur verschlimmert... viele bleibelastete Kinder entwickeln feindselige, aggressive und destruktive Verhaltensmuster.‹

Ein Hirnschaden ist zwar die drastischste Folge einer Bleivergiftung, aber keineswegs die einzige. Um 1920 stellte man in Australien fest, daß Nierenerkrankungen die Folge einer weitverbreiteten Bleivergiftung waren. Ursache: Man hatte das auf die mit bleihaltigen Farben gestrichenen Dächer niederregnende Wasser aufgefangen und getrunken. In einer Folgestudie machte man dann 1954 dreihundertfünfzig Erwachsene ausfindig, die sich fünfzehn bis vierzig Jahre zuvor eine Bleivergiftung zugezogen hatten. Die Hälfte der Personen war allerdings bereits verstorben, knapp hundert von ihnen waren einer Nierenerkrankung erlegen. Eine zehn Jahre später angestellte amerikanische Untersuchung brachte weniger dramatische Ergebnisse, aber auch hier hatte es den Anschein, daß eine in jungen Jahren zugezogene Bleivergiftung bleibende oder gar progressive Nierenschäden hervorrufen kann.

Die Forschung versucht sich über die Rolle des Bleis im lebenden Organismus weiterhin Klarheit zu verschaffen; es hat den Anschein, daß die Zusammenhänge komplizierter als zunächst angenommen sind. Das nicht ausscheidbare Blei muß sich einen Lagerplatz suchen, es strebt daher in die Knochen. Neunzig Prozent der im Körper gespeicherten Bleimenge sind gemeinhin im Knochengerüst eingelagert; Kalzium wird vom Blei verdrängt. Dort in den Knochen sammelt sich das Blei, bis eine individuell verschieden hohe Schwelle erreicht ist. Kommt dann noch eine winzige Menge Blei hinzu oder tritt irgend etwas Traumatisches ein – ein Knochenbruch, Fieber, biochemische Umstellungen oder Veränderungen im Organismus –, dann können die Knochen das Blei plötzlich in den Blutkreislauf schütten. Deshalb kann sich in manchen Fällen das Blei also in tödlicher Menge im Organismus angesammelt haben, ohne daß irgendwelche Symptome erkennbar werden – und mit einem Male kommt es zu einer akuten Vergiftung.

Ein Teil dieses zirkulierenden Bleis gelangt in die roten Blutkörperchen und beeinträchtigt die Hämoglobinsynthese; die Folge ist Anämie. Das restliche Blei hält sich an bestimmtes Weichgewebe: die Haare, wo es nicht schadet; die Leber, die bei geringen Mengen funktionstüchtig bleibt; die Nieren, die mehr oder weniger schwer geschädigt werden; das Gehirn und die peripheren Nerven; die

Schilddrüse, wo die Jodaufnahme verlangsamt wird; die Aorta, die sich pathologisch verändert; andere Blutgefäße und das Herz. Und, wie schon erwähnt, das Blei kann einen Fötus deformieren oder abtöten, indem es die Samenzellen schädigt oder über die Plazenta ins Gewebe des Embryos gelangt. Es kann gar mit der Muttermilch in den Organismus fließen.

Vielerlei Umstände und Substanzen können die Bleiempfindlichkeit steigern oder die Schadwirkung des Metalls auslösen oder erhöhen. Manch einer hat eine ererbte Empfindlichkeit. Alkoholismus, Nierenkrankheiten und Anämie erhöhen die Risiken. Zu den physiologischen Auslösern gehört das Sonnenlicht. Pica-Kranke nehmen zwar das ganze Jahr lang Blei auf, aber 85 Prozent der akuten Vergiftungen treten zwischen Anfang Mai und Ende Oktober auf. Wahrscheinlich regt das Sommersonnenlicht die Produktion des Vitamins D an, das seinerseits die Bleiresorption erhöht. Chrommangel ist ein weiterer Auslöser, wenngleich der Körper nur winzigste Mengen benötigt. Chrommangel tritt nicht nur bei Unterernährten, sondern auch bei vielen Übergewichtigen auf; auch bei überwiegender Ernährung von Pökelfleisch und übermäßig veredelten Nahrungsmitteln ist Chrommangel die Folge. Er hat nicht nur seine eigenen charakteristischen Symptome, sondern steigert die schädliche Wirkung des Bleis noch. Wenn an Chrommangel leidende Ratten mit dem Fressen Blei bekommen, dann ziehen sie sich mehr Infektionskrankheiten zu; die Sterblichkeitsrate steigt beträchtlich. Anscheinend unterdrückt die Situation ›zuwenig Chrom bei zuviel Blei‹ die Abwehrkräfte des Körpers. Mangel an Phosphaten, Eisen, Proteinen, Vitamin C und D, Nikotinsäure und etlichen anderen Substanzen wirkt sich auf den Organismus ähnlich aus.

Eine besonders interessante verdächtige Figur in diesem Prozeß ist das Kalzium. Das Blei nimmt desen Platz nicht nur in den Knochen, sondern in der gesamten Umwelt mühelos ein. Selbst Wasser kann unter Umständen nur deshalb ›weich‹ – das heißt also kalziumarm – sein, weil in der Umwelt befindliches Blei den ehemaligen Hartmacher verdrängt hat. Die Folgen sind seit langem bekannt; um die letzte Jahrhundertwende wurde die niedrige Geburtenrate im englischen Dewsbury auf den hohen Bleigehalt des Trinkwassers zurückgeführt. Wenn das Blei wirklich das Kalzium aus dem Wasser vertreibt, dann kann es für Geburt, Leben und Sterben großer Populationen schwerwiegende Folgen haben. Es wäre nur logisch, zu vermuten, daß Blei in der Vergangenheit eine solche Rolle gespielt hat. Eine Theorie behauptet gar, daß Bleivergiftung den Untergang des Imperium Romanum mit verschuldete. Dieser an sich schon, aber wegen seiner Implikationen für die Gegenwart besonders interessante Gedankengang wurde schon 1824 in Druck gegeben, als A. Henderson in einer Geschichte des Weines herausstrich, daß die römischen Speisen und Getränke große Bleimengen enthielten. Um 1880 gingen ein paar deutsche und österreichische Toxikologen der Frage weiter nach. Zunächst einmal fanden sie im alten Schrifttum Hunderte von Belegen. Auf der Suche nach einem materiellen Beweis untersuchten sie die Gebeine etlicher Dutzend alter Römer und stießen dabei auf Blei. Den Nachweis, daß Bleivergiftung in der Antike das Ausmaß einer Seuche hatte, blieben sie allerdings schuldig, denn mit den Methoden der damaligen Chemie ließ sich in Knochen zwar Blei nachweisen, eine genaue mengenmäßige Bestimmung war indes nicht möglich. Die Feststellungen der Toxikologen blieben beinahe vollkommen unbeachtet, bis S.C. Gilfillan, ein kalifornischer Wissenschaftler, ihre Überlegungen um 1960 wieder aufgriff.

In geraffter Form behauptete Gilfillan folgendes: Der Niedergang der römischen Kultur begann im zweiten oder ersten vorchristlichen Jahrhundert zum Teil deswegen, weil die Oberschicht, und mit ihr ein Großteil der gebildeten, kreativen Führerpersönlichkeiten des Reiches, rasch ausstarb – just zur selben Zeit, als die Einführung der griechischen Küche in Hülle und Fülle Bleivergiftung mit sich brachte. Die Griechen selbst hatten einen ähnlichen Niedergang schon ein paar Jahrhunderte früher erlebt. Die weniger wohlhabenden Griechen und Römer konsumierten weitaus weniger Blei, so daß sie von saturnismusbedingter Geburtenrate, erhöhter Kindersterblichkeit und Beeinträchtigung der Verstandeskräfte verschont blieben.

Beim Bau des römischen Wasserleitungssystems wurde viel Blei verarbeitet; die Griechen fingen das Regenwasser auf ihren bleibeschlagenen Dächern auf und lagerten Öl in bleiausgekleideten Gefäßen. In den Speisen und im Wein der Griechen war ebenfalls viel Blei enthalten – auch dies machten ihnen die Römer wie so vieles andere bis zur Übertreibung nach. Der Wein der Römer kam mit Blei auf mindestens vierzehnerlei verschiedene Weise in Berührung. Zum Beispiel erwärmten sie den Wein in bleiernen Gefäßen und süßten ihn mit Traubensirup, der unter vielem Rühren und Kratzen in Bleitöpfen gekocht wurde. Mit demselben bleiträchtigen Sirup konservierten sie auch ihre Lebensmittel. In Bleigefäßen aufgekochter Honig war ein gängiges Abführmittel. Wir haben schon erfahren, daß Vitruvius, Galen und Plinius über die schädlichen Einflüsse des Bleis auf Lebensmittel und Trinkwasser berichteten; griechische Autoren beobachteten auch, daß bestimmte Weine zu Sterilität, Fehlgeburten, Verstopfung und Kopfschmerz führten – samt und sonders Kennzeichen einer Bleivergiftung. Und Blei, wir sagten es bereits, war als Kosmetikum ebenso gängig wie als Werkstoff. Viele Römer der ersten zweihundert Jahre dieser Epoche verbrauchten fast ebensoviel Blei wie die heutigen Amerikaner – pro Kopf und Jahr gut ein Kilo.

Im Gegensatz zu seinen Vorgängern unter den Biohistorikern des Bleis konnte Gilfillan über Methoden verfügen, die es ermöglichten, den Bleigehalt in alten Gebeinen mengenmäßig zu bestimmen. Er analysierte die Knochen von vierzig Griechen und Römern aus der fraglichen Epoche; wie vorausgesehen, war der Bleigehalt sehr hoch. Er befaßte sich auch mit Schätzungen der Geburten- und Sterblichkeitsraten und schloß, daß die römische Oberschicht nach Einführung der bleibelasteten kulinarischen Luxusgüter der Griechen – um das Jahr 150 v. Chr. etwa – innerhalb von sechs Jahrhunderten dramatisch zusammenschmolz.

Gilfillans Theorie läßt viele Zweifel offen. Manche seiner Behauptungen über Bleivergiftung wie über die Geschichte wirken oberflächlich und ließen sich auch anders erklären; manche gar betteln förmlich um Widerspruch. Gilfillan selbst hebt hervor, der Untergang Roms sei Lieblingsthema ›eines jeden blutigen Laien, und jeder von ihnen pflegt diesen Niedergang einem Übelstand zuzuschreiben, den die meisten heutzutage bekämpfen‹. Historiker machen dafür verantwortlich: aufgeblähte Regierungsbürokratie; wirtschaftlichen und Bevölkerungsdruck; Sklaverei; Malaria; Pest; Bodenerschöpfung und aufgrund von Klimaveränderungen aus Zentralasien vordringende Völkerstämme. Eine verbindliche Antwort, das räumt Gilfillan ein, müsse alle diese Umstände berücksichtigen. Aber sein Lieblingsschurke bleibt einem trotz der Schwachstellen seiner Beweisführung im Gedächtnis. Gilfillans Theorie wurde im ›The New England Journal of Medicine‹ von dem Kanadier Dr. Jerome Nriagu im Jahre 1983 erweitert.

Nriagu bewegt sich großenteils auf dem gleichen Gelände wie Gilfillan, pflegt auch dessen moralisierenden Unterton, aber er stellt einen anderen Gesichtspunkt in den Vordergrund – den Zusammenhang zwischen reicher, bleihaltiger Kost und Gicht. Gicht, sagt er, sei bei den überprivilegierten, übersättigten Römern normal gewesen. Kunst und Schrifttum deuten auch darauf hin, daß Gicht unter den wohlhabenden Prassern und Säufern im England des achtzehnten Jahrhunderts praktisch epidemisch war. Auch sie konsumierten wie die Römer große Mengen bleihaltigen Weines; ihre Speisen und Getränke wurden in bleiernen oder bleihaltigen Geschirren aufbewahrt, zubereitet und serviert.

Auch Nriagu fordert wie Gilfillan bisweilen zum Widerspruch heraus. Wenn die Bleigicht unter den Engländern im achtzehnten Jahrhundert so wütete, warum ist dann deren Reich nicht auch zerbröckelt, warum trat nicht die gleiche demographische Katastrophe ein? Zudem haben Paläopathologen überzeugend dargetan, daß Gicht im alten Rom nicht häufig, sondern nur selten war. Wir können Blei also höchstens als einen von vielen möglichen Faktoren gelten lassen, die für den Niedergang von Reichen verantwortlich zeichnen. Vielleicht haben die Theorien von Gilfillan und Nriagu nur deswegen solche Popularität erreicht, weil unsere Umwelt heute so bleidurchsetzt ist, daß manche Forscher schon fürchten, daß das vorklinische Stadium der Bleivergiftung heimlich bereits die ganze Erde bedroht.

In prähistorischen Knochen findet sich praktisch gar kein Blei, und lebensnotwendig war das Metall damals auch nicht. Das Blei gelangte schlicht und einfach erst dann in den menschlichen Organismus, als man damit umzugehen begann. 1838 stellten die französischen Wissenschaftler Devergie und Hervy als erste die lange umstrittene Behauptung in den Raum, daß im menschlichen Körper normalerweise Blei enthalten sei. Für den Menschen des Technologiezeitalters trifft das leider zu. Trotzdem gibt es bis jetzt gegen das Blei noch keinen ebenso lautstarken und öffentlichen Feldzug wie gegen DDT und

Kohlenmonoxid, wenngleich Blei auf lange Sicht viel gefährlicher sein dürfte. DDT und CO zerfallen eines Tages schließlich zu harmlosen Verbindungen, aber Blei, ein relativ inertes Element, wird niemals biologisch abbaubar. Sobald es einmal in die Biosphäre gelangt ist, bleibt es aller Wahrscheinlichkeit nach größtenteils in ihr enthalten und kreist in fortwährendem Zyklus mit Regen, Schnee und Ernte, Mensch und Tier.

Ein dramatisches Beispiel dafür, wie das Blei durch die Natur zum Menschen wandert, konnte man 1974 in der belgischen Stadt Hoboken, südwestlich von Antwerpen, beobachten. Eine in Stadtnähe wohnende Frau gab ihrer zehn Kilometer entfernt wohnenden Schwägerin Heu ab. Deren Kühe fraßen es und verendeten wenige Wochen später. Eine veterinärärztliche Obduktion offenbarte die Ursache: Bleivergiftung. Nachdem der Befund in Hoboken bekannt geworden war, fielen den dortigen Bauern sofort wieder einige sonderbare Vorkommnisse auf eigenem Grund und Boden ein: an einem sonnigen Tage waren unerklärlicherweise die Blätter von den Bäumen gefallen, Geflügel war rätselhafterweise eingegangen, Pferde und Kühe waren auf der Weide plötzlich tot umgefallen. Um die Ursache zu finden, brauchte man keinen Detektiv. Eine Hobokener Fabrik raffinierte jährlich 25000 Tonnen Blei; Schornsteine und Schlackenberge schickten Bleistaub und -dämpfe in die Luft.

Das Gesundheitsamt warnte vor dem Verzehr von in und um Hoboken gezogenem Gemüse. Da sich die Bevölkerung aber weniger um das Gemüse als um die eigenen Kinder sorgte, veranlaßte das belgische Gesundheitsministerium die Untersuchung von fünfzig einheimischen Kindern zwischen fünf und sechs Jahren. Die Ergebnisse wurden weder den Eltern noch den örtlichen Dienststellen zugänglich gemacht.

Die Firma zahlte unverzüglich Schadenersatz für das

verendete Vieh und scheute keine Kosten, das Ausmaß der Umweltverschmutzung zu reduzieren. Interessanterweise ließ der Firmensprecher verlauten, das Gewinnungsverfahren habe sich während des fünfundsiebzigjährigen Bestehens des Unternehmens nicht geändert; der Grad der Verschmutzung war vielleicht auch nicht schlimmer als früher, aber die Bevölkerung war unterrichtet und ängstigte sich mehr. Das Unternehmen arbeitete weiter, ohne daß es zu massiven Protesten gekommen wäre, denn der Betrieb bot 2500 Arbeitsplätze und lieferte Hoboken Steuereinnahmen in Höhe von jährlich gut einer halben Million Mark. Ein ähnlicher Fall kam im Großraum El Paso ans Licht. Einer hundert Jahre alten Hütte wies man nach, bei zehntausend oder mehr Kindern einen erhöhten Bleispiegel verursacht zu haben; Schädigungen der Hirnfunktionen könnten in Hunderten oder Tausenden der Fälle eingetreten sein.

Hierbei handelt es sich um keine vereinzelten Vorfälle. Eine irische Studie bewies, daß fast zwei Prozent des untersuchten Rindviehs und 4,5 Prozent der Kälber an Bleivergiftung litten. An bleiverseuchtem Heu sind nicht nur in Belgien, sondern auch in England und Kalifornien Pferde verendet; in der Umgebung bestimmter Bleihütten lassen sich Pferde überhaupt nicht züchten. In stark bleihaltigen Gegenden kommt es bei trächtigen Schafen oftmals zu Fehlgeburten. Mehrere Forscher haben tatsächlich schon darauf verwiesen, daß Vieh und Haustiere heute durch Blei am meisten gefährdet sind – und über die Nahrungskette gelangt ein Teil des Metalls dann in unseren Organismus.

Austern und Muscheln ziehen Blei in starkem Maße an sich; manche aus den bleiverseuchten Wassern des Atlantiks und vor der Golfküste gefischte Arten können, in großen Mengen verzehrt, zu Bleivergiftung führen. Wildgeflügel enthält auch oft zuviel Blei; schuld daran sind nicht Metallhütten, sondern Schrotkugeln. ›Pump' ihn voll Blei‹ und ›er starb an Bleivergiftung‹ sind keine bloßen Redensarten mehr. Viele Menschen, die nach Schußverletzungen Munitionsteile im Körper zurückbehalten haben, leiden an schwerer, wenn nicht gar tödlicher Bleivergiftung. Bleischrot ist heute die gängigste Ladung aller Vogelflinten; in Amerika werden jährlich mindestens sechstausend Tonnen verschossen. Über manchen Seen am Rande der Vogelfluglinien wurde so viel in die Luft geschossen, daß die Böden der Gewässer mit Bleikugeln bedeckt sind. Da Vögel keine Zähne haben, schlucken sie Kies und kleine Steinchen, zwischen denen die Nahrung im Kropf zermahlen wird; wildes Wassergeflügel schluckt mit dem Kies vom Grunde der Gewässer heute so viel Blei, daß zwei bis drei Prozent (jährlich etwa eine Million Vögel) an Bleivergiftung eingehen – darunter auch Tiere so gefährdeter Arten wie Weißkopfseeadler und Schreikranich. Es sind zweifellos wesentlich mehr Vögel, die gar nicht mehr oder nur erfolglos brüten. Und ein Teil des von den Vögeln aufgenommenen Bleis gelangt direkt oder mittelbar ins Trinkwasser oder über die Nahrungskette in unseren Organismus.

Zur Herstellung von Farben und Konsumgütern wird in den Vereinigten Staaten seit einem halben Jahrhundert immer weniger Blei benötigt, aber die Einschränkung wird durch den Kraftstoffzusatz Bleitetraäthyl (TEL) wieder wettgemacht. TEL sorgt für die Klopffestigkeit des Treibstoffs und wird dann mit den Abgasen ausgestoßen. Die Hälfte des den Stadtbewohner belastenden Bleis kommt aus den Auspuffrohren der Kraftfahrzeuge. Auf dem flachen Land sinkt das Blei auf Vegetation, Erdboden und Gewässer nieder. Gras und Kräuter am Rande einer stark befahrenen Straße können so viel Blei enthalten, daß nichts anderes fressende Kühe verkalben oder gar die deutlichen Anzeichen einer Bleivergiftung zeigen. Über in der Nähe von Landstraßen gezogenes Gemüse kann das Gift auch dem Menschen gefährlich werden. Dr. Henry A. Schroeder, auf dem Gebiet der Auswirkungen von Spurenelementen wohl die weltweit führende Autorität, hat Schneewasser aus einer entsprechenden Umgebung untersucht. Von zwanzig Proben enthielten fünfzehn mehr Blei, als nach den gesetzlichen Vorschriften für Trinkwasser zulässig ist; bei sieben Proben wurde gar der Grenzwert um das Fünffache übertroffen.

Blei als Schwebstoff wird beim Einatmen besonders gefährlich. Wir haben gesehen, daß ein Erwachsener nur zehn Prozent des in den Verdauungskanal gelangten Bleis im Körper behält, daß dieser Anteil aber bei inhaliertem Blei wesentlich höher ist. Die wirkliche Menge hängt von Größe und Löslichkeit der Partikel ab; bei TEL schwanken die Schätzungen zwischen 20 und 50 Prozent und mehr – eine Annahme von zwischen 35 und 45 Prozent dürfte zutreffen. In Gestalt des Tetraäthyls ist Blei besonders verhängnisvoll. Viele Metalle werden als organische (synthetische) Verbindungen giftiger; wird Blei mit Äthylgruppen verbunden, dann kann es wirklich sehr giftig sein, wobei es dann aber weniger in die Knochen als in Gehirn- und Leberzellen wandert. Das Inhalieren von Bleitetraäthyl ist daher wahrscheinlich viel gefährlicher als die orale Aufnahme einer gleich großen Menge einer anorganischen Bleiverbindung.

In den USA wurde dem Kraftstoff TEL erstmalig 1924 beigemischt; die möglichen Gefahren waren bekannt. Von der Gesundheitsbehörde 1925 und 1926 anberaumte Konferenzen kamen zu dem Ergebnis, daß die vorliegenden Beweise ein Verbot des Verfahrens nicht rechtfertigten. Im Laufe der Jahrzehnte wurden einige wenige Vergiftungen, Todes- und schwere psychiatrische Fälle auf TEL zurückgeführt, aber da das Land mit bleiverseuchten Leichen nicht gerade übersät war, legten sich die Befürchtungen offenbar wieder. Von 1940 an gelangte dann mehr TEL in die Atmosphäre, denn auch in anderen Ländern machte man den Kraftstoff damit nun klopffest, während gleichzeitig immer mehr Fahrzeuge in den Verkehr kamen.

1965 wurde das TEL von der Gesundheitsbehörde erneut überprüft, aber man gewann nur wenig neue Erkenntnisse, denn die Regierung hatte Forschungsarbeiten kaum finanziert. Was an neuen Versuchsergebnissen existierte, stammte hauptsächlich von Studien, die von General Motors und Dupont, dem bedeutendsten TEL-Hersteller, finanziert worden waren. Eine 1961/62 in Cincinnati, Philadelphia und Los Angeles angestellte Erhebung brachte keine Hinweise auf durch TEL verursachte Bleivergiftung, so daß die Beimischung der Substanz auch dieses Mal nicht verboten oder limitiert wurde. Die Richtigkeit der Entscheidung wurde aber angezweifelt, und teilweise wurde ausgesprochen scharf kommentiert.

Dr. Harry Heimann von der Harvard School of Public Health deutete den Mangel an Beweisen so: ›Ein bißchen Blei ist gut für einen.‹ Nach einem Gespräch über tolerierbare Bleimengen sagte ein Beamter des Ministeriums für Gesundheit, Erziehung und Soziales pauschal: ›Blei ist nicht tolerierbar.‹ Der bedeutende Bleiforscher Clair C. Patterson, Geochemiker an der Technischen Hochschule Kaliforniens, kritisierte die Gesundheitsbehörde, weil sie die zulässigen Bleigrenzwerte zu hoch angesetzt habe. John C. Esposito, ein über Luftverschmutzung publizierender Verbraucheranwalt, nannte die Untätigkeit der Bundesregierung eine auf von der Industrie finanzierter Forschung beruhende Mohrenwäsche: ›Es ist absurd, wenn mit atmosphärischem Blei beschäftigte Forscher fast ausschließlich nach so schweren Erscheinungen wie akuter Bleivergiftung suchen; das ist ungefähr so, als wenn die Kohlenmonoxid-Forschung nur nach Fällen von Atemstillstand Ausschau hielte.‹

Ruft man sich ein paar von der Tabak- und Arzneimittelindustrie und anderen Interessierten vorgebrachte Forschungsergebnisse ins Gedächtnis, so ist Argwohn durchaus angezeigt. Wenn die Blei-, Erdöl- und Kraftfahrzeugindustrien die Gefahren herunterspielen und auf die Resistenz gegen Blei im Rahmen der regierungsamtlich festgelegten Grenzwerte verweisen, so beruhigt das nicht. Nichtsdestoweniger finanzieren die großen Konzerne oftmals gelehrte und vertrauenswürdige Forscher, und manch einer von ihnen, der keine Bleibedrohung aus der Luft erkannte, ist für seine Arbeiten über die Bleiphysiologie weithin geachtet. Wut und Paranoia bringen einen der Wahrheit aber nicht näher als das von den Unternehmen praktizierte Zurechtbiegen der Tatsachen. Die Gesundheitsgesetzgebung muß auf massiven Beweisen und vernünftiger Interpretation derselben beruhen. Über in der Umwelt befindliches Blei läßt sich sehr viel in Erfahrung bringen, wenn man Luft, Regen und Schnee untersucht und den bleihaltigen Staub, der erstere verdreckt, näher unter die Lupe nimmt.

Seit das TEL verwendet wird, weist der Straßenstaub der amerikanischen Städte einen erhöhten Bleigehalt auf. Bei einer Analyse der 1971 auf wenigen Straßenmetern in Columbus/Ohio gesammelten siebenundzwanzig Schneeproben stellte sich heraus, daß die für Trinkwasser gültige amtliche Grenzbelastung mit Blei in siebzehn Fällen überschritten war. Auch in den Meeren findet sich Blei in zunehmendem Maße, inbesondere vor der Küste von Industrieregionen. Wir wissen, daß das Blei in Wasser und Luft auch die Pflanzenwelt erreicht; schwedische Forscher haben in Moosen* und Jahresringen von Bäumen übermäßige Bleimengen festgestellt – in zeitlicher Übereinstim-

* Die Wachstumsschübe sind beim Moos vertikal kenntlich. A. d. Ü.

mung mit der Verwendung des Metalls in der Industrie und als Kraftstoffbeimischung. Den besten Maßstab für die Bleiverschmutzung findet man wahrscheinlich in den Gletschern der Arktis, denn Blei in flüchtigen Verbindungen gelangt vielfach in die oberen Schichten der Atmosphäre und fällt dann mit dem Schnee wieder aus. Messungen in Polnähe werden nicht durch Fabriken, Wind oder andere besondere Einflüsse verfälscht.

Clair Patterson veröffentlichte 1969 seine Ergebnisse einer Studie; er hatte aus Nordgrönland stammendes Gletschereis auf Blei untersucht. Bis etwa in die Zeit des neunten Jahrhunderts fanden sich im Eis nur wenige Spuren; zwischen zehntem und achtzehntem Jahrhundert verzehnfachte sich die Menge, und 1753, etwa zum Beginn der industriellen Revolution in Europa, war die Bleimenge auf das Fünfundzwanzigfache des normalen Gehalts (der vortechnischen Zeit) gestiegen. In der Periode zwischen 1753 und 1815 verdreifachte sich die Bleimenge noch einmal, verdoppelte sich zwischen 1815 und 1933, und zwischen 1933 und 1965 kam es wieder zu einer Verdreifachung. 1965 hatte der Bleigehalt das mehr als Fünfhundertfache des Normalen erreicht. Der sprunghafteste Anstieg aber erfolgte als Konsequenz der Verwendung von Bleialkylen in den Jahren nach 1940.

Ein ganz unmittelbarer Test, wie Blei in allen seinen Erscheinungsformen in den Organismus gelangt ist, geht von denselben Überlegungen aus, die der Erforschung des antiken Saturnismus zugrunde lagen: Man bestimmt den Bleigehalt der Knochen, wo sich das Metall mit dem Älterwerden ansammelt. Die Knochen eines Polen aus dem dritten Jahrhundert und einer etwa achthundert Jahre alten peruanischen Mumie enthalten nur wenig bzw. gar kein Blei. Europäische Gebeine aus dem elften Jahrhundert enthalten recht viel Blei, das vermutlich von zinnernen oder bleiernen Geschirren herrührt. Ein berühmter Fall von mittelalterlicher Bleivergiftung wurde 1959 bekannt, als in Bamberg die Gebeine Klemens' VII., Papst von 1046 bis 1047, seinem Steinsarg entnommen und umgebettet wurden. In einer seiner Rippen fand sich so viel Blei, daß die Forschung zu dem Schluß kam, er müsse an Bleivergiftung gestorben sein. Im Mittelalter waren wahrscheinlich nur die Bleiarbeiter, die Nachbarn der Hütten und die Reichen dem Blei stark ausgesetzt; Luft und Wasser waren damals weltweit noch nicht bleiverunreinigt. In den fünfziger Jahren aber verglich Henry Schroeder Knochen- und Organgewebeproben, die bei Autopsien entnommen worden waren; die Proben hatte er aus dreißig Städten der verschiedensten Länder, darunter Honolulu und Kairo, zusammengetragen. Bleigehalt war überall feststellbar; bei Proben, die aus industrialisierten Regionen einschließlich der Vereinigten Staaten stammten, war er am höchsten.

Der Bleigehalt in der Biosphäre und in unseren Organismen ist zweifellos gestiegen. Die Frage ist, ob es eine Schwelle gibt, unterhalb welcher das Blei harmlos ist. Oder gibt es eine chronische Bleivergiftung auf niedrigem Niveau ohne offensichtliche Erscheinungen, die das Verhalten und die Lernfähigkeit der Kinder beeinträchtigt, die Krankheitsanfälligkeit erhöht, das Leben verkürzt, zu vermehrter Zahl von Totgeburten führt und von den Eltern auf die Kinder vererbt wird? Viele Autoritäten bezweifeln dies, aber seit mehr als zehn Jahren verlagert sich die Meinung in Richtung ernsthafter Befürchtungen, daß eine solche niedergradige Bleivergiftung langanhaltende Schäden nach sich ziehen könne; die Vorstellung, es gebe eine untere Gefahrenschwelle, wird zunehmend fallengelassen.

Tierexperimente zeigen, daß selbst geringe TEL-Mengen die Reflexe beeinträchtigen können, und viele Wissenschaftler fürchten, daß die Substanz in Gegenden mit hoher Verschmutzung das Nervensystem und das Verhalten von Kindern schädigt und negativ beeinflußt. Dr. Herbert L. Needleman von der Harvard Medical School gibt der Besorgnis der National Academy of Sciences Ausdruck: ›Der hohe Bleigehalt im Blut von Kindern, die in El Paso und Toronto in der Nähe einer Hütte wohnen, und der hohe Bleigehalt in den Zähnen anderer Kinder, die in Philadelphia in der Nachbarschaft einer Farbenfabrik leben, lassen sich aus ortsfesten industriellen Quellen stammenden Schwebstoffen ursächlich zuweisen. Ist Blei aus einem rollenden Auspuffrohr irgendwie anders?‹

Es gibt keinen schlüssigen Beweis, daß wir unmittelbar gefährdet sind; daß wir es nicht sind, ist ebenso unbewiesen. Henry Schroeder sagt: ›Es kommt keine nationale Katastrophe auf uns zu. Es gibt örtlich ernstzunehmende Übelstände, aber das war immer so und wird wohl auch so bleiben. Pro Kopf der Bevölkerung heruntergerechnet, ist heute die Luft- und Wasserverunreinigung geringer als vor hundert Jahren, aber es leben mehr Menschen. Unsere Städte kümmern sich seit 1955 um die Luftreinhaltung...‹ Des weiteren aber sagt er auch, daß mit der Einführung des Bleitetraäthyls ›die am meisten verbreitete Verschmutzung der Umwelt des Menschen mit einem giftigen Element, die es je gegeben hat‹ entstanden sei. Er empfiehlt, am Rande vielbefahrener Straßen gezogenes Gemüse nicht zu essen.

Professor R. A. Kehoe sieht im Blei keine massive generelle Bedrohung; seine Feststellungen gehören zu denen, die 1965 auf der erwähnten Konferenz der Gesundheitsbehörden kritisiert wurden. Patterson aber, der dem Blei im Grönlandeis nachspürte, behauptet, die amerikanische Bevölkerung sei einer ›chronischen Bleiattacke‹ ausgesetzt. Nach seiner Einschätzung könnte sich im Organismus des Städters heute das Hundertfache der ursprünglichen Menge angesammelt haben – womit er in den USA der für klinische Bleivergiftung festgelegten Grenze gefährlich nahekommt. Während die Frage noch diskutiert wird, entscheiden wir über Gesundheitszustand und Zukunft unserer Rasse, indem wir auf die Verschmutzung mit Blei Einfluß nehmen oder nicht. Und das Blei hat als umfassende, ernsthafte Bedrohung der Gesundheit eine überzeugendere Geschichte, als die meisten erwartet hätten.

Das Wechselspiel von Blei und Kalzium und anderen Substanzen innerhalb und außerhalb des Organismus muß noch gründlicher erforscht werden. Auch darüber, wie das Blei in den Knochen plötzlich mobilisiert wird und wie und auf welchen Wegen es aus der Umwelt in den Organismus gelangt, weiß man noch nicht genug. Wir brauchen auch umfassende Röntgenuntersuchungsprogramme und billigere und bessere Methoden, Blutblei nachzuweisen. Auch bessere Unterrichtung der Öffentlichkeit und der im Gesundheitswesen Tätigen tut not. Sofortiges Großreinemachen und Modernisieren ist unerläßlich. In ein paar alten Städten, so auch in Boston, geschieht die Wasserversorgung von Millionen noch immer über Bleirohre. Alte Hausanstriche bleiben bedrohlich; Überstreichen ist als Schutzmaßnahme nicht ausreichend, denn Pica-Kinder kauen bisweilen durch sämtliche Farbschichten bis auf das Holz durch. Gesundheitsgefährdend glasierte Tonwaren stehen noch immer in Gebrauch. Akute Vergiftung tritt bei Hüttenarbeitern, Schrottbrennern, Kfz-Mechanikern, Druckern und in der Nachbarschaft solcher Betriebe immer noch zu häufig auf. Und Bleitetraäthyl wird weiterhin in die Atmosphäre abgegeben.

Die erste landesweite Maßnahme gegen TEL erfolgte 1969, als in Schweden die höchstzulässigen Bleibeimischungen im Benzin herabgesetzt wurden. Seit Anfang der siebziger Jahre versuchen die amerikanischen Städte, Länder und Bundesbehörden, Blei und andere Schadstoffe dem Kraftstoff ganz oder teilweise zu entziehen, aber noch ist kein absolutes, bundesweites Verbot ergangen. Die Industrie sträubt sich hartnäckig gegen jede einzelne Maßnahme. Mit dem Rückgang der TEL-Verwendung sank in den Vereinigten Staaten in den Jahren 1976–1980 auch der Blutbleispiegel um ein Drittel, aber das Kraftstoff-Additiv ist noch immer in Gebrauch. Man hofft, es in den neunziger Jahren gänzlich aus dem Verkehr gezogen zu haben, aber in Teilen Europas und der übrigen Welt ist noch kein Verbot in Aussicht.

Der Streit über einen zulässigen Bleispiegel dauert an. Das New Yorker Gesundheitsamt untersuchte 1973 fast 125000 Kinder und stellte in 761 Fällen einen alarmierend hohen Blutbleispiegel fest. Da man inzwischen über die Wirkungen geringerer Bleimengen Klarheit gewonnen hatte, wurde im Jahr darauf die Gefahrenschwelle um ein Drittel gesenkt. Hätte man schon 1973 diese neue Norm zugrunde gelegt, dann wäre die Zahl der ernsthaft gefährdeten Kinder fünfzig Prozent höher ausgefallen. Patterson und andere Wissenschaftler klagen schon lange darüber, daß die festgesetzten Toleranzgrenzen viel zu hoch seien; Mengen, die vor zehn Jahren etwa noch für ungefährlich gehalten wurden, findet die Forschung heute schon alarmierend. In Washington sind noch immer scharfe politische Auseinandersetzungen über die Höhe der Gefahrenschwelle im Gange.

Etwa eine Million Arbeiter sind weiterhin von Berufs wegen gefährdet; das gleiche gilt für deren Kinder, bei denen der Staub in der Kleidung der Eltern eine Bleivergiftung hervorrufen kann. Wir haben gesagt, daß Blei Totgeburten und angeborene Mißbildungen verursachen kann, wenn Sperma geschädigt oder die Plazenta durchsetzt wurde. In den späten siebziger Jahren wurde hieraus ein Bürgerrechtsproblem, als bekannt wurde, daß sich einige Frauen im gebärfähigen Alter sterilisieren lassen mußten, um gutbezahlte Arbeitsplätze, an denen sie mit Blei in Berührung kamen, zu behalten.

Selbst wenn die von der Industrie und dem TEL ausgehenden Risiken ausgemerzt wären, dann bliebe Blei noch immer eine potentielle Gefahrenquelle. Unzählige Erfordernisse zukünftiger Technologien könnten wie in der Vergangenheit die Umwelt gründlich und lebensbedrohend mit Blei verseuchen. Wenn uns die Biohistorie des Bleis etwas lehrt, dann ist es die Erkenntnis, wie oft man vergaß, daß es sich bei dem Metall um ein Gift handelt – ein Umstand, der unter großen Opfern immer wieder neu entdeckt werden mußte. Blei bleibt in Glasuren, Tünchen, Spielzeugen und Staub gegenwärtig. Dazu entdeckt man weiterhin immer neue exotische Vorkommen. Akute Bleivergiftung wurde jüngst auf ›azarcon‹ bzw. ›greta‹ zurückgeführt, ein hauptsächlich aus Blei bestehendes Hausmittel, das in unseren mexikanischen Ansiedlungen und südlich der Grenze weithin in Gebrauch ist. Auch in unseren amerikanischen Städten kann man das tödliche Heilmittel in vielen romanischen Läden kaufen.

Während wir noch der Gefahren durch Blei, Quecksilber, Kadmium, Arsen und Asbest Herr zu werden versuchen, kommen komplexe Chemikalien von Pestiziden bis hin zu Verhütungsmitteln als neue Ursachen von Krebs, Geburtsfehlern und anderen medizinischen Mißgeschikken hinzu. Seit dem Zweiten Weltkrieg sind mehr als eine halbe Million synthetische Substanzen in unserer Biosphäre aufgetaucht; nicht weniger als ein Fünftel davon ist toxisch. Dazu gibt es natürlich noch die durch radioaktiven Abfall aufgeworfenen Probleme. Die Erfindungen des Menschen hatten zu allen Zeiten einen ambivalenten Charakter.

Heute ist es üblich, von Umweltproblemen im Sinne einer Kosten-Nutzen-Abwägung der Schadstoffe zu reden. Viele technologische Neuerungen, die uns vergiften können, nützen gleichzeitig unserer Gesundheit, verhelfen uns zu einem besseren und längeren Leben. Die Frage ist jedoch, ob der erfinderische, anmaßende Geist des Menschen hierbei nicht wie bei der nuklearen und biologischen Kriegführung weit übers Ziel hinausschießt. Gebrauch und Mißbrauch des Bleis zeigen, daß Gesundheit nicht einfach heißt, einen statischen Feind ein für allemal zu besiegen. Dieselbe Erkenntnis gilt es sich anzueignen, wenn es sich, wie wir noch sehen werden, um weitaus kompliziertere Substanzen handelt, die die Welt, in der unsere Nachkommen leben müssen, verändern könnten.

8. Kapitel

DER AUFRECHTE, DER EROTISCHE

Biohistorie und Sozialgeschichte

Einen Menschen aufrecht zu nennen ist eine Sache; etwas anderes heißt es schon zu sagen, er habe sich wieder auf alle viere hinabbegeben. Aufrecht impliziert Ethik und sittliche Reife; das Wort läßt anklingen, daß wir mit der Erhebung auf unsere Hinterbeine hündischen Gelüsten zugunsten einer göttlichem Wunsch entsprechenden Körperhaltung entsagten. Dieser angebliche Aufstieg vom Althergebrachten zur Geradheit ist eine erhabene, wenngleich völlig falsche Vorstellung von Körper und Charakter des Menschen, denn der Aufrechte wandelt auf dem Pfad der Zügellosigkeit. Der aufrechte Gang entwikkelte sich neben einem in der Natur einzigartigen sexuellen Appetit und entsprechender Vollzugsfähigkeit. Diese erotische Evolution dauert an, und auf Grund weitverbreiteter Wandlungen des Lebensstils und des Übergangs zu anderen kontrazeptiven Methoden könnte diese Entwicklung sehr bald schon einen unkalkulierbaren Schwenk machen.

Eben diese Entwicklung zu verstehen ist ureigenste Aufgabe der Biohistorik, die sich ja mit dem Verhalten ebenso befaßt wie mit der gesundheitlichen Verfassung und die den Menschen als Spezies wie als Individuum zu erfahren sucht. Wenn es einen allgemeinen menschlichen Charakter gibt, dann entspringt er einer gemeinsamen genetischen Anlage. Leider provoziert dieser Aspekt unserer Naturgeschichte ebensoviel hitzige Polemik wie die politische Geschichte; beide werden je nach Mode, Vorliebe und Doktrin immer wieder revidiert. Die Vorstellung ›tierischen‹ Trieben unterworfen zu sein, ist manchen ebenso verhaßt wie der Gedanke, daß einige ihrer intimsten Gefühle von den Genen nicht weniger als vom Herzen bestimmt werden. Die Möglichkeit, derlei beurteilen zu können, ist bei uns zudem nur schwach entwickelt. Unsere ersten Vorstellungen von Evolution stammen aus Büchern, in denen der Flügel einer Fledermaus, die Flosse eines Seehundes und die menschliche Hand einander gegenübergestellt wurden, um die Anpassung des Körpers an verschiedene Umgebungen aufzuzeigen. Die Betonung der vergleichenden Anatomie lenkte von der Erkenntnis ab, daß das Verhalten nicht weniger als der Organismus evolviert – daß sich vielleicht gar der Körper nur verändern kann, *weil* sich das Verhalten ändert.

Oftmals wird hingegen gar nicht behauptet, daß die Gene das Verhalten nicht prägten; bestritten wird dann nur, daß sie Verhaltensweisen ausformen, die die eigenen geheiligten Überzeugungen berühren. Niemand leugnet, daß Seehunde schwimmen und Fledermäuse fliegen lernten, oder bezweifelt, daß jedermann bei plötzlichem Lärm blinzelt oder daß manche von uns von Hause aus eine übermäßige oder besonders geringe Eignung für Ballettanz oder Mathematik mitbringen. Aber man deute doch einmal an, daß es für Sexualverhalten, Geschlechtsunterschiede oder Familienbildung genetische Grundlagen gebe, und schon dürfte die Auseinandersetzung bitter und verbissen werden, denn solche Vorstellungen empfinden viele als Bedrohung ihrer Menschenwürde und als Zerstörung ihrer Hoffnung auf soziale Gerechtigkeit, während sie gleichzeitig den Teufel des Rassismus und der rassenhygienischen Gewaltherrschaft an die Wand malen.

Zu alledem kann allein der Begriff ›vererbbarer Wesenszug‹ schon heftige Gefühle des Begnadet- oder Verdammtseins wie den Wunsch wecken, seinen Ahnen gleich oder unähnlich zu sein, sich der Masse anzugleichen oder sich von ihr abzuheben. Den Genen die Schuld zu geben hieße, das Schicksal verantwortlich zu machen; ihren Einfluß zu bestreiten erscheint als Plädoyer für die Macht des freien Willens. Geht man ihnen logisch bis ans Ende nach, dann sind eigentlich beide Auffassungen bedrohlich. Wenn das Verhalten genetischen Leitlinien folgt, dann sind Erziehung und bewußte Änderungsversuche vielleicht von vornherein fruchtlos, während biologische Manipulation zu Erfolgen führt. Sind aber Erziehung und Auslese stärker als die Gene, dann ist ›Social engineering‹ Altruisten und Diktatoren gleichermaßen möglich.

Solche Einstellungen zeigen, daß genetischer und sozialer Determinismus leicht widerlegbar sind. Die heutigen Genetiker machen eigentlich weder die physische noch die soziale Komponente voll verantwortlich. Manche Eigenheiten wie zum Beispiel Ejakulation und Menstruation sind natürlich geschlechtsspezifisch, während andere Merkmale wie etwa Aggressivität und Betreuungstrieb bei beiden Geschlechtern angelegt, aber unterschiedlich stark ausgeprägt sind. Noch andere Charakteristika, zum Beispiel die Erinnerungsfähigkeit, sind offenbar auf beiden Seiten gleich stark entwickelt. Die Verhaltensgenetiker sagen heute, daß, einmal abgesehen von den unwillkürlichsten physischen und verhaltensmäßigen Eigenarten, von den Genen ein potentieller Entwicklungsraum vorgegeben wird, wobei die Umwelt bestimmt, inwieweit diese Möglichkeiten realisiert werden.

Die Forschung versucht, die genetischen und sozialen Wurzeln der menschlichen Sexualität voneinander zu trennen. Bei Beurteilung der Gegebenheiten muß man sich hüten, sie moralisch, ideologisch und mit den eigenen speziellen Erfahrungen zu befrachten. In Sachen Sex hat der Psychologe Milton Diamond daher gemahnt: ›Wir müssen stets unterscheiden zwischen dem, was ist, und dem, was sein könnte oder sein »sollte«‹. Das heißt, bevor wir irgendeine Vorstellung von unserer sexuellen Entwicklung und ihrem möglichen Ziel zurückweisen oder für gut befinden, sollten wir unseren Standort eindeutig bestimmen. Zunächst einmal sollten wir erfassen, was uns zu aufrechten und extrem erotischen Wesen machte.

Um es gleich vorweg zu sagen: Man sollte Sexualität nicht mit Fortpflanzung verwechseln. Fortpflanzung braucht nicht geschlechtlich zu sein, wichtig ist allein die Weitergabe von Genen: Die ältesten, einfachsten Organismen kopieren einfach ihre Gene und teilen sich dann. Zu geschlechtlicher Reproduktion kam es, als erstmalig eine Zelle die Wand einer anderen durchstieß, so daß sich beider Gene mischten und Nachkommen mit den Merkmalen beider Zellen hervorgebracht werden konnten. Weil in jedem Organismus spontane Veränderungen auftreten, haben auch nicht einmal zwei Organismen denselben genetischen Aufbau; deshalb führt das Mischen zweier Gensätze zwecks Produktion eines dritten zu größerer genetischer Vielfalt als bloße Zellteilung. Diese Vielfalt vergrößert die Möglichkeiten, sich in einer sich wandelnden Umwelt zu ändern.

Viele einfache Organismen pflanzen sich noch immer ungeschlechtlich fort, aber bei den Wirbeltieren hat sich geschlechtliche Reproduktion fest verwurzelt. Ebenso ist es mit dem Dimorphismus, das heißt damit, daß jede Spezies jeweils zwei geschlechtsabhängige Erscheinungsformen hat. Grundlegender Unterschied zwischen den Geschlechtern blieben zunächst allein die Gameten – Eier und Sperma – und die Gonaden als deren Produktionsstätten, aber schließlich erstreckte sich der Dimorphismus auf das gesamte Reproduktionssystem und darüber hinaus auf Organe und Verhaltensweisen, die mit der Befruchtung in keinem unmittelbaren Zusammenhang stehen. Die Paarung war zu einem bloßen Moment eines langen, komplizierten Fortpflanzungszyklus mit festumrissenen Rollen der Partner geworden. Zu diesen Rollen gehört etwa das Besetzen eines Reviers, Begründen und Durchsetzen eines sozialen Ranges, Balz, Nestbau, Paarung, Trächtigkeit, Gebären, Aufzucht der Jungen. Jede Spezies folgt einem eigenen, charakteristischen Muster, und die Vielfalt ist überwältigend.

Selbst auf der bescheidenen Ebene des kohabitierenden Hin und Her sind die Unterschiede groß. Trotz D. H. Lawrence' gegenteiliger Behauptung braucht ein Elefant nicht lange; er ist vielleicht nach zehn Sekunden fertig. Bei Grizzlybären dauert es zehn bis sechzig Minuten; das südamerikanische Opossum kopuliert schlafend bis zu sechs Stunden lang; Opossummäuse, ebenfalls eine Familie der Beuteltiere, bleiben einen halben Tag lang fest zusammen. Auch hinsichtlich der Anzahl der Partner und der Häufigkeit der Paarungen unterscheiden sich die Arten. Ein Mäuserich führt bei ein und derselben oder verschiedenen Mäusen mehrfach – bis zu einem dutzendmal – ein, ehe er ejakuliert; eine Ratte erreicht erst beim zehnten oder zwölften Weibchen ihr kleines Nirwana. Die Paarungsstellungen sind eine Wissenschaft für sich. Die Beutelratten paaren sich auf der Seite liegend. Die Stachelschweine treiben es, wie man scherzhaft so sagt, ganz vorsichtig: das Männchen stellt sich über das Weibchen und meidet, vom rein sexuellen abgesehen, praktisch jeden Körperkontakt. Das Gewicht eines Rhesusaffen lastet fast vollständig auf dem Weibchen. Der Mensch ist da vielseitiger; traditionell gilt als feiner Mann, wer mindestens sein halbes Körpergewicht auf die Ellbogen stützt.

Bei den niederen Wirbeltieren sind Sexualverhalten und andere Verhaltensweisen von Genen, Hormonen und Nervensystem unabänderlich programmiert. Frösche zum Beispiel pflanzen sich, ohne lernen zu müssen wie, durch reflexähnliche mechanische Vorgänge fort. Viele Säugetiere jedoch müssen bis zu einem bestimmten Grade Werbung, Paarung und Aufzucht der Jungen erst erlernen; wer einmal Katzen bei der Paarung zugesehen hat, weiß, daß sie sich die ersten paar Male fast so täppisch wie unsereiner anstellen können. Ihr Verhalten ist bei der Geburt nur unvollkommen programmiert; ihr Großhirn bzw. die Hirnrinde ist vergrößert, um durch Lernen ihrem Daseinszweck gerecht werden zu können. Der Mensch stellt hinsichtlich Lernabhängigkeit mit allen Möglichkeiten zu Anpassung und Verschiedenartigkeit – und entsprechend großen Mißerfolgsaussichten – das gewagteste Experiment der Natur dar.

Die Abkehr vom Programmiertsein zugunsten des Lernens wurde in den letzten Jahrzehnten von drei berühmten Psychologen demonstriert. Alan E. Fisher injizierte 1956 Testosteron in verschiedene Regionen des Rattenhirns, bis er die Zellen getroffen hatte, in denen durch das Hormon Aggressionen und sexuelle Erregung aktiviert werden. Mit diesem erfolgreichen Versuch begann eine neue Ära der Forschung. Seither bemüht man sich, die hormonale Steuerung des Verhaltens zu lokalisieren und meßbar zu machen. Man hatte bald nachgewiesen, daß das Gehirn eines Embryos von seinen Gonaden bereits pränatal entsprechend informiert wird, um zeitlebens auf ganz bestimmte typisch männliche oder weibliche Weise reagieren zu können.

Offen blieb bis auf weiteres, was die Hormone freisetzte oder aktivierte. Während der fünfziger und sechziger Jahre arbeitete Daniel Lehrman an einer umfassenden Verhaltensstudie der Ringeltaube; dabei entdeckte er, daß deren Fortpflanzung davon abhängt, ob über eine Kette synchroner wechselseitiger Signale die Hormonproduktion angeregt wird. Dabei gibt jeder Partner dem anderen sichtbare oder andere Hinweise; die entsprechende Reaktion darauf löst bei beiden dann den nächsten Schritt aus. Eine Taube, im Labor isoliert, setzt sich zum Beispiel nicht auf ihr Gelege. Erst eine Progesteron-Injektion bringt sie dazu, dies zu tun. Draußen in ihrer gewohnten Umwelt ist eine Hormongabe indes nicht nötig, denn dort kann sie ihren Partner sehen. Zeigt man ihr den Täuber im Labor, dann beginnt sie zu brüten – selbst wenn sich zwischen den beiden eine schall- und geruchsisolierende Glaswand befindet. Offenbar bedarf es eines sichtbaren Hinweises, um den Progesteronstoß auszulösen. Solche Hinweise und Anreize gehen bei Balz, Paarung, Nestbau, Eiablage, Brutgeschäft und Aufzucht der Jungen zwischen den Alten ständig hin und her.

Bei Tauben läuft dieses Verhalten insgesamt mehr oder weniger reflexartig ab. Bei Säugetieren ist es mit Reflexen allein nicht getan, wie Harry Harlows berühmte Experimente mit Rhesusaffen in den fünfziger und sechziger Jahren schon gezeigt haben. Zu Anfang zog er Affenkinder, isoliert und mit einem Muttterersatz, groß: Er setzte sie zu Drahtpuppen mit Holzköpfen und Babyflaschen in den Käfig. Harlow versuchte erst einmal in Erfahrung zu bringen, was Affenkind und -mutter aneinander bindet. Die Anfangserfolge zogen viele wohldurchdachte Experimente über die sozio-sexuelle Entwicklung der Primaten nach sich. Das Verhalten ihrer wahren Mütter beraubter Affenkinder ähnelte sehr dem autistischer Kinder: sie waren in sich gekehrt und selbstzerstörerisch. Auch waren sie in ihrer sozialen und sexuellen Entwicklung zurückgeblieben; ausgewachsen, zeigten sie zwar manchmal sexuelle Erregung, wußten aber nicht, wie sie mit anderen Artgenossen zusammenkommen sollten. Die Männchen packten sich Weibchen und bedrängten sie vergeblich vom Rücken oder von der Seite her. Die Weibchen reckten ihre Hinterteile nicht heraus oder versuchten die Männchen abzuschütteln. ›Sie hatten zwar das Herz auf dem rechten Fleck‹, meinte Harlow, ›sonst aber auch nichts... Wir hatten keine Brutkolonie, sondern eine dumpf vor sich hinbrütende Kolonie herangezogen.‹

Mit großer Geduld und Mühe verhalf er einigen wenigen der mutterlos aufgewachsenen Weibchen zu eigener Mutterschaft. Nicht eines der Kleinen hätte überlebt, wenn Harlow nicht eingegriffen hätte. Die Mütter, die nicht geben konnten, was sie selbst nie erfahren hatten, ignorierten ihre Kleinen vollkommen oder fielen über sie her. Nachdem einige der Affenmütter aber ein zweites Mal trächtig gewesen waren, wurden die Ergebnisse schon besser. Sie lernten nämlich selbst als ausgewachsene Tiere noch ihre anfänglichen Entwicklungsdefizite auszugleichen. Dies ist ein schönes Beispiel dafür, daß die Evolution eher auf die mit der Lernfähigkeit verbundenen Risiken setzt, als sich in der Sicherheit eines starren Programmiertseins zu wiegen: ersteres gestattet Wandel und Verbesserung gegenüber der Vergangenheit.

Was immer auch den Unterschied zwischen Tauben und Affen ausmachen mag – angesichts unserer ungeheuren Lernabhängigkeit unterscheiden wir als Menschen uns von beiden. Daß wir die bei weitem sexbesessenste aller Arten sind, liegt teils am Lernen, zum Teil aber auch an unserem ganz besonderen sexuellen Anlagenkomplex. Bei den meisten aller Arten nimmt sexuelle Betätigung nur einen geringen Teil der Zeit in Anspruch; es kommt bei ihnen in jährlichem Rhythmus je nach Jahreszeit einmal zu einer kurzen Entladung, die sich vielleicht über ein paar Tage hinzieht. Selbst bei Arten, die sich in jeder Jahreszeit paaren, geschieht dies nur, wenn das Weibchen, nach Wurf und Aufzucht der Jungen wieder brünstig bzw. empfänglich geworden, dem Männchen sexuell erregende Signale gibt. Manche eingesperrte und domestizierte Tiere scheinen sich zwar nach Art eines notorischen Triebtäters zu verhalten, aber bei genauer Beobachtung stellt man gewöhnlich nur ansatzweises Paarungsverhalten fest; die Tiere bespringen sich, ohne daß es zu einer Vereinigung kommt, um Dominanz geltend zu machen; Genitalien werden berührt, ohne einen Orgasmus herbeizuführen; oder sie präsentieren ihr Hinterteil als Reaktion auf eine gutgemeinte Berührung.

Kein Säuger vermag es mit der unablässigen Erotik des Menschen aufzunehmen. Niemand, Delphine vielleicht einmal ausgenommen, ist das ganze Jahr über sexuell so aktiv und erregbar wie wir. Mit Sicherheit aber kommt es bei keiner anderen Art während Menstruation, Schwangerschaft und Stillzeit, vor Beginn und nach Ende der Fertilität zur Paarung. Keine andere Art verlangt es nach Oral- oder Analverkehr; regelmäßige Masturbation bis zum Orgasmus kommt bei keiner vor; trotz gegenteiliger Märchen zeigt sich in keiner anderen Art ausschließlich homosexuelles Verhalten bei Erwachsenen. Verglichen mit uns, sind Kaninchen und Paviane durchaus enthaltsam.

So hat der Mensch auch einzigartige Geschlechtsteile entwickelt und weiß sie auf einmalige Weise zu gebrauchen. Der Scheideneingang ist von der Kehrseite nach vorn verlagert worden, so daß wir die einzigen Landlebewesen geworden sind, die sich von Angesicht zu Angesicht paaren können und es gewöhnlich auch tun. Die meisten weiblichen Säuger, wenngleich selbst aktiv werbend, halten bloß still; Frauen aber leisten dem Koitus nicht nur Vorschub, sie helfen dabei auch aktiv mit. Vielleicht ebenso charakteristisch ist die weibliche Fähigkeit zu häufig wiederholbaren Orgasmen sowie der alleinige Zweck der Klitoris, eben diese herbeizuführen. Der Kitzler ist von beiderlei Geschlechtsorganen das einzige, das ausschließlich dem sexuellen Vergnügen dient. Wenngleich er bei vielen Säugetieren vorhanden ist, wird er bei Paarung a tergo noch weniger stimuliert als bei einem Koitus vis-à-vis. Und daß ein Tier seine Klitoris bis zum Orgasmus gereizt hat, ist mir nur über einen einzigen weiblichen – unter abnormen Bedingungen im Zoo lebenden – Primaten verläßlich berichtet worden. Weibliche Orgasmen finden offenbar auch bei manchen Arten, zum Beispiel bei Katzen und Kaninchen, statt, aber die üblichen Anzeichen – befreiendes Abfallen größter Körperanspannung – finden sich selbst bei höheren Primaten nur selten. Bei Tieren, die eine Klitoris haben, ist sie wohl zu mehr als nur bloßer Verzierung gedacht, aber gewöhnlich dürfte sie nur orgasmusloses Vergnügen stiften, was ja auch bei Frauen oft zutrifft.

Die geschlechtliche Einmaligkeit des Menschen geht noch über die Genitalien hinaus. Frauen besitzen als einzige weibliche Säuger runde, vorspringende Brüste mit, soweit man weiß, erogenen Warzen. Wir sind als einzige Primaten praktisch unbehaart; es gibt Mutmaßungen, denen zufolge dies eine Anpassungserscheinung zwecks Regulierung der Körpertemperatur der afrikanischen Vormenschen war. Wie dem auch sei: auf Grund der Haarlosigkeit kann die ganze Haut als sekundäres Geschlechtsorgan fungieren; sie ist, selbst erotisch sensitiv, gleichzeitig ein sicht- und fühlbares Stimulans. Haarlosigkeit könnte auch auf Neotenie* hindeuten, das soll heißen: kindliche Merkmale ins Erwachsenenalter hinüberretten. Neotenie ist beim Menschen ausgeprägter als bei allen anderen Arten, denn sie fördert den Entwicklungsprozeß durch Lernen. Neotene Merkmale wie Beibehaltung der

* N. bedeutet in der Medizin: unvollkommener Entwicklungszustand eines Organs. In der Biologie denkt man dabei an das Beibehalten gewisser Merkmale des Larven- und Embryonalstadiums; so hat z. B. der geschlechtsreife Axolotl im Gegensatz zu Salamandern und Molchen noch seine Kiemen. Karlen hat hier eine gebräuchliche Begriffserweiterung übernommen. A. d. Ü.

Neugier und des Spieltriebes haben vielleicht mitgeholfen, natürliche Bedürfnisse zu einem unaufhörlichen, nicht reproduktionsorientierten Spielchen werden zu lassen.

Ganz gewiß äußert sich bei keiner anderen Spezies eine so große individuelle und gruppenspezifische sexuelle Vielfalt. Manch einer hat ein- bis zweimal täglich Verkehr, andere fast nie. Manche brauchen nur Minuten, andere widmen Stunden allein dem Vorspiel. Polygamie ist von manchen Gesellschaftsordnungen untersagt; anderernorts wird sie idealisiert. Hier verhüllen Frauen ihr Gesicht, dort reicht ihnen ein winziges Cachesexe. In manchen Populationen hat praktisch niemand homosexuelle Erfahrungen gemacht, woanders können die meisten Männer zumindest ein wenig mitreden. Einige sorgen durch Vernähen der Schamlippen für einen jungfräulichen Beginn der Ehe, und andere widmen sich dem vorehelichen Verkehr bereits mit zehn Jahren.

Letztendlich kennt kein anderes Wesen so langanhaltende, umfassende und komplizierte sexuelle und familiäre Bindungen wie der Mensch. Die Partnerschaft selbst vieler Primaten währt nur eine Saison, Tage oder auch nur Stunden; ist das Weibchen tragend geworden, hört Sex auf, und damit endet dann auch gewöhnlich das Zusammengehörigkeitsgefühl der Partner. Die menschliche Gesellschaft gründet sich auf die Familie; zur altgewohnten Mutter-Kind-Bindung kommt bei uns noch die Bindung an den Vater und an die weitere Verwandtschaft wie Großeltern, Onkel und Tanten hinzu. Nicht überall huldigt man dem abendländischen Ideal einer ausschließlichen, lebenslangen Monogamie; allenorts aber anerkennt und fördert man die dauerhafte Bindung zwischen leiblichen Eltern, Nachkommen und dem weiteren Familienverband.

Wir wissen nicht, wann und wie der Mensch zur sexuell aktivsten Art wurde. Archäologen, Anthropologen und

Verhaltensforscher, die Mensch und Tier beobachten, verfolgen allmählich den Entwicklungsgang zurück und setzen ihn zu anderen körperlichen, geistigen und verhaltensmäßigen Veränderungen in Beziehung. Viele sind heute der Auffassung, daß der schrittweise Abstieg unserer affenartigen Vorfahren aus den Baumkronen in die Grassteppen Afrikas der Ausgangspunkt war, der vielleicht schon zwanzig Millionen Jahre zurückliegt. Aus ihnen wurden schließlich die einzigen Primaten, die absolut aufrecht stehen und sich allein auf ihren Hinterbeinen fortbewegen konnten. Da sie nun beide Hände frei hatten, wurden langsam zwecks besseren Werkzeuggebrauchs die Daumen größer. Als das Großhirn – und mit ihm zwangsläufig der Schädel – wuchs, verbreiterte sich das weibliche Becken, um den Kinderkopf bei der Geburt gefahrlos passieren zu lassen. Mund und Kehle änderten sich, so daß man vielerlei verschiedene Laute ausstoßen konnte. Die Vormenschen entwickelten eine größere Abhängigkeit von tierischer Nahrung als die meisten Primaten, und das blieb nicht ohne Einfluß auf Gebiß und Verhalten.

Vor etwa zwei oder drei Millionen Jahren benutzten unsere Vorfahren dann schon primitive Werkzeuge und lebten vielleicht so, wie wir es heute noch bei manchen Jägern und Sammlern beobachten können. Sie oder spätere Vormenschen bildeten wahrscheinlich auf Jagd und Verteidigung bedachte Männergruppen, während sich die Frauen dem Sammeln und anderen Aufgaben widmeten, die sich mit Kindern und Babies im Schlepp gefahrlos erledigen ließen. Sexueller Dimorphismus und intersexuelle Arbeitsteilung prägten sich wahrscheinlich immer stärker aus. Die langsam aufkommende menschliche Rasse, zwar immer noch räuberisch und aggressiv, war zutiefst gesellig und fürsorglich; es blieb ihnen auch nichts anderes übrig, denn aufgrund des vergrößerten Großhirns und der längeren Hilflosigkeit der Kleinen war jahrelange physische und emotionelle Fürsorge unerläßlich. Damit vielleicht gedieh dann die Erotik – gewissermaßen als durch lange, vergnügliche Gewöhnung die Paare bindender Leim und als Vehikel nichtsexueller Bedürfnisse wie Berührung und Beruhigung. Da Sexualität ein Konkurrenz- und Konfliktpotential darstellt, machte die Entwicklung der Erotik auch eine soziale Kontrolle der Sexualität erforderlich. Vielleicht hat das Wissen um diese Kontrollmechanismen den Menschen zu der Annahme verleitet, daß nicht Sexualität, sondern eben diese Mechanismen das typische Kennzeichen der Menschheit seien.

Wir werden niemals genau wissen, in welcher Reihenfolge sich die Vormenschen aufrichteten, Werkzeuggebrauch lernten, Sprache und Intelligenz entwickelten, Vorsorge trafen und sich ihre Sexualität und Beziehungen zu wilder Blüte entwickelten. Wahrscheinlich geschah alles nacheinander, unter wechselseitiger, ausgiebiger Beeinflussung. Insgesamt aber führte dies alles zu einer regeren sexuellen Kommunikation von Angesicht zu Angesicht, und es kann durchaus sein, daß diese evolutionäre Verschiebung noch gar nicht abgeschlossen ist. Ähnliche, aufschlußreiche Veränderungen stellten sich auch bei Dschelada und Mandrill ein, zwei Pavianarten, die, wenn auch aus anderen Gründen, sexuelle Kommunikation ebenfalls vis-à-vis pflegen.

Paviane, die zu den wenigen am Boden lebenden Primaten gehören, paaren sich, indem das Männchen das Weibchen von hinten besteigt. Wenn ein Dscheladaweibchen heiß ist, zeigt es am Gesäß große rosige Flecken sowie eine leuchtend gerötete Vulva. Da Paviane, statt auf allen vieren herumzulaufen, die meiste Zeit auf dem Boden hocken, sind diese Anzeichen oftmals unsichtbar. Trotzdem hat die Evolution raffiniert vorgesorgt: Die Zeichnung der Vulva erscheint mit Beginn der heißen Phase als Kopie auf der Brust des Weibchens und verschwindet danach wieder.

Eine ähnliche Vorwärtsverlagerung der sexuellen Signalgebung finden wir beim Mandrill. Er hat einen roten Penis und einen blaugefleckten Hodensack. Ihm geht es wie dem Dscheladaweibchen: hockt er auf der Erde, dann sieht man nichts. Um aber seine sexuelle Botschaft unmißverständlich zu machen, wiederholt er sie im Gesicht in Gestalt einer leuchtend roten Nase und blauer Backen.

Viele Lebewesen, angefangen bei tropischen Fischen bis hin zu den Pavianen, senden Sexualsignale nur zur Paarungszeit aus. Da wir jederzeit potentiell erotisch sind, stellen sich bei uns mit der Pubertät bleibende Signale ein. Auch bei uns gehen, wie bei den meisten Säugern, die ursprünglichen Signale von den Frauen aus, während die Männer mehr als die Frauen auf sichtbare erotische Fingerzeige ansprechen. Deshalb finden sich die auffälligsten solcher Hinweise hauptsächlich oder ausschließlich bei Frauen, und bei vielen handelt es sich um frontale Nachbildungen von Hinweisen, die zu anderer Zeit nur hinterrücks zu finden waren.

Wir haben als einzige Primaten ausgeprägte, runde Gesäßbacken; wir sind aber auch die einzigen, die runde, vorspringende Brüste vorzeigen können. Die Rundung der Brüste hatte keine andere Funktion, als das Bereitschaft signalisierende Hinterteil des alten Primaten vorzutäuschen. Die Attraktivität rosiger Wangen, Brüste und Hinterbacken dürfte die der unsere Vorfahren erregenden roten Gesäßschwielen widerspiegeln. Die einzigartige erogene Wirkung der Brüste stützt diese Theorie nur; im Einklang mit der üppigen Sexualität unserer Spezies haben auch die Männer rudimentäre Brustwarzen, die ebenfalls erotisierende Empfindungen vermitteln können. Desgleichen haben wir als einzige Primaten volle rote Lippen, die, wie die Brüste, ebenfalls erogen sind; vielleicht sollen sie an eine rosige, saftige Vulva erinnern. Manche vermuten in der Unterarmbehaarung eine Nachahmung des aufreizenden Schampelzes. Unsere vollen roten Lippen, nackte Haut und Achselbehaarung mögen sich nicht ausschließlich zum Zweck sexueller Signalwirkung entwickelt haben; daß sie diese Wirkung aber hervorrufen, steht außer Frage.

Solche Veränderungen sind in evolutionärem Sinne neu, aber ein anderer Teil unserer Sexualität hält sich nach wie vor an ein altbewährtes Muster. Ethologen nennen es zwar Balz, aber fast alle anderen reden von Flirt und Verführung. Die Schritte und Figuren dieses Tanzes sind bei nahezu allen höheren Arten die gleichen, sie werden, wie Lehrman nachwies, durch genetisch und hormonell gesteuerte Aktionen und Reaktionen gelenkt. Ein perfektes, für den Menschen sehr bedeutungsvolles Beispiel liefert die Balz der Lachmöwen, die der Nobelpreisträger Niko Tinbergen so herrlich detailliert beschrieben hat.

Wie bei vielen höheren Arten, so sind auch bei den Möwen die männlichen Tiere größer, kräftiger und aggressiver als die Weibchen. In der Brutzeit ist ein Männchen besonders aggressiv, denn es muß Revier, Weibchen und Nachkommenschaft vor Rivalen und Räubern schützen. Ist das Revier einmal abgesteckt, wird es gegen alle und jeden verteidigt; aber jetzt, nachdem es seine Tüchtigkeit als Partner bewiesen hat, ist das Männchen noch immer weitaus mehr kriegslüstern als liebeshungrig. Das Weibchen muß den Kampflustigen neu motivieren, den Koitus als vermeintliche Körperverletzung über sich ergehen lassen (die meisten Lebewesen sehen in jeder Berührung Gefahr und Angriff) und mütterliche Eigenschaften zwecks Aufzucht der Jungvögel entwickeln.

Die Lachmöwen fühlen sich schon beim bloßen Anblick der dunklen Gesichtsmasken ihrer Artgenossen herausgefordert; dringt ein Weibchen ins Revier eines Männchens ein, geschieht dies daher nur mit abgewandtem Kopf. Dann zelebrieren beide ihr Balzritual; dabei verhalten sie sich so, daß die neue Bedeutung ihrer eigentlich in einen anderen Zusammenhang gehörenden Aktionen unverkennbar ist. Das Männchen stolziert aufgeplustert herum, um wie bei drohender Gefahr größer und beängstigender zu wirken; da es dies aber abgewandten Gesichts und mit leicht modifizierter Gestik tut, gibt es zu verstehen, daß es eigentlich gar nicht kampflustig ist, sondern nur sein besseres Ich zu Schau stellen möchte. Das Weibchen reagiert darauf mit ritualisierten Gesten der Beschwichtigung und Flucht.

Um besser miteinander bekannt zu werden, geht das Pärchen von vorgetäuschter Aggression und Besänftigung zu Gesten gegenseitiger Fürsorglichkeit über. Während sich manche Tierarten gegenseitig Pelz oder Gefieder säubern, simulieren Möwen das Betteln um Nahrung und das Füttern. Ein Möwenküken stimuliert die Eltern mit einem charakteristischen Bettelruf zur Fütterung; die balzenden Altvögel tun nichts anderes, aber aus dem Kontext heraus und durch zusätzliches Kopfvorstoßen machen sie deutlich, daß der Ruf nicht als ›Füttere mich‹ gewissermaßen wörtlich genommen werden, sondern soviel wie ›Kümmere dich um mich wie um ein hilfloses Küken‹ heißen soll. Dadurch wird bei beiden Vögeln der Brutpflegetrieb wach, das Überlegenheitsgefühl des Männchens baut sich ab, und beide kommen sich näher. Es kann gar geschehen, daß das Männchen das Weibchen wirklich füttert; in diesem Fall kommt es mit ziemlicher Sicherheit zur Paarung.

Mancher Beobachter einer Balz muß lächeln, kommt sie einem doch vom Imponiergehabe der einen und Sich-spröde-Geben der Gegenseite bis hin zu den Vertraulichkeiten wie eine Parodie menschlicher Annäherungsversuche vor. Natürlich ist es keine Parodie, sondern das Grundmuster unseres eigenen Verhaltens. Der große Unterschied zwischen uns und anderen Wesen aber ist die

Sprache, jenes einzigartige, umfassende Kommunikationsmedium, das uns als Vehikel für Selbstdarstellung, Besänftigung, Nähren und Vertraulichkeit zusätzlich gegeben ist. Ein einander umwerbendes Paar redet eher, um sich näherzukommen, als um Informationen auszutauschen.

Die Elementarsprache des Werbens aber braucht keine Worte, und in jedem Lokal kann man erleben, wie sich der Paarungstanz der Möwe wiederholt. Gewöhnlich fängt es damit an, daß der Mann durch Körperhaltung, Stehen oder aufrechtes Sitzen mit vielleicht verschränkten Armen oder herausgereckter Brust, Autorität oder Überlegenheit signalisiert. Er rückt der Frau näher, schaut sie herausfordernd an oder zieht sie in ein Gespräch. Eigentlich aber geschieht dies alles erst, nachdem die Frau den ersten Schritt bereits getan hat – vergleichbar mit dem Eindringen der Möwe ins männliche Revier: Sie mag vielleicht näher gerückt sein oder einen Platz eingenommen haben, der einen Annäherungsversuch möglich macht; sie kann ihn mit einem Lächeln oder Wort gereizt haben oder so tun, als hätte der Mann bereits einen Eröffnungszug getan. Ihre physische Botschaft ist unmißverständlich; sie hält sich mit erhobenem Kopf aufrecht, streicht das Haar zurück oder zupft ihre Kleidung zurecht, vielleicht wölbt sie auch den Rücken, um Hinterteil und Brust zur Geltung zu bringen. Sie erwidert den Blick, wendet dann den Kopf ab oder schlägt die Augen nieder; vielleicht lächelt sie bei seinen Worten und hält sich dann die Hände vor den Mund.

Ein solches Verhalten ist nicht erlernt, sondern angeboren; oftmals geschieht alles ganz unbewußt. Würde der Ablauf gefilmt, man wäre schockiert, wenn man sich auf der Leinwand agieren sähe. Selbst von Geburt an blinde kleine Mädchen reagieren auf ein Kompliment oftmals mit Lächeln, Kopfabwenden und anschließendem Bedecken des Gesichts. Schließlich eskaliert das Werben, es kommt zu Körperkontakt: zunächst kurz und beiläufig, dann ausgedehnter und vertraulicher. Natürlich wird auch mit Speis und Trank geworben; wenn ein Mann zu Getränken oder einem Essen einlädt oder eine Frau vorschlägt, das Kochen zu übernehmen, dann steht mehr als nur Kulinarisches hinter einer solchen Geste. Wenn eine Möwe ein Großhirn hätte, würde sie jetzt anerkennend lächeln.

Die menschliche Ethologie, also das Erforschen der menschlichen Verhaltensweisen außerhalb von Labors und Testräumen, hat gerade erst begonnen. Aber jetzt schon ist man zu Erkenntnissen über die erotische Interaktion gekommen. Mancherlei faszinierendes Wissen wurde von Timothy Perper noch abgerundet. Perper, eigentlich Fachmann auf dem Gebiet der Genetik und des tierischen Sexualverhaltens, interessierte sich außerdem auch noch für die Erforschung der menschlichen Sexualität. Etliche Jahre lang beobachtete er Hunderte und Aberhunderte bei Flirt und Aufreißerei: in Kleinstadtkneipen, Stammlokalen und großstädtischen Ledigen-Bars. Ungeachtet des Milieus oder des Sprachniveaus beteiligten sich Männchen wie Weibchen an demselben Balztanz – und zwar auf eine Weise, die über manche Erwartungen weit hinausgeht.

Der Überlieferung nach soll der Mann, hauptsächlich mit Worten, den Balztanz beginnen und ihn einer dann zunehmend weniger zögernden Frau aufnötigen. Perper stellte fest, daß bei den Menschen, nicht anders als bei den Möwen und Pavianen, die weibliche Seite den Tanz beginnt und die Schritte lenkt, und zwar am allerwenigsten durch Worte. Wie er beobachten konnte, kommt es bei einem Pärchen fast ausnahmslos nur dann zum Gespräch, wenn die Frau zuvor nähergerückt ist oder sonst irgendwie den Mann zu einem Annäherungsversuch eingeladen hat. Desgleichen fand er heraus, daß ein zu Beginn des

Flirts nebeneinandersitzendes Pärchen im weiteren Verlauf des Anbahnungsversuchs nach und nach – es kann bis zu einer Stunde dauern – immer weiter herumrückt, bis sie sich schließlich voll ins Gesicht sehen können. Danach fängt das Berühren an; und wieder ist es gewöhnlich die Frau, die die Initiative ergreift: Sie legt dem Mann vielleicht die Hand auf den Arm oder auf die Brust, oder sie streift ihn wie unabsichtlich, während sie sich dreht, um ihren Blick wandern zu lassen. Erst danach führt der Mann seinerseits Körperkontakt herbei. Nach und nach synchronisieren sich dann die Körperbewegungen des Pärchens; die beiden erheben gleichzeitig das Glas, rutschen gleichzeitig auf ihrer Sitzgelegenheit herum und wiegen sich gemeinsam nach der Musik. Und damit befinden sie sich buchstäblich mitten im Balztanz.

Perper bemerkte, daß jede Einzelhandlung anscheinend ganz beiläufig, wenn nicht gar zufällig erfolgte, aber praktisch jedem erfolgsgekrönten Kennenlernen derselbe Handlungsablauf zugrunde lag. Wie auch die Möwen, so schreitet man erst dann voran, wenn jede Einzelphase ordnungsgemäß beendet ist; jeder Partner muß die Geste des anderen billigend zur Kenntnis nehmen und erwidern, wenn der Tanz nicht abbrechen soll. Da Perper sich seine Probanden in Bars und Restaurants suchte, möchte mancher wahrscheinlich die mutmaßliche Allgemeingültigkeit seiner Erkenntnisse in Zweifel ziehen. Nicht jedem geht es bei einer Kneipenbekanntschaft um schnellen Sex, aber selbst in einem ›respektableren‹ Milieu verläuft das Umwerben im Grunde genommen auch nicht anders.

Perpers Studie ist eine demütigende Lektion für alle Befürworter einer völligen Aufrichtigkeit, die jeden Flirt als ›gekünstelt‹ und als ›Manipulation‹ beklagen. Diese Leute sind dafür, unser fehlerhaftes Ich unserem ebenso von Mängeln nicht freien Nächsten unentwegt vor Augen zu führen. Aber irgendwann kommt es ja ohnehin zur

Offenbarung, und überstürztes Vorgehen macht aus Fremden wohl keine Freunde. Des Werbens Geplapper, Sich-sorgend-Geben und Sich-Brüsten kommt wahrhaft rationalen Geistern wohl hohl und nichtig vor, aber nichtsdestoweniger entspringt dieses Verhalten unseren verborgensten Instinkten. Es zielt nicht auf Täuschung ab, sondern soll taugliche, gesunde Sexualpartner finden helfen (die Paarung ist für alle Kreaturen der Augenblick völliger körperlicher Verletzbarkeit). Informationen und Enthüllungen sind ungefährlicher, wenn die gegenseitige Vertrautheit größer geworden ist; und dorthin führen die alten Signale – Lächeln, sich berühren und sinnloses Gerede – am ehesten. Auf jeden Fall balzt selbst der Weltmeister in Sachen rückhaltloser Aufrichtigkeit irgendwann wie die Lachmöwen, er merkt es nur nicht.

Die meisten, die solcher Aufrichtigkeit das Wort reden, sind wahrscheinlich Männer. Als Perper die Beobachteten befragte, ergab sich, daß sich die Männer verblüffenderweise im unklaren waren, wer welche werbenden Schritte in welcher Reihenfolge unternommen hatte. Sie nannten das Ganze ›Zauberei‹ oder ›chemische Reaktion‹. Aber praktisch jede Frau war sich aller Einzelschritte und der dahinterstehenden Taktik voll bewußt. Sie wußten, daß alles viel stärker von Wünschen und Initiativen der Frauen abhängt, wenngleich das männliche Imponiergehabe bei jedem Werben unerläßlich ist. Für männliche Wissenschaftler ist dies eine alte, wenngleich oft ignorierte Entdeckung; Darwin schrieb 1874, sexuelle Selektion resultiere aus femininen reproduktiven Präferenzen. Wer in Zufallsbekanntschaften in Lokalen keine reproduktiven Präferenzen erkennt, übersieht, daß bei den meisten erotischen oder auch nur potentiell erotischen Begegnungen das Werben wahrscheinlich nach demselben Programm abläuft, und vergißt, in welchem Maße traditionelle Partnermärkte wie Kirchen und Vereine heute durch Restaurants und Bars abgelöst wurden. Schließlich haben die meisten Ehen mit einem Flirt angefangen, hat man sich die meisten Gatten einmal irgendwo aufgegabelt, wenngleich das Wort vielleicht gemieden wird; und die Mehrheit aller heutigen Ehepaare hatte einmal ein Verhältnis miteinander.

Frauen überrascht dergleichen nicht; sie und ein paar gescheite Männer wissen seit jeher, daß bei der Paarbildung die Frauen ihre Wahl treffen und treibende Kraft sind, während der Mann nur offene Türen einrennt. Vielleicht aber fragen sich beide Geschlechter, warum, wenn doch die prozeduralen Schritte des Werbens angeboren sein sollen, die Sache dann so oft mißlingt. Bei den höheren Arten, das gilt ganz besonders für uns, muß man lernen, diese Schritte flink und folgerichtig vorzunehmen. Flirt und Verführen gehören zu den sozio-sexuellen Fertigkeiten, die viele am wenigsten beherrschen, und manche werden sie schwerlich überhaupt erlernen. Das Werben erfordert eine normale, tierhaft sinnliche Wahrnehmungsfähigkeit und ebensolchen Mut. Furcht, Einbildung und Hemmungen können nur hinderlich sein.

Manchmal liegt der Mißerfolg auch in sozialen Unterschieden begründet. In manchen amerikanischen Subkulturen stolzieren die Männer wie Pfauen herum und zeigen offen reichlich erotisches Interesse; die Frauen putzen sich heraus und schillern wie Paradiesvögel. Bei anderen Gruppen sind die Gesten, wenngleich im Grunde genommen die gleichen, eher unterkühlt. Treffen Menschen verschiedener Herkunft aufeinander und gibt der eine dann vielleicht ein freundliches Wort oder gestattet sich eine Körperberührung, dann glaubt der andere unter Umständen zu früh an eine unmittelbare sexuelle Absicht; ein solches Mißverständnis läßt das nötige Empfinden von Vertrautheit und Sicherheit kaum aufkommen. Ein andermal geht die Sache vielleicht schief, weil der eine Signale aussendet, die der andere nur für unverbindliche Versuche hält, oder wegen unklarer Rückmeldungen.

Noch öfter hat erfolgloses Werben psychologische Ursachen. Wegen mangelnder Selbstwertschätzung erwartet manch einer Zurückweisung und zieht sich daher zuvor freiwillig zurück. Andere sind, berechtigt oder nicht, von ihrer Unattraktivität überzeugt, verachten sich selbst und nehmen daher an, mit jedem, der sich mit ihnen zufriedengibt, könne irgend etwas nicht stimmen. Andere wieder bekommen kalte Füße, weil sie fürchten, ihre Einsamkeit und fehlende Zuwendung könnten deutlich werden und sie lächerlich erscheinen lassen. Andere fürchten, man könnte ihre sexuellen Phantasien erraten und für abstoßend halten. Und manche Leute sehen jede Beziehung grundsätzlich als Machtkampf und haben Angst, daraus als Sieger oder Unterlegener hervorzugehen. Wer irgendwie verschwommen meint, jegliches Imponiergehabe und jede Sexualität sei falsch oder gefährlich, schwankt vielleicht zwischen geselligem Geplauder und zielorientierten Gesprächswendungen hin und her und sendet dabei ein Durcheinander von Körpersignalen sexueller und anderer Intentionen aus. Das Gegenüber, nicht wissend, welcher Botschaft es folgen soll, wird vorsichtig und zieht sich zurück.

Welches die Ursachen auch sein mögen, die Hemmnisse beim Werben des Menschen sind oft im wesentlichen die gleichen, die auch die Möwen nicht zueinander finden lassen. Wie viele andere Kreaturen auch, so paaren sich die Möwen erst, wenn das Männchen selbstbewußter, das Weibchen weniger herausfordernd auftritt. Ungeachtet komplexer psychologischer und sozialer Abwandlungen folgt der Mensch gewöhnlich dem gleichen Verhaltensmuster. Halten Männer Frauen für herausfordernd, nehmen sie gewöhnlich Abstand; bei Frauen ist dies der Fall, wenn ein Mann unentschlossen wirkt. Gelegentlich sind solche Signale nur schwer deutbar, bisweilen gar paradox: Männliche Zurückhaltung kann ein Zeichen von Stärke sein; weibliche Herausforderung kann als Einladung zu einem psychischen Unterwerfungsversuch gemeint sein. Dennoch bleibt das Grundmuster gültig; wenn Paare mehr oder weniger deutlich dagegen verstoßen, dann oftmals nur auf Kosten von Gefühl oder Sexualität.

Möwen müssen solche Probleme nur einmal im Jahr eine kurze Zeitlang meistern. Wegen unserer langanhaltenden Bindungen und der dauerhaft angelegten Erotik sind Vergnügen und Problematik des Werbens und der Paarung ein ständiges Element unseres Daseins. Ein Paar, das Tisch und Bett miteinander teilt, erfährt dieses Wechselspiel von Dominanz, Nähern, Werben und Paarung samt allen dazugehörigen neuro-hormonal gesteuerten Signalen täglich aufs neue. Deswegen ist das Leben schon kompliziert genug, aber wir komplizieren es noch darüber hinaus, geben vielleicht unserer Zukunft ein anderes Gesicht, durch chemische Kontrazeptiva, verordnete Präparate und gemütsverändernde Substanzen. Die Wirkungen oraler Empfängnisverhütungsmittel sind besonders bedeutsam, aber Gesellschaft und Wissenschaft nehmen sie weiterhin kaum zur Kenntnis.

Chemische Empfängnisverhütung ist möglich, weil Sexualität und Fortpflanzung des Menschen besonderen Zyklen folgen. Fertilität und Sexualverhalten des Mannes sind nicht periodisch; die weibliche Sexualität kennt zwei Zyklen. Menstruation, ein Zyklus, den es nur bei Primaten gibt, betrifft Vorgänge in der Gebärmutter; Ovulation, der zweite, die Eierstöcke betreffende Zyklus, findet mehr oder weniger genau in der Mitte des Intermenstruums statt. Zu diesen von Nervensystem und Hormonhaushalt aufeinander abgestimmten Zyklen gehören Gleichgewichtsverschiebungen vieler Hormone, insbesondere aber ist die Produktion von Östrogen und Progesteron betroffen. Die Maximalproduktion des Östrogens – das Hormon steigert die weibliche Sexualität – findet während der Ovulation statt; der Spitzenausstoß des Progesterons, das die Sexualität dämpft, erfolgt kurz vor der Periode. Die Weibchen nichtmenschlicher Primaten fordern nur zur Zeit ihrer Fruchtbarkeit, während des Eisprungs also, zur Paarung heraus. Dieses alte Bindeglied zwischen Sex und Fertilität ist bei uns zwar arg lädiert, aber keineswegs gebrochen.

Frauen können jederzeit, auch während der Periode, schwanger werden, am größten aber ist die Empfängnisfähigkeit während des Eisprungs, und just dann haben sie am häufigsten Verkehr. Bei Frauen, als Gruppe gesehen, ist das sexuelle Verlangen während der Ovulation größer, während dieser Zeit geben sie sich häufiger Beischlaf und Masturbation hin, gleichzeitig ist die Orgasmushäufigkeit am größten. Sexuell am geringsten erregbar und am wenigsten aktiv sind sie während der Periode. Individuelle Ausnahmen bestätigen die Regel; ganz offenbar hüpfen die Frauen nicht unbedingt ins Bett, wenn der Eisprung naht, flüchten aber auch nicht, wenn sie ihre Tage bekommen. (Es kommt auch vor, daß manche Frauen kurz vor oder kurz nach der Regel aufgrund von komplexen hormonalen Gegebenheiten noch einmal hochgradiges Verlangen verspüren.) Viele Frauen meinen, Sex setze den richtigen Mann und die richtige Stimmung voraus. Studien großer Populationen zeigen jedoch, daß der richtige Mann und die rechte Stimmung am häufigsten während des Eisprungs auftauchen.

Diese Hormonzyklen haben noch andere, sexuell nicht neutrale Wirkungen. Die Schmerzempfindlichkeit ist während des Eisprungs am geringsten, während der Periode am größten. Um den Eisprung herum ist die Wahrnehmungsfähigkeit aller Sinne am größten; während der Tage sind alle Sinneseindrücke weniger scharf. Während des Eisprungs sind die Frauen gewöhnlich selbstzufriedener, lebhafter und kommen mit dem Leben besser zurecht. Mit der Periode kommen Besorgnis, Erschöpfung, Niedergeschlagenheit, Reizbarkeit, geringeres Selbstwertgefühl und physische Symptome, von Unterleibskrämpfen bis hin zu Harnverhaltung. Mit solchen Problemen haben es ein bis zwei Drittel aller amerikanischen Frauen zu tun.

Manchen Frauen macht die Periode praktisch gar nichts aus; anderen, die dann über schwere Spannungen, Depressionen und Schmerz klagen, wollen sie nicht glauben. Aus Furcht, damit ließen sich traditionelle berufliche Zugangssperren rechtfertigen, werden solche Probleme von manchen heruntergespielt. Wie unfair solche Zugangssperren auch sein mögen – ebenso unfair ist es, die Beschwerden von Millionen Frauen zu leugnen. Ein halbes Jahrhundert umfangreicher Forschungen hat zwischen dem sog. Prämenstruellen Syndrom und der statistischen Zunahme von Unfällen, physischen und geistigen Beschwerden bzw. Krankheiten und verringerter sportlicher und geistiger Leistungsfähigkeit einen eindeutigen Zusammenhang hergestellt. Auch Prostaglandine, im Gehirn und in anderen Organen gebildete hormonartige Substanzen, sollen nach jüngeren Erkenntnissen eine gewisse Rolle spielen. Die sexuellen Implikationen jedenfalls sind klar. Eine zuversichtliche Frau, die sich wohlfühlt, sucht eher einen Partner und Sexualkontakt als eine andere, die vorübergehend unter Niedergeschlagenheit, Spannung und Schmerz leidet.

Auch während der Schwangerschaft tritt die Östrogenproduktion zugunsten des Progesterons zurück. Im Verlauf der Schwangerschaft lassen sexuelles Interesse und Aktivität nach; die Orgasmusfähigkeit wird geringer. Eine Erhebung in sechzig Gesellschaften ohne schriftliche Überlieferung zeigte, daß in allen Kulturen die Beischlafhäufigkeit während der Schwangerschaft zurückging, bei drei Vierteln hörte die sexuelle Betätigung während dieser Zeit praktisch ganz auf. Dort, wie auch bei uns, befürchten viele, sexuelle Aktivität könne dem Fötus schaden; die Medizin ist heute jedoch der einhelligen Ansicht, daß solche Risiken – ausgenommen vielleicht in den letzten paar Wochen vor der Niederkunft – nur gering sind. Bei diesen Befürchtungen dürfte es sich wohl um eine rationale Überhöhung einer physischen Veränderung handeln. Wenn im Verlauf der Schwangerschaft die Progesteron-Produktion zunimmt, überrascht es nicht, daß die Frauen gedankenverloren und körperlich strapaziert werden und ihr Interesse an Sex zunehmend nachläßt. Man braucht kein Verhaltensforscher zu sein, um zu der Annahme zu gelangen, daß eine müde, in sich gekehrte Frau sich auch von ihrem Partner abwendet.

Das Wissen, wie sich die Hormone wechselseitig beeinflussen, ist noch betrüblich bescheiden, es gibt aber deutliche Hinweise dafür. Man hat beobachtet, daß bei Freundinnen mit gemeinsamer Wohnung die Menstruationsperioden zeitlich zusammenfallen. Eine andere Studie zeigt, daß bei Ehepaaren die Produktion des libidosteigernden männlichen Sexualhormons Testosteron am größten ist, nachdem die Ovulation stattgefunden hat und die Fekundität mithin am größten ist. Wie andere Säugetiere, so können auch wir mit den Höhen und Tiefen der Fekundität unzählige Signale aussenden und empfangen; diese Signale können das Verhalten ebenso betreffen wie Gesichts- und Geruchssinn. Die Angelegenheit wird dadurch kompliziert, daß das Verhalten auch die Hormone beeinflußt. Die ängstliche Spannung vor einer bevorstehenden Prüfung kann Eisprung oder Menstruation hinausschieben oder den männlichen Testosteronspiegel erhöhen. Es gibt erst seit kurzem Labortechniken, die es gestatten, das Wechselspiel von Hormonen und Verhalten genauer zu analysieren; Erkenntnisse aber stehen großenteils noch aus.

Ohne im Besitz solch nützlicher Erkenntnisse zu sein, haben wir dennoch begonnen, Körper, Seele und Verhalten von Millionen Menschen mittels chemischer Kontrazeptiva zu verändern. Die Präparate wurden erst nach dem Zweiten Weltkrieg entwickelt, eher ließ es der Stand der Forschung nicht zu. Bekannt waren bis dahin nur Substanzen, die dem Testosteron entgegenwirkten und so die männliche Fertilität reduzierten; sie führten aber auch zu Impotenz und Feminisierung, verhinderten Schwangerschaft also nur, indem sie die Ausübung des Geschlechtsverkehrs unterbanden. Die Forschung mußte sich daher darauf konzentrieren, Ovulation, Menstruation oder Nidation zu hemmen. Die beste Lösung schien ein Präparat zu bieten, das, Östrogen und Progesteron kombinierend, dem weiblichen Organismus eine Schwangerschaft vorgaukelte. Bei einer Schwangeren findet kein Eisprung mehr statt, um weitere, nachträgliche Schwängerungen zu verhindern, und die Menstruation hört ebenfalls auf.

In den ersten Jahren der versuchsweisen Einführung dieser Pille wurde deutlich, daß sich bei vielen Frauen Schwangerschaftsmerkmale wie Übelkeit, Benommenheit, Kopfschmerz, Niedergeschlagenheit, geschwollene und schmerzempfindliche Brüste, Gewichtszunahme, Gefühlsabstumpfung und reduziertes sexuelles Interesse bei verminderter Empfindungsfähigkeit einstellten. Nachdem die Forscher ein wenig mit Dosis und Mischungsverhältnis der Hormone herumprobiert hatten, wurde die Pille verträglicher. Es dauerte nicht lange, da wurde sie schon gelegentlich gegen Akne und Menstruationsbeschwerden verschrieben, und manche Frauen schluckten sie aus dem einzigen Grunde, einige Unbequemlichkeiten der Periode zu umgehen.

1968 wiesen Masters und Johnson in einer wenig beachteten wissenschaftlichen Schrift darauf hin, daß manche Frauen, die die Pille nahmen, über Libidoschwund und Orgasmusschwierigkeiten klagten. Einige wenige Forscher pflichteten den beiden in der Folgezeit bei, ein paar andere hielten das Sexualverhalten von Ovulationshemmern benutzenden Frauen für unverändert oder leicht intensiviert. Das Problem fand nur wenig öffentliche Beachtung. Zu jener Zeit hatte ich gerade eine Reihe von Forschungsprojekten in Angriff genommen, die Hunderte von erschöpfenden Auskünften über Sexualität und Sexualverhalten meiner Probanden verlangten. Was mir dabei zu Ohren kam, bestärkte mich in der Überzeugung, daß die Pille bei Frauen und ihren Partnern zu einer versteckten Epidemie sexueller, emotionaler und ehelicher Probleme geführt hat.

Viele Frauen berichteten lediglich von geschwundenem sexuellem Interesse und Orgasmusverlust; andere sprachen zudem noch von schweren physischen und emotionalen Veränderungen. Da sich die Probleme erst nach und nach eingestellt hatten, wurden sie nur von wenigen Frauen schon mit der Pille in Verbindung gebracht, noch ehe sie zu ihrer gewaltigen Erleichterung das Präparat abgesetzt hatten. Eine Frau zum Beispiel sagte: ›Nach etwa einem Jahr mit der Pille fühlte ich mich jederzeit reizbar und irgendwie weit weg; mir war, als wäre ich immer ein bißchen unter Wasser. Mein Mann und ich stritten uns viel; zuerst, weil ich deprimiert war, später über Sex. Wurde ich sexuell erregt, bekam ich dröhnenden Kopfschmerz; der Schmerz wurde schlimmer, je mehr es mich erregte. Zum Schluß schrie ich vor Schmerz, aber nicht etwa, weil ich zu einem Orgasmus gekommen wäre.‹ Diese Symptome hatten die Frau so verängstigt, daß sie sich monatelang von Internisten und Neurologen untersuchen ließ. Verlegenheitshalber und versuchsweise rieten ihr die Ärzte, alle Medikamente abzusetzen. Sie nahm aber gar keine – außer der Pille, und als sie damit Schluß machte, waren ihre Beschwerden verschwunden. Sie habe das interessant gefunden, sagte die Frau, ihre Ärzte jedoch keineswegs.

Nachdem ich viele solcher Geschichten gehört hatte, begann ich mit anderen Sexualforschern darüber zu diskutieren. Von einigen kam Bestätigung. Ein berühmter Psychiater sagte mir, er habe diese Wirkungen der Pille vielfach kennengelernt: ›Ich habe in der Tat gerade die Behandlung eines jungen Paares, beides Doktoren, abgeschlossen, dessen Probleme von der Pille herrührten. Sie war sexuell nicht mehr ansprechbar und bedrückt und aggressiv geworden. Beide tippten auf psychologische Hintergründe und suchten einen Eheberater auf, aber das half ihnen auch nicht. Als der Eheberater die beiden an mich verwies, standen sie am Rande der Scheidung. Nachdem ich den verschiedensten Hinweisen nachgegangen war, schlug ich vor, sie sollte die Pille absetzen. Sie tat es, und die beiden hatten praktisch keine Probleme mehr.‹

Da die Erforschung dieses Themas kontrollierte medizinische Versuche nötig macht, bemühte ich mich um Ärzte, die mit mir gemeinsam oder für sich allein die nötigen Experimente durchführen wollten. Wenn ich mein Anliegen vortrug, interessierten sich zwar manche für Fragen der Pille, der Sexualität und deren gegenseitiger Beeinflussung, aber nirgends war das Interesse groß genug. Zwischen Forschern, die sich um den Leib kümmern, und anderen, die sich des Gefühlslebens annehmen, klafft seit jeher ein trennender Graben. Immer wieder erzählen mir Frauen, daß ihre Ärzte psychische Effekte der Kontrazeptiva nicht erwähnt haben. Kaum eine der von mir befragten Frauen ist vor möglichen Auswirkungen auf Sexual- und Gefühlsleben gewarnt worden; bei Nachuntersuchungen ist keine von ihnen nach etwaigen Wirkungen dieser Art gefragt worden. Klagte eine Frau von sich aus über Beschwerden, so hieß es, derlei würde sich wieder legen, hätte mit der Pille nichts zu tun oder die Probleme sollten einmal einem Psychiater vorgetragen werden. Sexualwissenschaftler waren zwar interessierter als andere Fachärzte, aber doch weniger, als man erwartet hätte. So langsam verfestigte sich in mir die Überzeugung, daß ein Thema besonders wichtig sein müsse, wenn ihm so viele aus dem Weg gingen.

Daß dieses Thema gemieden wird, könnte seltsamerweise zum Teil auch daran liegen, daß die Pille aus anderen Gründen eine so schlechte Presse hatte. Damals, Anfang der siebziger Jahre, war in Eckkneipen, medizinischen Seminaren und überall sonst die Volksweisheit zu hören, die Pille habe das Lustgestöhn der Erwachsenen zum vernehmlichsten Hintergrundgeräusch des Abendlandes gemacht. Während ich noch zur ›Newsweek‹-Redaktion gehörte, schlug ich vor, diesen Volksglauben zu widerlegen; den Artikel schrieb ich dann selbst. Kinsey hatte bereits gezeigt, daß man aus Furcht vor Schwangerschaft auf sexuellen Verkehr nicht verzichtet, sondern sich deswegen dann bloß ein Weilchen Sorgen macht. Außerdem gab es damals schon hundert Jahre lang billige Verhütungsmittel. Nachforschungen vieler Beratungsstellen haben inzwischen bestätigt, was einem auch der gesunde Menschenverstand hätte sagen können. Auf Grund der Pille entschloß sich so gut wie kein Mädchen zum Verkehr; sie gaben sich hin, machten sich wegen möglicher Schwangerschaft Sorgen und bemühten sich deswegen um die Pille. Manche Paare hatten wegen der Pille ein wenig öfter Verkehr, hatten sich aber auch ohne sie schon entsprechend betätigt.

Fasziniert erlebte ich mit, daß andere Redakteure zunächst ungläubig den Kopf schüttelten, mir dann nach

Kenntnisnahme des Beweismaterials widerwillig beipflichteten, aber keine Neigung zeigten, das Thema weiter zu verfolgen. Ein Zyniker könnte meinen, die Behauptung, die Pille mache an, sei mit sensationslüsternem Journalismus eher zu vereinbaren als die Aussage, sie bewirke nichts oder halte die Leute gar zurück. Nichtsdestoweniger glaube ich, daß diese Redakteure ebenso wie ein Großteil ihrer Leser mit echter, innerer Entschlossenheit ungläubig reagierten. Ein ganzes Jahrzehnt lang wollte man, während man gelegentlich immer wieder über eine angebliche sexuelle Revolution jammerte, sich seine Phantasievorstellungen nicht durch Fakten oder komplexe Zusammenhänge widerlegen lassen.

Mittlerweile haben sich viele Kritiker der Pille öffentlich geäußert; manche von ihnen hatten es sich anscheinend zur Lebensfrage gemacht, auf mögliche Zusammenhänge zwischen Pille und Embolien, Krebs, Hypertension und Vaginalerkrankungen hinzuweisen. Manche dieser Befürchtungen waren durchaus gerechtfertigt, andere kaum oder gar nicht. Nur wenige dieser von ihren eigenen Kreuzzügen voll in Anspruch genommenen Autoren wollten sich mit weniger verhängnisvollen, dafür aber um so verbreiteteren Problemen befassen. Ein paar von ihnen zeigten sich leicht beunruhigt über Studien aus England und Skandinavien, aus denen hervorging, daß bis zu einem Drittel aller Frauen, die regelmäßig die Pille schluckten, unter mehr oder weniger starken Depressionen litt. Trotzdem wollte keiner die Auswirkungen der Pille auf Sexualität und zwischenmenschliche Beziehungen zu seiner Hauptsorge machen. Ich war da auf ein verlockendes Thema gestoßen, das gängigen Phantasievorstellungen im Wege stand, angesichts artverwandter Katastrophen verblaßte und an unwillkommene Schlagzeilen wie *Pille verhindert sexuelle Revolution* denken ließ. Aber die Frauen erzählten mir, ohne Rücksicht auf Ärzteschaft und Presse, weiterhin, wie sehr die Pille ihr Sexual-, Gefühls- und Eheleben störte.

1973, ich arbeitete seinerzeit für ein anderes Magazin, bat ich mehrere Wissenschaftler, sich des Problems anzunehmen und dessen Ursachen auf den Grund zu gehen; es war jedoch schwierig, Interessierte und Sachverständige zu finden. Lionel Tiger, ein berühmter Soziologe mit fundierten Kenntnissen in Ethologie, gleichzeitig ein ausgewiesener Kenner der physischen Wurzeln des Verhaltens, nahm sich der Materie schließlich an. Sein Essay zeigte, daß er das Problem so tiefschürfend wie erhofft ergründet hatte. In seinem Aufsatz nahmen tatsächlich Gedanken Gestalt an, nach denen ich nur hatte tasten können, und so wurde mein Interesse auf die langfristigen evolutionären Wirkungen der Pille gelenkt.

Die Pille, sagte Tiger, war wahrscheinlich das stärkste, einflußreichste Präparat, das jemals so vielen Menschen verabreicht wurde: es sei ›vielleicht zwingender als der stärkste Puritanismus‹. Er verwies darauf, daß die Londoner Forscher Richard Michael und Doris Zumpe Rhesusaffen die Pille gegeben hatten, um sodann festzustellen, daß die Männchen sich weniger bereitwillig mit behandelten als mit unbehandelten Weibchen paarten; taten sie es aber doch, dann brauchten sie länger bis zum Orgasmus. Es gibt keine Untersuchungen, wie Männer auf Frauen, die die Pille nehmen, reagieren; es ist jedoch logischerweise zu folgern, daß sie von ihren Partnerinnen weniger, von anderen Frauen aber stärker sexuell motiviert werden, worauf die Partnerinnen ihrerseits dann wieder entsprechend reagieren dürften.

Wie Tiger weiter ausführte, spielen hormonelle und Verhaltensänderungen nicht nur eine Rolle zwischen den Geschlechtern, sondern auch zwischen den betreffenden Frauen und anderen Frauen, Kindern und Arbeitskollegen. Auch hier harrt die Frage nach der Art und Weise der

Beeinflussung noch einer Antwort; aber ist es nicht pure Ironie, daß just in dem Augenblick, wo so viele Frauen nach Unabhängigkeit und neuen Möglichkeiten, erreichbar vielleicht mit Hilfe der Pille, griffen, einige von ihnen wegen Depressionen, Lustlosigkeit und niedriger Selbstwertschätzung weiterhin an ihre alte Rolle gefesselt blieben?

Auf Fragen nach den möglichen Auswirkungen der Pille auf werbende, partnersuchende Frauen ging Tiger im Detail nicht ein. Trifft eine physiologisch Schwangere eine andere Wahl? Tun es die Männer, auf die sie trifft? Wenn man sich die zu jeder Paarbildung gehörenden Komplexitäten von Persönlichkeit und Verhalten vor Augen führt, dann muß es Unterschiede geben, wenn einer der Partner sich in einer veränderten körperlichen und seelischen Verfassung befindet. Deshalb hat Tiger zweifellos recht mit seiner Behauptung, die Pille könne eine Zeitbombe sein, deren Ticken den Frauen und allen in ihrer Umgebung gleichermaßen gelte. Wenn wir mit Emotionen und Sexualität experimentieren, dann experimentieren wir mit der Zukunft unserer Spezies. Des weiteren gehen wir hinsichtlich der relativ ungewohnten und empfindlichen Entwicklung einer engen, langen Bindung zwischen den Menschen und ihren Partnern und Kindern ein großes Wagnis ein. Angesichts dieser Wagnisse bezüglich Harmonie zwischen den Geschlechtern und Generationen scheinen wir uns auf ein leichtfertiges Spiel eingelassen zu haben.

In dem seit Erscheinen des Essays verstrichenen Jahrzehnt hat sich die Sexualforschung um seltene Abweichungen wie Transsexualität weitaus mehr gekümmert als um die Auswirkungen von chemischen Empfängnisverhütungsmitteln auf das Gefühlsleben von Millionen von Frauen und ihrer Partner, Kinder und Freunde. Wenn ich die Materie mit Forschern und Klinikern erörtere, behaupten viele von ihnen, daß solche Nebenwirkungen durch verbesserte orale Kontrazeptiva minimiert würden. Trotzdem erzählen mir die Frauen weiterhin, daß Depressionen, Kopfschmerz, sexuelle Disfunktion und Ehestreit erst aufhören, wenn die Pille abgesetzt wird. Manche Frauen sagen gar, sie fühlten sich ›selbststerilisiert‹. Mittlerweile versucht die Forschung, die noch nicht einmal die Wirkungen der Pille auf die Frau voll begriffen hat, schon eine Pille für den Mann auf den Markt zu bringen. Man habe bereits Präparate entwickelt, die die männliche Fertilität unterbinden, ohne daß es zu Libidoverlust oder Feminisierung komme: so oder ähnlich heißt es in vorläufigen Berichten. Aber wenn man bedenkt, wie außerordentlich uninteressiert die Forschung an den Auswirkungen der Pille auf die Frau ist und wie geschickt sie den von ihr verursachten Problemen aus dem Wege geht, dann muß man sich doch fragen, ob die Forscher ähnliche Wirkungen von chemischen Verhütungsmitteln auf den Mann aufmerksam genug im Auge behalten.

Beeinträchtigten nur die chemischen Kontrazeptiva das Sexual-, Gefühls- und Eheleben der Menschen, dann wäre es einfach, dagegen eine Kampagne zu starten. Jedoch hat medizinischer und pharmazeutischer Fortschritt eine wachsende Anzahl von Präparaten mit ähnlicher Wirkung auf den Markt geworfen. Jedes Präparat, das auf Blutdruck oder Nervensystem einwirkt, sollte als potentieller Beeinflusser von Gemüt und Sexualität beargwöhnt werden. Manche gängigen Medikamente gegen Bluthochdruck führen bei vielen Männern zu Depressionen und Impotenz, und niemand weiß, wie viele unter milderen, indes ebenso signifikanten Auswirkungen leiden. Sexualprobleme können Nebenwirkung von Medikamenten gegen Herzrhythmusstörungen bis hin zu solchen gegen Wurmbefall sein. Psychopharmaka wie Tranquilizer, Relaxantien, Antidepressiva und Antipsychotika steigern bei manchen die Sexualität, während sie bei anderen Libido, Potenz und Orgasmusfähigkeit reduzieren. Von Präparaten dieser Art werden wahrscheinlich Gemüt, Sexualität und zwischenmenschliche Beziehungen von mindestens ebenso vielen Menschen beeinflußt wie von chemischen Kontrazeptiva.

Viele Menschen greifen illegal zu Psychopharmaka wie Heroin und Amphetaminen, die, in hohen Dosen genommen, schließlich die Sexualität abflauen lassen und Gemüt und Verhalten stark verändern. Marihuana hat eine mildere Wirkung, ist aber viel weiter verbreitet; wie es sich auf den Organismus auswirkt, ist kaum erforscht. Manche meinen, Marihuana vergrößere ihr sexuelles Vergnügen oder wirke enthemmend; andere finden, es reduziere das sexuelle Interesse und die sexuelle Reaktionsfähigkeit. Vor etwa zehn Jahren wurde in einer Studie nachgewiesen, daß längerer Marihuanagenuß die Sperma- und Testosteronproduktion drossele, wenngleich sich das Sexualverhalten der Männer deswegen offenbar nicht ändere. Andere Studien wiesen bei längerem Konsum von Marihuana verminderte sexuelle Aktivität nach, während aus noch anderen Untersuchungen eine größere weibliche Orgasmuswahrscheinlichkeit ersichtlich wurde. Bei diesen Studien handelte es sich lediglich um die ersten, dringend benötigten Steinchen eines Tatsachenmosaiks; der Kongreß verweigerte aber 1977 die Mittel für eine Untersuchung der Marihuana-Wirkungen auf Sexualität. Damit verhinderte er weder Sex noch Marihuanagenuß, sorgte aber dafür, daß über deren Wechselwirkung weiterhin nur gemutmaßt werden kann. Marihuana bleibt eine der in unserer Gesellschaft am weitesten verbreiteten Drogen, und daran dürfte sich auch in Zukunft nichts ändern.

Marihuana wirft wie alle Psychopharmaka die gleichen Fragen auf wie die chemischen Kontrazeptiva. Wenn

Menschen ihr Leben in veränderter Gemütslage und mit veränderter Sexualität führen, locken und wählen sie dann andere Partner, gehen Partnerschaft und andere zwischenmenschliche Beziehungen dann andere Wege? Angesichts unseres Wissens um das Werben und die hormonale Verhaltensgrundlage wird man die Frage vermutlich bejahen müssen. Wir sind daher Zeugen einer folgenschweren, umfangreichen biohistorischen Entwicklung. Vielleicht wird das Interesse von Historikern, Ärzten und Verhaltenswissenschaftlern schließlich einmal größer, wenn dramatische Nachwirkungen tatsächlich erkennbar werden.

Wir sagten, daß der aufrechte Gang dem Menschen zwar die Möglichkeit zu permanenter Erotik gebracht habe, daß sich in seiner Sexualität aber hinsichtlich Werben und Paarung nach wie vor viele elementare Verhaltensmuster seiner Ahnen erhalten haben. In jener grauen Vorzeit schon entwickelte sich der männliche Orgasmus, um das Vergnügen von Kohabitation und Ejakulation zu vergrößern; der weibliche Orgasmus war nicht notwendig, dabei scheint es sich um eine spätere – und deswegen empfindlichere – Errungenschaft zu handeln, die durch soziale und psychologische Einflüsse gefördert oder unterdrückt werden kann. Die beiden Geschlechtern widerfahrene gewaltige Expansion der Erotik hat ein vergnügliches Band geschaffen, das die Paare über die längste in der Natur anzutreffende Zeit der Aufzucht von Kindern hinweg aneinanderbinden hilft. Diese Erotik ist einer langen Beschäftigung des Menschen mit Partner und Nachkommenschaft nur förderlich; gleichzeitig kennzeichnet sie ein relativ fremdartiges Ereignis im Leben der Säuger.

Alle diese Entwicklungen umreißen das Bild einer Spezies, die sich immer noch in einem komplizierten, durchgreifenden evolutionären Wandel befindet. Um diesen Wandel geht es bei vielen der heißesten heutigen Debatten über Sexualität, zwischenmenschliche Beziehungen, Ehe und Kindererziehung. Nicht ausgeschlossen, daß sich unsere Spezies noch in einem problematischen Übergangsstadium befindet und sich den Weg in Richtung besserer Anpassung langsam vorantastet. Inmitten dieses Wandels verändern wir den Prozeß mit Hilfe chemischer Präparate auf eine nicht einmal zu ahnende Weise. Es bleibt eine der interessantesten Fragen, warum das nur so wenige interessiert.

EPILOG

DER ENTKRÄFTETE AFFE

Die Zukunft der Biohistorik

Die Theorie einer regressiven Evolution ist zwar umstritten, reizt indes meine Phantasie. Sollte sie sich als falsch herausstellen, so hoffe ich, daß etwas ähnlich Pfiffiges und Zufriedenstellendes an ihre Stelle tritt. Die Theorie ist paradox genug, um mitten aus dem Leben gegriffen zu scheinen, und ein Großteil unseres jüngsten Wissens über Geschichte, Gesundheit, Krankheit und Anpassung wird von ihr abgedeckt. Daß sie in den USA keine größere Unterstützung gefunden hat, liegt vermutlich daran, daß ihr auf den ersten Blick jener optimistische Fortschrittsglaube fehlt, ohne den sich der Amerikaner weder Vergangenheit noch Zukunft vorstellen kann.

Dieser Optimismus harmoniert mit dem aus Darwins Zeit auf uns überkommenen innigen Glauben, die Natur habe systematischen Fortschritt von Wissenschaft, Gesellschaft und allen Lebensformen verbindlich vorgeschrieben. Die Evolution wurde als eine Reihe von Schritten nach vorn aufgefaßt, wobei jede Spezies ihre Vorgänger hinsichtlich sinnvoller Vervollkommnung und Komplexität übertraf. Bei allen Arten, seien es nun Farne oder Gorillas, überlebte nicht nur der Kräftigste, sondern auch der Bessere, Gewitztere. Der Mensch war natürlich die beste, gewitzteste und genial komplexeste aller Arten. Heftig umstritten blieb allerdings, wie diese evolutionären Veränderungen von breitangelegtem ökologischem

Gleichgewicht bis hin zu Einzelheiten der genetischen Mechanismen vonstatten gingen. Diese Mechanismen sind, seitdem der genetische Code vor ein paar Jahrzehnten geknackt werden konnte, schon etwas besser verstanden worden, aber jede Entdeckung zog neue Fragen nach sich, und die Kontroversen wurden komplizierter und heftiger als je zuvor. Je mehr Informationen sich aus fossilen Überbleibseln von Frühmenschen und menschenähnlichen Arten gewinnen lassen, desto umstrittener werden die Rückschlüsse daraus.

Zu den fesselndsten Randgebieten der gesamten Entwicklungstheorie gehört das Gedankenmodell einer regressiven Evolution, das im Jahr 1970 von dem Psychiater David Jonas und der Anthropologin Doris Klein vorgestellt wurde. Dr. Jonas war Neurologe und Tropenmediziner gewesen, bevor er sich der Psychiatrie zuwandte.* Doris Klein ist eine gelernte Völkerkundlerin und Humanbiologin. In ihrem Buch ›Man-Child‹ äußerten sie die Ansicht, es habe lediglich den Anschein, daß sich das Leben in Richtung durchsetzungsfähigerer, komplexerer Formen geradlinig fortentwickle. Einer der Gründe, weswegen man dies oftmals nicht erkannt habe, liege in der traditionellen Einstellung zum Thema: Man neige dazu, rückwärts oder seitwärts gerichtete evolutionäre Veränderungen zu leugnen. Ein weiterer Grund sei darin zu sehen, daß die meisten Mißerfolge der Evolution, angefangen bei katastrophalen Mutationen bis hin zu Subspezies mit fatalen Defekten, nicht lange genug existierten, um fossile Spuren zu hinterlassen. Selbst in bezug auf die erfolgreichen, lange existent gebliebenen Lebensformen, sagten Jonas und Klein, sei die Evolution nicht als direkter Schritt vom Tauglicheren zum Tauglichsten zu sehen; das

* Derzeit ist er Professor am Inst.f.med.Psych. der Universität Wien. A. d. Ü.

bestmögliche Beispiel dafür sei der Mensch. Dies solle nicht heißen, daß die Entwicklung des Menschen degenerativ gewesen sei, sondern solle nur ausdrücken, daß seine Entwicklung mit einer Katastrophe begann und sich danach durch geschicktes Nutzen der Trümmer weitervollzog. Neotenie, das Hinüberretten kindlicher Merkmale ins Erwachsenenalter, sei das entscheidende Charakteristikum dieses Vorgangs.

Vor mehr als fünfzig Jahren hat der deutsche Anatom Ludwig Bolk auf die außerordentliche Ähnlichkeit zwischen dem erwachsenen Menschen und dem Schimpansen kurz vor der Geburt hingewiesen: Haarlosigkeit, Rundköpfigkeit, kleine Zähne, Flachgesicht, Fehlen beinerner Augenbrauenwülste, durchsichtige Nägel und Dutzende anderer Einzelheiten. Beim Schimpansen verlieren sich alle diese Merkmale, beim Menschen aber bleiben sie zeitlebens mehr oder weniger stark ausgeprägt. ›Physisch gesehen‹, ›sagte Bolk‹, ›ist der Mensch mithin ein geschlechtsreifer Primatenfötus.‹ Jonas und Klein behaupten, dies rühre nicht daher, daß die Affen menschenähnlichere Vorfahren gehabt hätten, sondern komme daher, daß die Menschen ihre fötalen und frühkindlichen Eigenschaften beibehielten.

Auch was ihr Verhalten anbelangt, stehen die Menschen einem neugeborenen Affen näher als einem ausgewachsenen. In Kapitel 8 sprachen wir davon, wie extrem diese Neotenie ist und wie sehr sie die Verhaltensgrundlage des Menschen darstellt. Neotenie ist auch bei vielen Primaten und Meeressäugern, wie etwa Schimpansen und Delphinen, bis zu einem bestimmten Grade feststellbar, nirgendwo ist sie jedoch so stark ausgeprägt wie beim Menschen. Spielerisch, neugierig, erfinderisch – Eigenschaften des Menschen, die in jedem Alter erhalten bleiben, während kleine Katzen, Hunde und auch junge Primaten sehr schnell darüber hinauswachsen. Just diese

Eigenschaften aber sind es, die dem Menschen – einer zu Angriff und Verteidigung körperlich nur bedingt fähigen Spezies – die größte Anpassungs- und Überlebenschancen bieten.

So gesehen, ist Neotenie also ein einleuchtender physischer und verhaltensmäßiger Rückwärtsschritt, der es unseren Vorfahren ermöglichte, zu lernen, sich zu verändern und ihre Umwelt zu beherrschen. Jonas und Klein meinen, Neotenie pflege immer dann aufzutreten, wenn eine Art vor einer Überlebenskrise stehe und die Anpassungsfähigkeit daher bis zum äußersten mobilisiert werden müsse. Die beiden spekulieren, daß die Krise, die die Menschen so außerordentlich neotenisch machte, dieselbe war, die ihrer Meinung nach unsere Vorfahren aus den Baumwipfeln auf die Erde zwang und ihnen zum aufrechten Gang verhalf – eine heftige Viruspandemie, die unsere Vorfahren beinahe ausgelöscht hätte.

Die Viren sind als Forschungsobjekt nicht weniger beliebt als die Evolution. Man muß sich darauf spezialisiert haben und wöchentlich haufenweise Fachzeitschriften lesen, um von Behauptungen, die entweder irrig, bestenfalls aber überholt sind, leben zu können. Trotzdem glaube ich gefahrlos sagen zu können, daß es sich bei einem Virus um ein großes, kompliziertes Molekül handelt, das den Protein- und Nukleinsäureketten in den Chromosomen einer Zelle recht ähnlich ist. Ein Virus durchstößt die Zellwand und dringt in den Kern vor, nährt und vermehrt sich. Dabei kann es im Wirtsorganismus zu Mutationen oder genetischen Neukombinationen kommen, die auf nachfolgende Generationen vererbbar sind. Wegen dieses Umstands sprechen manche Wissenschaftler von Viren als in letzter Konsequenz freischwebenden Genen. Zudem können auch die Viren mutieren, wodurch eine ungeheure Vielzahl von komplizierten Interaktionsmöglichkeiten mit ihren Wirten entsteht.

Besonders gut gedeihen Viren in reichlich mit Blut versorgten Teilen des Organismus, so zum Beispiel im Mittelhirn. Die Masern, Tollwut, Herpes simplex, Polio und Enzephalitis verursachenden Viren führen oftmals zu einer Entzündung des Gehirns. Kurzfristig können Schwäche, Teilnahmslosigkeit und Reizbarkeit die Folge sein; langfristig kann es zu Paralyse oder Hirnschäden kommen. Nach Virusinfektion des Gehirns blieben bis in jüngste Zeit viele Betroffene körperbehindert oder trugen schwere bleibende emotionale oder geistige Ausfallerscheinungen davon. Landläufige Virus-Kinderkrankheiten wie Masern und Röteln sind noch immer vielfach für geistige Retardierung und Störungen der Gefühlswelt verantwortlich. Mit alldem im Sinn stelle man sich nun eine Virus-Pandemie vor, zyklisch wiederkehrende Infektionskrankheiten wie Polio oder Enzephalitis, von denen ans Leben in den Bäumen angepaßte Affen heimgesucht werden. War die betreffende Krankheit der Spezies bis dahin nicht bekannt, dann dürften Sterblichkeitsrate und bleibende Schäden enorm hoch gewesen sein. Die wenigen Überlebenden konnten sich, da die Krankheit ihre motorischen Fähigkeiten ruiniert hatte, nicht mehr von Baum zu Baum schwingen. Entkräftet mußten sie sich auf die Erde begeben und dort verzweifelt ums Überleben kämpfen. Im Zuge der Geschichte der Primaten könnten solche Epidemien mehrfach aufgetreten sein, aber nur einmal, meinen Jonas und Klein, müsse es eine Handvoll behinderter Überlebender geschafft haben, den evolutionären Trend in Richtung des menschlichen Wesens in Gang zu setzen.

Vielleicht sei es zunächst nur wenigen Primaten gelungen, irgendwie durchzukommen, Nahrung zu finden, Raubtieren zu entkommen und sich zu vermehren. Deren direkte Nachkommen hätten sich vielleicht schon ein ganz klein wenig angepaßt; nachfolgende Generationen mögen sich schon erfolgreicher auf die Gegebenheiten eingestellt haben durch Änderungen des Verhaltens, anatomische Veränderungen und Entwicklung körpereigener Abwehrmöglichkeiten – wobei vielleicht ein paar von Viren verursachte, zufällig hilfreiche Mutationen ein wenig mithalfen. Beim Versuch, sich an eine neue ökologische Nische anzupassen, hätten sie auf die zur Kompensation seiner physischen Schwäche dem Jungtier gegebene Flexibilität zurückgegriffen und Erfindungsgabe und Ergründungsdrang aufs äußerste strapaziert. Wenn ihnen die Ergebnisse dieser Anstrengungen zu überleben geholfen hätten, dann wären diese neoten Merkmale ein Teil der genetischen Anlagen der sich entwickelnden neuen Spezies geworden. ›Es ist vielleicht kein erfreulicher Gedanke‹, sagen Jonas und Klein, ›aber diese kränklichen Primaten waren sicherlich die Vorläufer des Menschen.‹

Der Sozialwissenschaftler Lionel Tiger wendet ein, dies alles klinge wie ›Der Herr der Fliegen‹, nur daß in dieser Version virusladierte Primaten dank zahlloser glücklicher Mutationen und des Rückgriffs auf kindlichere Eigenschaften sich mühsam zu einer neuen Spezies zu entwikkeln suchen. Auch von anderer Seite werden zahlreiche Einwände und anderslautende Theorien vorgebracht. Jonas und Klein aber stützen ihre These auf scharfsinnige, ausführliche Darlegungen über Nerven- und Hormonsystem und über Virusinfektionen. Die beiden räumen gern ein, eine große Zahl möglicher Kombinationen von Anhaltspunkten durchgespielt und zu einer Theorie zusammengefaßt zu haben, die als Aufforderung zu Beweis oder Gegenbeweis gedacht sei. Ihre Gedankengänge sind jedoch besonders reizvoll, weil sie sich auf Überlegungen gründen, die in anderen Evolutionstheorien nur allzu oft außer acht gelassen werden.

Die Theorie von Jonas und Klein unterstellt keine zwangsläufigen Schritte vom Stärkeren zum Stärksten, bei denen es sich sowohl um moralische Überzeugungen als auch um ein wissenschaftliches Prinzip handelt. Nach der regressiven Theorie sind seitwärts und rückwärts gerichtete Entwicklungen erlaubt (man denke daran, daß sich Treponema-Infektionskrankheiten im Sinne des evolutionären Trends, aber genausogut auch gegenläufig ändern). Die Theorie ist eine Erklärung, weswegen sich unsere Vorfahren aus den Baumkronen auf die Erde hinabbegeben haben könnten; auch die konventionellen Theorien können sich meines Wissens nicht auf mehr oder bessere Belege stützen als die regressive. Das Evolutionsmodell von Jonas und Klein trägt zur Erklärung bei, wieso die Neotenie bei der Entwicklung des Menschen eine so gewichtige und charakteristische Rolle spielt. Das Modell bezieht sich auf etwas, was wir im Leben sehr oft, in der Theorie jedoch weniger häufig beobachten können: die Fähigkeit der Lebewesen, sich eigene Unzulänglichkeiten zunutze zu machen. Es gesteht den biologischen Umwälzungen im Zuge der sich über Zigmillionen von Jahren hinziehenden Entwicklung der Primaten einen angemessenen Platz zu; Epidemien und Pandemien mit ungeheuerlichen Folgen muß es im Laufe dieser Zeit wiederholt gegeben haben. Die Regressionstheorie deutet auch Antworten auf Fragen an, an denen andere Evolutionstheoretiker noch immer herumrätseln; zum Beispiel, weswegen die Neandertaler plötzlich verschwanden: der Grund könnte schlicht und einfach eine pandemische Zoonose gewesen sein. Die herkömmlichen Erklärungen der menschlichen Entwicklung sind zu einem zu großen Teil so etwas wie ökologische Harmonielehre – Epidemien, Unverhofftes, das im Alltagsleben jederzeit zu beobachtende normale Maß von Katastrophen, Überraschungen und Widersprüchlichkeiten kommen darin nicht vor.

Die Regressionstheorie liefert auch einige Hinweise auf die biologische Zukunft. Heute heilen oder verhüten wir

Viruserkrankungen der Kinder von Röteln bis hin zu Polio (ohne daß die Impfstoffe – zumindest, soweit bekannt – fortwährend kleine genetische Auswirkungen hervorrufen würden). Mithin retten wir viele Kinder, die aufgrund ihrer allgemeinen Konstitution oder ihres Immunsystems in der Vergangenheit nicht überlebt hätten. Dies muß, sieht man die Kinder als Gruppe, zumindest leichte Veränderungen der genetischen Anlagen des Menschen nach sich ziehen. Mit ihrer Behauptung, die heute Viruserkrankungen überstehenden Kinder seien dabei, den Kern einer neuen Subspezies zu bilden, könnten Jonas und Klein tatsächlich recht haben.

Man denke auch an Kinder, die von Bakterien und anderen Ur-Organismen verursachte Infektionskrankheiten überstanden haben, sowie an andere, die vor unmittelbarem oder schließlichem Tod infolge von körperlichen oder geistigen Mißbildungen bewahrt wurden. Dazu vergegenwärtige man sich die Auswirkungen von Röntgen- und anderen Strahlen, synthetischen Hormonen, Psychopharmaka und buchstäblich einer Million von anderen synthetischen Verbindungen, die mittlerweile in Luft, Erdboden und Wasser anzutreffen sind. Und dann nehme man noch die begeisterten bzw. unangebrachten Bemühungen der Genmanipulateure, die sich auf immer mehr Arten – angefangen bei Pilzen und Bakterien bis hin zum Menschen – konzentrieren. Diese physischen Veränderungen schlagen auch auf das Verhalten durch. Wahrscheinlich wird eine neue Subspezies von Menschen entstehen, von der noch niemand sagen kann, welcher Art sie sein wird: vielleicht schwächer, krank, beherrscht von destruktiven Charakterzügen; vielleicht begabt mit bislang unbekannter geistiger Wendigkeit und kooperativen, fürsorglichen Fähigkeiten. Vielleicht auch beides. Vielleicht wird diese neue Subspezies, wie die von Jonas und Klein ins Gespräch gebrachten entkräfteten Affen, auch in der Lage sein, einen nicht vorherbestimmbaren Anpassungsschwenk vorzunehmen, Kraft und Schwung für Überleben und Gedeihen aufzubringen.

Diese Auffassung ist nicht apokalyptisch, es handelt sich auch um keine Verunglimpfung der Vergangenheit oder der Zukunft des Menschen. Sie wehrt sich aber dagegen, den Menschen allein ins Zentrum des Universums zu stellen und so zu tun, als prallten alle Kräfte von ihm als einzigem Wesen wirkungslos ab. Diese Haltung ist berechtigt, denn man sollte nicht vergessen, wie oft allein in historischer Zeit das ganze Leben auf dieser Erde von biologischen Umwälzungen betroffen war.

Wer Virusepidemien und regressive Evolution für schlecht hält, sollte sein Augenmerk auf ein paar neue und zunehmend populärer werdende Theorien über weitaus größere Katastrophen richten. Eine dieser Theorien erklärt das Aussterben der Dinosaurier, die die Erde den winzigen ersten Säugern hinterließen.

Vor gut fünfundsechzig Millionen Jahren verschwanden bis zu drei Viertel aller Arten der Erde – darunter die Land-, Meeres- und Flugsaurier sowie eine ungeheure Zahl von winzigen Meereslebewesen, die den Ausgangspunkt der maritimen Nahrungskette bildeten. Es handelte sich um eine biologische Umwälzung, die wegen ihrer Bedeutung für den Menschen durchaus bedenkenswert ist.

Kreide-Tertiär-Grenzereignis ist das schicksalsschwere Wort für eine buchstäblich erderschütternde Begebenheit. Lange Zeit stellte man sich darunter einen schrittweisen Klimawandel vor, dem sich die wechselwarmen Tiere nicht anzupassen vermochten. Lehrbücher, Kinderbücher und der Film ›Fantasia‹ vermittelten Millionen das Bild keuchender, im heißen Staub verendender Dinosaurier. Wieder denkt man an einen systematischen Wandel, der nach und nach höhere, kompliziertere Arten hervorbrachte.

Aber vor weniger als zehn Jahren nahm eine ganz andere Erklärung langsam Gestalt an. Diese Erklärung war weitaus dramatischer, und das allein ließ viele an ihr zweifeln. Aber die Forschungen zweier Wissenschaftler – Vater und Sohn – von der University of California in Berkeley führten in Italien zu einer geologischen Entdeckung, aus der sich verblüffende Aufschlüsse über das Ende der Saurierzeit herleiten ließen.

Der Physiker Luis Alvarez und sein Sohn Walter, ein Geologe, beschäftigten sich in der Natur und im Labor mit der geologischen Schicht zwischen der Kreidezeit, der die Dinosaurier angehörten, und dem nachfolgenden Tertiär. Da diese Schicht nur sehr dünn war, hatten andere Wissenschaftler vor den beiden Alvarez schon erkannt, daß jenes Erdzeitalter nicht sehr lange gedauert haben konnte. Eigentlich war die Schicht sogar so dünn, daß sich darin kaum eine graduelle Klima- und Vegetationsveränderung der Erde spiegeln konnte. Mit Hilfe modernster Analysenmethoden stellten die Alvarez im Labor fest, daß diese Schicht erstaunlich viel Iridium, ein dem Platin verwandtes seltenes Metall, enthielt.

In der Erdkruste kommt Iridium nur in winzigen Mengen vor; die Wissenschaft geht davon aus, daß sich das meiste Iridium vor Urzeiten im flüssigen Erdkern niedergeschlagen hat. Iridium in der vorgefundenen hohen Konzentration kann nur einer einzigen Quelle entstammen: Meteoriten. Die Implikationen der Alvarezschen Entdeckung veranlaßten andere Forscher, die Schicht zwischen Kreide und Tertiär weltweit – von Dänemark bis Neuseeland und selbst auf dem Grunde der Weltmeere – auf Iridium zu untersuchen. Auch sie fanden hohe Konzentrationen von Iridium und Osmium, einem weiteren, seltenen Verwandten des Platins, der in Meteoriten viel häufiger als auf der Erde anzutreffen ist. Sie fanden auch Tektite, also glasartige Körper (›Glasmeteoriten‹), die entstehen, wenn die durch die Wucht des Meteoritenaufschlages fortgeschleuderten Trümmer abkühlen und danach in veränderter Form niederregnen.

Mit Aufkommen weiterer Belege erhärtete sich eine neue Theorie: Die Evolution unserer gesamten Biosphäre änderte sich gewaltsam und abrupt, als ein Komet von etlichen Zigkilometern Durchmesser in einem der Meere einschlug. Er heizte Meere und Atmosphäre auf, setzte eine Zyanidwolke frei und schleuderte Staubmassen in die Stratosphäre, die dort jahrelang schweben blieben; die Folge waren Dunkelheit und Wärme, Photosynthese ist aber ohne Sonnenlicht nicht möglich. All dies muß sehr schnell gegangen sein; in Spanien deutet die Schicht zwischen Saurierzeit und dem Zeitalter der frühen Säuger auf vielleicht gerade fünfzig Jahre hin. Der Meteoriteneinschlag, sagt Dr. Kenneth Hsu aus Zürich, hätte Folgen haben können, die ›sich mit den paläontologischen Belegen über das Aussterben (bestimmter Arten) nahezu vollständig decken‹. Die beiden Alvarez' schlossen, die Erde sei von einem der größeren Asteroide, die deren Umlaufbahn schneiden, getroffen worden.

Diese Theorie hätte vielleicht inmitten der hitzigen Debatte der Fachwelt eine Weile unbeachtet bleiben können, aber die Forscher gingen den Implikationen weiter nach; einige von ihnen fanden gar Hinweise auf einen weiteren Meteoriten, der große Umwälzungen verursacht hatte. Man bohrte auf dem Grund der Karibik, des Indischen und Stillen Ozeans sowie in Dänemark und Colorado. E.P. Glass, R. Ganapathy und die beiden Alvarez' entdeckten eine dünne, iridiumhaltige Schicht, zuzuordnen dem plötzlichen Ende des Eozäns, der vor etwa vierunddreißig Millionen Jahren abgeschlossenen zweitältesten Formation des Tertiärs. Ganapathy schätzt, daß ein Meteorit von etwa drei Kilometer Durchmesser und einem Gewicht von mindestens fünfzig Milliarden Tonnen in der

Karibik eingeschlagen sei, Tektiten über die halbe Erde verstreut und genügend auf die Umwelt eingewirkt habe, um Land- und Meerestiere plötzlich aussterben zu lassen. Sowohl das Eozän- wie das Kreide-Tertiär-Ereignis, behauptete er, lieferten starke Anhaltspunkte für den Untergang vieler Arten und die ›Folgerung, daß bei der Entwicklung des Lebens auf der Erde größere Meteoriteneinschläge eine Rolle gespielt haben‹. Wer sich die Folgen eines ›begrenzten‹ Atomkrieges vorstellen möchte, mag sich diese Umwälzungen zum Maßstab nehmen.

Nicht alle Wissenschaftler haben sich bereitwillig dieser Theorie angeschlossen. Manche meinen, das Iridium rühre von Vulkanausbrüchen her; andere denken, Hauptursache des Massensterbens seien von Meteoriteneinschlägen unabhängige Klimastürze gewesen. Der Paläontologe William Clemens von Berkeley schloß – wie auch ein paar andere – aus Untersuchungen von Dinosaurierfossilien aus Montana, daß ein Asteroid vor fünfundsechzig Millionen Jahren das Leben im Meer zwar dezimiert, den Dinosauriern aber nichts habe antun können. Denn die, so sagt er, waren beim Einschlag des Meteoriten schon ausgestorben. Walter Alvarez ist anderer Ansicht; er sagt, die Grenzformation in Montana symbolisiere höchstens zehntausend Jahre, und das sei in evolutionärem Sinne höchstens ein Augenblick – womit er, wenn man an die Zeit von Millionen Jahren denkt, während der die Dinosaurier die Erde beherrschten, sicherlich recht hat.

Als dieses Buch kurz vor der Drucklegung stand, machte die Theorie einen weiteren Sprung voran. Wissenschaftler von Berkeley, der Universität Chicago und der NASA haben die Häufigkeiten des Verschwindens von Arten mit der eingeschlagener Himmelskörper verglichen und regelmäßig einen Zusammenhang entdeckt, der sich ihrer Ansicht nach nur durch einen kreisenden Himmelskörper erklären läßt. Zwei Forscherpaare behaupten jetzt, die Sonne habe ein Pendant (sie nennen es Nemesis), das alle achtundzwanzig Millionen Jahre Kometen auf die Erde niedersausen lasse; die Folge sei jeweils ein Massensterben. Den Stern hat noch niemand zu Gesicht bekommen, aber Berechnungen lassen darauf schließen, daß es ihn gibt, und daß uns von dorther in vierzehn Millionen Jahren wieder Besuch ins Haus steht.

Die Meinungsverschiedenheiten bleiben, und es gilt noch vieles zu lernen. Viele Wissenschaftler sind mit den beiden Alvarez' und deren Kollegen der Auffassung, daß der Iridiumgehalt eine entwicklungsgeschichtliche Bedeutung habe und weltweit bei Grabungen bei der Bestimmung der zeitlichen Folge mithelfen könne. Der Wissenschaftler Erle Kauffman hält es für sehr bedeutsam, daß seine Kollegen von der traditionellen gradualistischen Auffassung von Evolution abweichen wollen: ›Zu akzeptieren, daß Katastrophen normale erdgeschichtliche Vorkommnisse sind, bedeutet einen großartigen philosophischen Durchbruch.‹

Manche behaupten, Dinosaurier und Asteroide hätten miteinander überhaupt nichts zu tun. Das, was erwidert wird, ist nicht bedeutungslos, denn es trägt nicht nur zum Begreifen der Fakten und zum besseren Verständnis der Evolution bei, sondern hilft auch dabei, zu biologischen Vorgängen bei allen Arten einschließlich des Menschen einen Standpunkt zu finden. Dies wird klar ersichtlich, wenn man sich mit einer Theorie beschäftigt, die jüngst von Paul Martin von der Landesuniversität Arizona vorgestellt wurde; es geht um das Verschwinden von gut fünfundfünfzig Großtierarten mit dem Ende der letzten Eiszeit vor zehntausend Jahren. Weil Mastodon, Mammut, Riesenfaultier und Säbelzahntiger mit dem Abschmelzen der Gletscher ausstarben, wird vielfach angenommen, daß klimatische und andere Umwelteinflüsse für den Untergang der Arten verantwortlich gewesen seien. Martin jedoch sieht in dem Jagdeifer des Menschen den Grund; er datiert das Aussterben in dieselbe Zeit wie die Besiedlung von Teilen der Neuen Welt. Er verweist auch darauf, daß die Arten viel schneller verschwanden, als sich das Klima ändern konnte. Zweiflern an seiner Behauptung, daß zu intensive Bejagung zum Aussterben der Arten geführt habe, hält er Madagaskar als Beispiel vor: Die Insel wurde erst vor etwa tausend Jahren besiedelt, und prompt verschwanden viele Großtiere.

Ob ein Asteroid die Dinosaurier umbrachte und ob der Säbelzahntiger ein Opfer der Jagdleidenschaft wurde – um mir hier ein Urteil zu erlauben, fehlt mir der Sachverstand. Ebensowenig kann ich beurteilen, ob die Theorie der regressiven Evolution besser als andere entwicklungsgeschichtliche Theorien ist; allerdings erscheint die Idee mittlerweile nicht mehr so ausgefallen wie auf den ersten Blick. Auf welche Seite man sich schlägt, dürfte selbst bei Fachleuten nicht weniger von Temperament und Sinnesart als von Fakten bestimmt werden. Ich für meinen Teil hüte mich vor apokryphen Meinungen und chaotischen Szenerien; das komplizierte Wechselspiel von Biosphäre und Umwelt fasziniert mich dermaßen, daß ich mich gedanklich lieber damit beschäftige, als nach einer Art ›Urknall‹-Theorie zu suchen. Manch einer liebt solche Vereinfachung, die darin zum Ausdruck kommende Gewaltsamkeit und Endgültigkeit. Ungeachtet meiner Einstellung muß ich mit respektvoller Neugier vor gewissen Umwälzungstheorien unschlüssig haltmachen.

Es besteht kein Zweifel, daß Meteoriten auf die Erde gefallen sind und daß sie von Epidemien verwüstet wurde. Die Biohistorie des Menschen und seiner Erde ist nicht die Geschichte eines ununterbrochenen schrittweisen Wandels zum Besseren. Katastrophen und der Triumph über Katastrophen gehören ebenso dazu, wenngleich wir die Zusammenhänge oftmals noch nicht verstehen können. Neue biohistorische Erkenntnisse werden sich einstellen – nicht nur aufgrund von neuem Laborgerät und neuen Beobachtungen, sondern auch deswegen, weil geistige Flexibilität eine fortwährende Modifizierung und Erweiterung unserer Anschauungen zuläßt.

Die Biohistorik hat, wie Geschichte grundsätzlich, eine Zukunft. Geschichte ist mehr als angehäufte Information; sie ist auch mehr als auf Information fußende Interpretation. Geschichte ist die Gelegenheit zu fortwährender Neuinterpretation von Ereignissen vor dem Hintergrund der jeweiligen Voreingenommenheiten sowie die Möglichkeit, unser Selbstverständnis und unsere Einstellung zu der Welt, in der wir leben, neu festzulegen. Daher macht sich jede Generation ein anderes Bild von der Vergangenheit, sucht eine neue Gegenwart zu erfahren und revidiert die eigenen Zukunftserwartungen. Kurz gesagt, Geschichte ist ein wechselhafter Geisteszustand.

Biohistorie ist ein ganz besonderer Geisteszustand, der sich von der traditionellen Geschichts- und Naturwissenschaft sehr unterscheidet. Sie zeichnet sich aus durch Berücksichtigung eines breiten Spektrums, das unterschiedlichen Lebens- und Wissenschaftsbereichen zugeordnet ist; sie blüht und gedeiht durch Zusammenfassung der einzelnen Betrachtungsweisen. Wenn der Biohistoriker Gestalten wie Napoleon oder Poe ins Auge faßt, dann kümmert er sich nicht nur um Politik oder Literatur, sondern berücksichtigt dazu auch noch das Gefühls- und Seelenleben der beiden (nach bestem Kenntnisstand der heutigen Psychiatrie) und ihre Krankengeschichte (wie sie gegenwärtig von der Medizin aufgefaßt wird) und zieht ferner die Wechselwirkung von Leib und Seele in sozialem Kontext in Betracht. In die kulturelle Vergangenheit blikkend, versucht der Biohistoriker von unseren Vorfahren ererbte Verhaltensweisen und Gefühle sowie die jeweiligen Umwelteinflüsse ins Auge zu fassen. Angesichts menschlicher Überreste versucht er, auf Kultur, Alltagsleben, Gefühle und Überzeugungen zu schließen. Der Biohistoriker untersucht nicht nur die Wirkungen von Krankheiten auf eine Kultur, sondern auch umgekehrt. Widmet er sich der Spezies Mensch, so wird die gesamte Biosphäre mit bedacht – angefangen bei Spurenelementen in der Atmosphäre bis hin zu den biologischen Uhren, die unsere Gefühlswelt steuern.

In diesem Buch konnte biohistorischer Wagemut nur anhand von wenigen Beispielen geschildert werden; es gibt Dutzende von anderen Beispielen, denen ich gerne nachgehen würde. Bei manchen handelt es sich um Individualstudien. Da Goya an der sogenannten Malerkrankheit litt, hätte ich gern erfahren, inwieweit andere große Maler davon betroffen waren. Manche Wissenschaftler haben auf einen ähnlichen Fall hingedeutet, den zu verfolgen sich lohnte. Gemeint ist Sir Isaac Newton*, dessen Leben nach einem schweren Anfall körperlicher und geistiger Schwäche – hervorgerufen vielleicht durch eine ähnliche Schwermetallvergiftung, denn er hatte bei seinen Laborversuchen ständig mit Quecksilber zu tun – plötzlich einen gänzlich anderen Verlauf nahm. Seine Tagebuchaufzeichnungen lassen vermuten, daß er Queck-

* Newton (1643 – 1727) hatte 1693 zumindest schon seinen zweiten schweren Zusammenbruch, der seine Freunde S. Pepys und J. Locke, die er beide mit den lächerlichsten Vorwürfen bedachte, an seinem Verstand zweifeln ließ. Er erholte sich aber wieder. Newton war von Kindesbeinen auf ein schwerer Neurotiker gewesen, was wohl daher rührte, daß seine Mutter ihn als Kleinkind ihrem zweiten Mann zuliebe (der Vater war kurz vor seiner Geburt verstorben) zu den Großeltern gab und sich fast zehn Jahre lang überhaupt nicht um ihn kümmerte. Sein Verhältnis zu Frauen war zeitlebens gestört, wie es heißt, begnügte er sich mit seiner Rolle als Mentor der englischen Wissenschaft und einer engen Beziehung zu dem in England lebenden schweizerischen Mathematiker Fatio de Duillier. Dieses enge Verhältnis nahm Anfang 1693 aus heute nicht mehr erkennbaren Gründen ein jähes Ende; ob es mit dem o. g. Anfall in ursächlichem Zusammenhang steht, ist nicht gewiß. Jedenfalls erging er sich vier Monate später in den erwähnten Anschuldigungen und Drohungen (Locke zum Beispiel warf er vor, ihn mehr oder weniger mit Frauen verkuppelt zu wollen haben). A. d. Ü.

silberdämpfe inhalierte und mit dem Metall wohl auch oral in Berührung kam. Wenn man bedenkt, daß die Redensart ›verrückt wie ein Hutmacher‹ sich darauf gründet, daß bei der Filzherstellung Quecksilber verwandt wurde, dann ist auch bei Newton an die Folgen einer Quecksilbervergiftung zu denken. Auch Alexander der Große, den man verschiedentlich einen Alkoholiker, Epileptiker und ein Opfer der ›Krankheit der Macht‹ nennt, wäre eine biohistorische Studie wert.

Viele Familien und kleinere Populationen könnten Gegenstand interessanter Studien sein. Der hämophilen Romanow-Dynastie wurde bereits eine größere Aufmerksamkeit zuteil; unser Wissen um vererbbare Krankheiten ist aber in den letzten Jahren so gewachsen, daß sich umfangreiche neue Studien mit vielen herrschenden Geschlechtern zwischen dem alten Ägypten und dem modernen Europa befassen sollten. Faszinierende Studien ließen sich auch anfertigen über hochgradige Inzucht im Rahmen kleiner Populationen – angefangen bei den Angehörigen von auf steinzeitlicher Stufe stehengebliebenen Stämmen Borneos bis hin zu den Bewohnern kleiner Weiler in den Ozarks* und im hohen Nordosten der Vereinigten Staaten.

Für Studien großer Populationen stehen heute vielversprechende neue Möglichkeiten zur Verfügung. Eine erschöpfende Biohistorie der Malaria und ihrer Auswirkungen auf die gesamte Zivilisation der Erde könnte einen ein Leben lang beschäftigen. Der Zusammenhang von Malaria und Sichelzellanämie (die einen gewissen Schutz vor

---

* Reich bewaldete und stark gegliederte Schichtstufenlandschaft, die sich aus den ›Zentralen Ebenen‹ der USA zwischen den Flüssen Mississippi und Arkansas in den Bundesstaaten Missouri, Arkansas und Oklahoma gut 700 m über dem Meeresspiegel erhebt. Heute eine ausgesprochene Fremdenverkehrsgegend. Der Bundesstaat Maine im äußersten Nordosten hat eine ebenso wilde, wald- und seenreiche Mittelgebirgslandschaft wie die Ozarks; auch dort ist die Besiedlung teilweise nur sehr dünn. A. d. Ü.

ersterer bietet) hat die afrikanische und afro-amerikanische Geschichte zutiefst beeinflußt. Über dieses Thema ist in den letzten Jahren viel geschrieben worden, aber noch immer harren die Auswirkungen dieser Krankheit auf Gesellschaften der Antike wie der Neuzeit ihrer umfassenden Darstellung. Analysen des Hämoglobins, der Blutgruppen und der Gewebetypen werden es uns vielleicht bald erlauben, Bevölkerungsverschiebungen nachzuspüren, über die keinerlei schriftliche Belege existieren. Die Ergebnisse dieser Nachforschungen könnte man dann mit den Verbreitungsgebieten der Malaria vergleichen.

Ganz andere Studien sind ebenfalls möglich. Seit Jahrzehnten versuchen Psychiater und Anthropologen einen Zusammenhang zwischen Kindererziehung und kulturellen Strukturen herzustellen. Eine verbindliche Untersuchung der psychosozialen Bedeutung von beispielsweise Stillen (durch Mutter oder Amme) gegenüber Flaschenernährung steht noch aus; angesprochen sind hier nicht nur die herkömmlichen Disziplinen, sondern auch die moderne Forschung mit dem Thema der Mutter-Kind-Beziehung.

Die Biohistorik deutet auch darauf hin, daß noch vieles zu lernen ist über den Geruchssinn als treibende Kraft hinter der Evolution, dem Verhalten und den Beziehungen des Menschen. Kulturvergleichende Studien werden mit sozialen und psychologischen Beobachtungen in Korrelation gesetzt werden müssen. Dann werden wir wissen, ob manche Biologen mit ihrer Behauptung recht haben, daß es weniger darauf ankommt, ob uns gefällt, was andere denken oder tun, sondern vielmehr darauf, ob uns ihr Geruch zusagt.

Insbesondere zwei Studien lassen mir keine Ruhe. Bei der einen handelt es sich, wir sprachen im fünften Kapitel darüber, um die Auswirkungen der ersten Fernwaffen auf die Menschheit. Wenn es heißt, Kernwaffen hätten das Leben des Menschen für alle Zeit verändert, so trifft das zu. Aber der erste Speer, die erste Schleuder oder der erste Pfeilbogen – oder was immer es war, das erstmalig Töten aus der Ferne zuließ – hatte auf den Menschen einen gleich großen, wenn nicht gar größeren Einfluß. Es braucht Mut, Schlauheit, Kraft und überschäumenden Haß, um einen Menschen mit bloßen Händen oder mit einem Stein oder Knüppel umzubringen. Man stelle sich Entsetzen, Triumph und ehrfürchtiges Staunen des ersten Menschen vor, dem es gelang, von Ferne zu töten, ohne den anderen körperlich zu berühren und als Individuum wahrnehmen zu müssen. Vielleicht erfand man die Waffen zunächst für die Jagd, aber die Tragweite ihres ersten Einsatzes gegen einen anderen Menschen muß erschütternd gewesen sein. Es muß der Eindruck entstanden sein, daß die Ausrottung der Menschheit, wie jedermann nun wahrnehmen konnte, in den Bereich des Möglichen gerückt war.

Wie andere gesellige, aggressive Geschöpfe, so hat auch der Mensch nicht nur große Möglichkeiten zur Gewaltanwendung, sondern ebenso starke Mechanismen zur Steuerung und Beschwichtigung von Ungestüm. All dieses ist im Mittelhirn, eher Sitz der Gefühle denn der Logik, genetisch verankert. Mit dem Wachsen der Großhirnrinde, des denkenden Teils des Gehirns, entwickelte sich die Technologie – auch die Waffentechnologie. Ferntötung und eine erbarmungslose Hirnrinde machten den Menschen zum ersten und einzigen Superkiller auf Erden, zur tödlichen Bedrohung seiner selbst und anderer Arten. Diesen Abgrund zwischen den denkenden und empfindenden Teilen des Gehirns müssen wir noch besser ausloten.

Ein anderes Thema, das meiner Ansicht nach förmlich nach besonderer Ergründung schreit, ist die Frage, wie aus Jungen und Mädchen Männer und Frauen werden. Diese Frage ist so umfangreich, daß man zunächst einen Zipfel zu packen bekommen muß, um sich daran weiter vorzuarbeiten. Wir haben schon ein wenig in Erfahrung bringen können, wie Männer in Gruppen agieren; wir müssen noch mehr darüber lernen, wie sie durch kindliche Beziehungen und Jungenspiele darauf vorbereitet werden. Es gibt inzwischen einige überzeugende Untersuchungen über die Voraussetzungen des männlichen Gruppen- und Sozialverhaltens anhand von Beobachtungen anderer geselliger Arten. Vor gerade zehn Jahren brachten Tiger und Shepher eine ungemein wichtige Studie über das Gruppenverhalten von Frauen heraus; die Schrift ist mit ›Women on the Kibbutz‹ betitelt. Das Interesse am Denken, Fühlen und Verhalten der Frauen ist groß. Die Zeit ist nunmehr reif nicht nur für eine energische Befürwortung der Rechte der Frau, sondern auch zur Gewinnung von Erkenntnissen über ein arg vernachlässigtes Thema. Im Interesse der Frauen, Männer und Kinder müssen wir der Frau die gleiche forschende Neugier wie dem Mann entgegenbringen, und die wissenschaftlichen Voraussetzungen dafür sind heute besser als je.

Ich hoffe, daß andere sich dieser Themen annehmen werden. Eines aber behalte ich mir allein vor. Ich hoffe, eines Tages die Biohistorie meiner Familie zu schreiben. Meine entfernten Vorfahren schweiften vermutlich als Hirten oder Kamelreiter nomadisierend durch den Nahen Osten. Irgendwie landete die Familie meines Vaters dann vor anderthalb Jahrhunderten im russischen Minsk; die Familie meiner Mutter hatte es in die Ukraine, in den Raum Odessa-Kiew, verschlagen. Sie überlebten entsetzliche Feindseligkeiten, wie sie nur der Mensch Angehörigen anderer ethnischer Gruppen, aufgefaßt als Exemplare einer anderen Spezies, antun kann. Sie überlebten, weil sie sich zu großen, durch wechselseitige Treue verbundenen Sippen zusammenfanden. Die Familien beider Eltern gelangten in die Vereinigten Staaten und gaben dort ihrer sozialen und biologischen Geschichte, unter anderem durch zahlreiche eheliche Verbindungen mit Angehörigen anderer Völkerschaften, einen neuen Verlauf. Sie alle hatten neben ihrer speziellen Familiengeschichte auch eine genetische, medizinische und Sozialgeschichte. Sollte ich diese Geschichte schreiben, wird sie dem genügen, was von jeder Biohistorie direkt oder indirekt zu verlangen ist: es wird unsere Geschichte sein.

BIBLIOGRAPHIE

Bibliographien werden oft übergangen, und oft tut man auch gut daran. Die vorliegende aber sollte genutzt werden und nicht wie ein umgestürzter Grabstein am Ende des Buches unbeachtet liegenbleiben. Jeder Leser möchte, daß ihm der Autor Leitlinien vorgibt. Dem komme ich kurz und knapp nach.

Eine vollständige wissenschaftliche Bibliographie würde bei jedem Kapitel dieses Buches den Umfang eines ganzen Bandes haben müssen. Über Napoleon sind zum Beispiel etliche Hunderttausend Artikel erschienen. Zudem sind manche der für dieses Buch herangezogenen Quellen so speziell, daß sie nur Spezialisten interessant finden; es ist hier just genauso wie bei den sprichwörtlichen Pinguinen; sie sind nur für ihresgleichen interessant. Ich verfolge hier eine doppelte Absicht. Zum einen möchte ich die Arbeiten erwähnend aufführen, aus denen ich im Text entweder zitiert oder Darstellungen entnommen habe. Andererseits beabsichtige ich dem Leser Gelegenheit zu geben, diesen kühnen, biohistorischen Unterfangen tiefer nachzugehen. Es werden daher für jedes Kapitel auch Bücher genannt, in denen detaillierte, wissenschaftliche Bibliographien zu finden sind.

Der Autor glaubt es riskieren zu können zu sagen, welche Quellen er für gut, mäßig oder für Humbug hält. Seine Kommentare sind als Versuch gedacht, dem Leser Zeit und Ärger zu ersparen. Arbeiten, die besonders gut oder lesbar sind, wurden mit einem Sternchen gekennzeichnet. Es wird fallweise auch ersichtlich, ob es sich um für das breite Publikum oder nur für Wissenschaftler und Spezialisten interessante Veröffentlichungen handelt.

KAPITEL 1 – NAPOLEONS DRÜSEN

Es gibt periodisch erscheinende Zeitschriften, die es sich zur Aufgabe gemacht haben, alle Veröffentlichungen über Napoleon aufzulisten; die Literatur selbst ist umfangreich und in den verschiedensten Sprachen gehalten. Bei Butterfields schmalem Buch handelt es sich um eine knappe, lesbare Einführung. Felix Markhams Buch ist broschiert zu haben; der normale Leser kann dessen Bibliographie als Leitfaden benutzen. Dieses Kapitel beruft sich auf Berichte aus erster Hand, geschrieben von jenen, die Napoleon während seiner Jahre auf St. Helena kannten: Antommarchi, Bertrand, de las Cases, Gourgaud, Marchand, Montholon und andere. In den meisten ausführlichen Arbeiten über Napoleons letzte Jahre werden diese Autoren reichlich zitiert. Zu den angesehensten, allgemeinen Abhandlungen über Napoleons Leben zählen die Arbeiten von Fournier, Rose und Thompson. Ein Großteil des medizinischen Schrifttums, selbst des neueren, ist ausschließlich für Wissenschaftler oder als intellektuelles Tummelfeld gedacht; die Titel sind aber aufgeführt, weil aus den Arbeiten zitiert oder darüber gesprochen wurde. Adler wird von Way zitiert; Yvan, Carnot und Dunlop werden von Richardson, und Abbatucci wird von Brice zitiert.

*Altick, Richard: *Lives and Letters*. New York, 1966.

Antommarchi, Francesco: *The Last Days of Napoleon*. London, 1826.

Arnott, A.: *An Account of the Illness, Decease, and Post-Mortem Appearance of Napoleon Bonaparte*. London, 1937.

Aubry, O.: *St. Helena*. London, 1937.

Ayer, Wardner: *Napoleon Buonaparte and Schistosomiasis or Bilharziasis*. New York State Journal of Medicine 66 (1966), S. 2295–2301: Interessant, gründlich, überzeugend.

Bertrand, Henri-Gratien: *Napoleon at St. Helena*. London, 1953.

Brice, Raoul: *The Riddle of Napoleon*. London, 1937.

*Butterfield, Herbert: *Napoleon*. New York, 1956.

Cabanes, A.: *Curious Bypaths of History*. Paris, 1898.

*Cartwright, Frederick: *Disease and History*. New York, 1972: eines der besten populärwissenschaftlichen Bücher über Krankheiten und Epidemien als Biohistorie. Wenngleich einige Details schon leicht überholt sind, bleibt das Buch informativ.

Chaplin, Arnold: *The Illness and Death of Napoleon Bonaparte*. London, 1913.

Clark, L. Pierce: *The Narcissism of Napoleon*. Medical Journal and Record (1929), S. 442 ff. und S. 521 ff.

Cobb, Ivo: *The Glands of Destiny: A Study of Personality*. London, 1927.

Desmond, Shaw: *Personality and Power*. London, 1950.
Fisher, H. A. L.: *Napoleon Bonaparte*. Oxford, 1912.
Forshufvud, Sten: *Who killed Napoleon*. London, 1962.
Ganière, Paul: *Napoleon at Sainte-Hélène*. Paris, 1960.
Gourgaud, Gaspar: *Journal de Sainte-Hélène*. Paris, 1899
Guthrie, Leonard: *Did Napoleon Suffer from Hypopituarism?* Lancet II (1913), S. 623.
Henry, Walter: *Events of a Military Life*. London, 1843.
Hillemand, Pierre: *Pathologie de Napoleon*. Paris, 1970.
Jonas, David an Jonas, Doris: *Sex & Status*. New York, 1975; auch deutsch: Schweizer Verlagshaus Zürich, 1978: ein interessantes Buch über Psychologie von Sexualität und Macht; geschrieben von einem Psychiater und einer Anthropologin. Stellt indirekt aber bezeichnend auf Napoleon ab.
Kemble, J.: *Napoleon Immortal*. New York, 1959: nützlich. Beschäftigt sich stark mit dem französischen medizinischen Schrifttum. Stützt die Theorie der Fröhlichschen Krankheit.
Korngold, Ralph: *The Last Years of Napoleon*. New York, 1959.
Las Cases, Comte de: *Mémorial de Ste. Hélène*. Paris, 1823.
L'Estaing, Hugh: *The Pathology of Leadership*. New York, 1970.
Lewin, Peter: *News from the Field*. Paleopathology Newletter 36 (1982), S. 5–6: setzt sich mit der Arsentheorie auseinander.
Lewin, Peter; Hancock, R. G. und Voynovich, P.: *Napoleon Bonaparte – no evidence of chronic arsenic poisoning*. Nature 299 (1982) S. 627–628.
McLaurin, C.: *Post Mortem*. New York, 1923.
Marchand, Louis: *Mémoires de Marchand*. Paris, 1955.
*Markham, Felix: *Napoleon*. New York, 1963.
Martineau, Gilbert: *La Vie Quotidienne à Sainte-Hélène au Temps de Napoléon*. Paris, 1966.
Masson, Frédéric: *Napoleon at St. Helena*. London, 1949.
Montholon, Charles-Tristan: *History of the Captivity of Napoleon at St. Helena*. London, 1846.
Neruda, Pablo: *Memoirs*. New York, 1977.
Ober, William: *Boswell's Clap and Other Essays*. Carbondale, Ill., 1979.
O'Meara, Barry: *Napoleon in Exile*. London, 1822.
Richardson, Frank: *Napoleon: Bisexual Emperor*. New York, 1972.
Rose, J. Holland: *The Personality of Napoleon*. London, 1912.
ders.: *The Life of Napoleon*. London, 1934.
Sokoloff, Boris: *Napoleon: A Doctor's Biography*. New York, 1937.
Stekel, Wilhelm: *Impotence in the Male*. London, 1953
*Thompson, J.M.: *Napoleon Bonaparte. His Rise and Fall*. London, 1952.
Way, Lewis: *Adler's Place in Psychology*. London, 1950.

Weider, Ben and Hapgood, David: *The Murder of Napoleon*. New York, 1982 (deutsch: Der Mörder Napoleons. Bayreuth, 1983).

KAPITEL 2 – GOYA SANS SYPHILIS

Es gibt noch keine verbindliche Goya-Biographie. Das Werk von Gassier und Wilson bringt einigen Text und eine große Anzahl der wichtigeren Arbeiten Goyas. Manche wichtige Veröffentlichungen über Blei und Bleivergiftung werden nachstehend aufgeführt; viele aber werden erst in dem diesem Thema gewidmeten Kapitel erwähnt (so auch Chisholms Arbeiten). Zapater wurde von Niederland zitiert. Ich möchte Dr. Niederland an dieser Stelle für seine freundliche Hilfe danken.

Böhme, Gerhard: *Die Taubheit des Malers Francisco de Goya*. Zeitschrift für Laryngologie, Rhinologie, Otologie 44 (1965). S. 443–447.
Canaday, John: *Goya and Horror*. Horizon 10 (1968) S. 90.
Cawthorne, Terence: *Goya's Illness*. Proceedings of the Royal Society of Medicine 55 (1962) S. 213–217.
Doerner, Max: *The Materials of the Artist and Their Use in Painting*. New York, 1949: Interessant für den Fachmann, stellt die von Goya benutzten Farben vor.
Ferm, Vergil and Carpenter, Stanley J.: *Developmental Malformations Resulting from the Administration of Lead Salts*. Experimental and Molecular Pathology 7 (1967) S. 208–213.
*Gassier, Pierre and Wilson, Juliet: *The Life and Complete Work of Francisco Goya*. New York, 1971.
Gautier, Théophile: *Wanderings in Spain*. London, 1853.
Glendinning, Oliver: *Goya and His Critics*. New Haven, 1977.
Goya, Francisco: *Caprichos*. Zwei Bände. Princeton, 1953.
Hammond, P.B.: *Lead Poisoning: An Old Problem with an New Dimension*. Erschienen in ›Essays in Toxicology‹, Band 1, Hrg. Frank R. Blood. New York, 1969.
Harris, Thomas: *Goya: Engravings and Lithographs*. Zwei Bände. Oxford, 1964.
Huxley, Aldous: *The Complete Etchings of Goya*. New York, 1943.
*Lewis, D.B. Wyndham: *The World of Goya*. London, 1968.
*Licht, Fred, Hrg.: *Goya in Perspective*. Englewood Cliffs, N.J., 1973.
Malraux, André: *Saturn: An Essay on Goya*. New York, 1957.
*Niederland, William: *Goya's Illness*. New York State Journal of Medicine, 1. Februar 1972, S. 413–418: ein Beispiel für wohlverstandene, biohistorische Biographie.
Niederland, William: *Psychoanalytic Approaches to Artistic Creativity*. Psychoanalytic Quarterly 45 (1976), S. 185–212.

Nordström, Folke: *Goya, Saturn, and Melancholy: Studies in the Art of Goya*. Stockholm, 1962.
Ramazzini, Bernardino: *Diseases of Workers*. New York, 1964.
Rouanet, G.: *Le Mystère Goya*. Paris, 1960.
Schmid, F.: *The Technique of Goya*. Erschienen in ›The Art of Goya‹, hrsg. von D.C.Rich; Chicago, 1941.
Shapiro, S.L.: *The Fateful Illness of Francisco Goya*. Eye, Ear, Nose, and Throat Monthly 45, (1966), S. 89ff.
Tanquerel des Planches, L.: *Traité des Maladies de Plomb ou Saturnines*. Paris, 1839
*Waldron, H.A. and Stofen, D.: *Sub-Clinical Lead Poisoning*. New York, 1974: eine ausgezeichnete Facharbeit.
Zimbardo, P.G., Andersen, S.M. and Kabat, L.G.: *Induced Hearing Deficit Generates Experimental Paranoia*. Science 212 (1981) S. 1529–1531.

KAPITEL 3 – WAS FEHLTE DEM ARMEN E. A. POE?

Mit Poe haben sich viele Biographen und Kritiker beschäftigt, die er gar nicht verdient hätte. Heutzutage sollte jede ernsthafte Beschäftigung mit Poe mit Quinns Buch beginnen; wer es gern weniger erschöpfend hätte, sollte sich an Wagenknecht halten. Vom medizinischen und psychologischen Standpunkt aus gesehen bieten viele Schriften über Poe eine Häufung von Kuriosea. Praz bringt gute Hintergrundinformationen, Carlsons und Regans Zusammenstellungen eine gute, gleichzeitig kritische Einführung. Gegenwärtig ist die siebzehnbändige ›Virginia-Ausgabe‹ der Werke Poes als Standard, aber noch immer nicht als endgültige Zusammenstellung anzusehen. Für jeden Leser, von der Poe-Forschung einmal abgesehen, gibt es hinreichend viele Paperback-Ausgaben, in denen seine bedeutendsten Arbeiten in einer guten Auswahl größtenteils vertreten sind. Burr und Graham wurden von Quinn zitiert, Regan zitierte Gilfillan und Lowell, und die Eliot-, James-, Shaw- und Willis-Zitate stammen von Carlson. Für ihre Hilfe bei den Nachforschungen über Alkoholdehydrogenase möchte ich mich bei Herrn Dr. Timothy Perper und Frau Martha Cornog Perper bedanken.

Allen, Hervey: *Israfel: The Life and Times of Edgar Allan Poe*. New York, 1934.
Allen, Michael: *Poe and the British Magazine Tradition*. New York, 1969.
Baudelaire, Charles: *Fatal Destinies: The Edgar Allan Poe Essays*. Woodhaven, N.Y., 1981.

Bonaparte, Marie: *The Life and Works of Edgar Allan Poe: A Psycho-Analytic Interpretation*. London, 1949. Fragwürdiger phychoanalytischer Interpretationsansatz.

Campbell, Killis: *The Mind of Poe and Other Studies*. Cambridge, Mass., 1933.

*Carlson, Eric W., Hrsg.: *The Recognition of Edgar Allan Poe*. Ann Arbor, 1970.

Ewing, John et al.: *Alcohol Sensitivity and Ethnic Bachground*. American Journal of Psychiatry 131 (1974) S. 206–210.

Hyneman, Esther: *Edgar Allan Poe: An Annotated Bibliography*. Boston, 1974, deckt die Zeit zwischen 1827 und 1973 ab. Zu ergänzen durch die Zeitschrift ›Poe Newsletter‹ und ›Poe Studies‹ (jetziger Name) für die Jahre 1968 bis 1978.

Krutch, Joseph Wood: *Edgar Allan Poe: A Study in Genius*. New York, 1926.

Marks, Jeannette: *Genius und Disaster: Studies in Drugs and Genius*. New York, 1925.

Mudsley, Henry: *Edgar Allan Poe*. American Journal of Insanity 18 (Okt. 1850), S. 167.

Miller, Perry: *The Raven and the Whale*. New York, 1956.

Pickering, George: *Creative Malady*. New York, 1973: Interessante Ergründung physischer Krankheiten von Künstlern des neunzehnten Jahrhunderts. Ohne daß direkt auf Poe eingegangen wird, finden sich dort interessante Gedanken über Gesundheit, Krankheit und Kreativität.

Poe, Edgar Allan: *The Works of the Late Edgar Allan Poe: With Notices of His Life and Genius*. New York, 1850.

Poe, Edgar Allan: *The Complete Works*. Siebzehn Bände. New York 1902: bis auf weiteres die Standard-Ausgabe. Von der Harvard University Press wird seit längerem eine bessere Ausgabe vorbereitet; bis jetzt sind drei Bände erschienen (die Gedichte, 1969, und zwei Bände Erzählungen und Kurzgeschichten, 1978).

ders.: *Letters*. Zwei Bände. Cambridge, Mass., 1949: Standard-Ausgabe.

ders.: *Poems*. Charlotteville, 1965: Standard-Ausgabe.

*Praz, Mario: *The Romantic Agony*. New York, 1956.

*Quinn, Arthur Hobson: *Edgar Allan Poe: A Critical Biography*. New York, 1941.

Regan, Robert, Hrsg.: *Poe: A Collection of Critical Essays*. Englewood Cliffs, N.J., 1967.

Robertson, John W.: *Edgar Allan Poe: A Psychopathic Study*. New York, 1923.

Seto, Anthony et al.: *Biochemical Correlates of Ethanol Induced Flushing in Orientals*. Journal of Studies on Alcohol 39 (1978), S. 1–11.

Stamatoyannopoulos, George; Chen, Shi-Han und Fukui, Miyoshi: *Liver Alcohol Dehydrogenase in Japanese*. American Journal of Human Genetics 27 (1975), S. 789–796.
*Wagenknecht, Edward: *Edgar Allan Poe: The Man Behind the Legend*. New York, 1963.
Wolff, Peter: *Vasomotor Sensitivity to Alcohol in Diverse Mongoloid Populations*. American Journal of Human Genetics 25 (1973), S. 193-199.
Woodberry, George: *The Life of Edgar Allan Poe*. Zwei Bände, Boston, 1909.
Yoshida, Akira; Impraim, Chaka und Huang, I-Yih: *Enzymatic and Structural Differences between Usual and Atypical Human Liver Alcohol Dehydrogenases*. The Journal of Biological Chemistry 256 (1981), S. 12430–12436.
Young, Philip: *The Earlier Psychologists and Poe*. American Literature 27 (1950), S. 442-454.

KAPITEL 4 – MUMIEN, MOORLEICHEN ETC.

Das von Aidan und Eve Cockburn herausgegebene Buch faßt in einem Band alles zusammen, was man über Mumien wissen möchte: ihre Geschichte, die geografische Verteilung ihrer Fundorte, Methoden der Laboranalyse. Wenngleich eigentlich für den Wissenschaftler gedacht, kann das Buch den medizinisch ein wenig informierten Laien ebenfalls interessieren. Das Buch von Brothwell und Sandison, obschon teilweise überholt, ist auch nutzbringend zu lesen, aber ebenfalls für die Fachwelt gedacht. Laien werden an Globs Buch über Moorleichen ihre Freude haben. Dr. Michael Zimmerman danke ich für seine Anregungen und die kritische Durchsicht dieses Kapitels.

Brothwell, Don and Sandison, A.T., Hrsg.: *Diseases in Antiquity*. Springfield, Ill., 1967: Wenngleich ein wenig veraltet, ist das Buch für jeden ernsthaft Interessierten an Krankheiten alter Völker obligatorisch. Es enthält viele richtungsweisende Aufsätze, darunter eine ordentliche Abhandlung über Pseudo-Pathologie.
Cockburn, Aidan: *The Evolution and Eradication of Infectious Diseases*. Baltimore, 1963: eines der bedeutenden Bücher aus neuerer Zeit über die Geschichte der Krankheiten.
ders.: *Paleopathology and Its Association*. Journal of the American Medical Association 240 (1978), S. 151–153.
*Cockburn, Aidan und Cockburn, Eve, Hrsg.: *Mummies, Disease, and Ancient Cultures*. Cambridge (Engl.) 1980: das Buch wird seinem

ehrgeizigen Titel gerecht; es ist das umfassende, unverzichtbare Kompendium zu diesem Thema. Es enthält Aufsätze über Mumien aus aller Welt – von Peru bis Japan –, dazu Abhandlungen über PUM II, ROM I, Nakht und altägyptische Zahnkrankheiten. Zu jedem Kapitel gehört eine spezielle Bibliographie. Es befaßt sich mit Labortechniken wie Blutgruppenbestimmung und elektronischem Mikroskopieren.

*Glob, P.V.: *The Bog People*. New York, 1971: ein lesbares, populärwissenschaftliches Buch, verfaßt von dem renommierten, dänischen Moorleichenforscher.

Harris, H.A.: *Bone Growth in Health and Disease*. London, 1933: die richtungsweisende Arbeit über die ›Harrisschen Linien‹.

Harris, James and Weeks, Kent: *X-Raying the Pharaohs*. New York, 1973: für Laien; reich bebildert. Hochinteressante Einführung in die moderne Mumienforschung. Siehe unter Harris and Wente.

Harris, James and Wente, Edward: *An-X-Ray Atlas of the Royal Mummies*. Chicago, 1980: für Fachleute. Behandelt die Forschungsarbeiten, auf die sich das vorgenannte Buch von Harris und Weeks in allgemeinverständlicher Weise berufen.

Harrison, R.G. and Connolly, R.C.: *Kinship of Smenkhare and Tutankamon Demonstrated Serologically*. Nature 224 (1969) S. 325–326.

Kleiss, Ekkehard: *Some Examples of Natural Mummies*. Paleopathology Newsletter No. 20 (1977), S. 5–6.

Lekk, F.Filce: *Paleodontology of the Nile Valley*. Paleopathology Newsletter No. 33 (1981), S. 9–12.

Pettigrew, Thomas: *The History of Egyptian Mummies*. London, 1834.

Ruffer, Marc A.: *Notes on the Presence of ›Bilharzia Haematoria‹ in Egyptian Mummies of the Twentieth Dynasty (1250–1000 B.C.)*. Enthalten in Brothwell und Sandison, ›Diseases in Antiquity‹, a.a.O. Richtungsweisend.

Shimken, M.D.: *Some Historical Landmarks in Cancer Epidemiology*. Enthalten in D. Schottenfeld, Hrsg.: Cancer Epidemiology and Prevention: Current Concepts. Springfield, Ill., 1975, S. 60–74.

Stasny, P.: *HL-A Antigens in Mummified PreColumbian Tissues*. Science 183 (1974), S. 864–866.

Steinbock, R. Ted: *Paleopathological Diagnosis and Interpretation*. Springfield, Ill., 1976: Ausgezeichnete technische Arbeit über die Pathologie antiker Gebeine. Umfangreiche Bibliographie.

Wei, O.: *Internal Organs of 2100 Year Old Female Corpse*. Lancet 2 (1973), S. 1198.

Zimmerman, Michael: *Paleopathological Diagnosis Based on Experimental Mummification*. American Journal of Physical Anthropology 51 (1973), S. 235–253.

ders.: *An Experimental Study of Mummification Pertinent to the Antiquity of Cancer*. Cancer 40 (1977), S. 1358–1362

KAPITEL 5 – VERDORRTE GEBEINE

Dieses Kapitel stützt sich mehr als jedes andere auf zahlreiche, einzelne, spezielle, wissenschaftliche Veröffentlichungen, von denen sich bisweilen bis zu einem halben Dutzend einer kleinen Detailfrage annehmen. Ich habe viele von den unmittelbar oder indirekt erwähnten Schriften aufgeführt; bei einigen handelt es sich um grundlegende Arbeiten. Meines Wissens gibt es kein Buch, das den Laien in dieses interessante Sachgebiet einführen könnte. Ich habe mich sehr stark auf den unschätzbar wertvollen ›Paleopathology Newsletter‹ gestützt. Das Buch von Brothwell und Sandison ist, obzwar leicht antiquiert, noch immer unverzichtbar. Das im vorigen Kapitel zitierte Buch der Cockburns über Mumien ist ebenso aktuell wie wichtig. Das für die Fachwelt gedachte Buch von Steinbock enthält eine umfassende Bibliographie.

Angel, J.L.: *Patterns of Fractures from Neolithic to Modern Times*. Anthrop. Kozlemenyek 18 (1974), S. 9–18. Zusammenfassung in Paleopathology Newsletter 12 (1975), S. 15.

ders.: *Osteoarthritis in Prehistorik Turkey and Medieval Byzantium*. Henry Ford Hospital Medical Journal 27 (1979), S. 38-43: diese Ausgabe des Journals umfaßt die ›Paleopatology Association Monograph No. 3‹, eine sehr sachgerechte Aufsatzsammlung.

Benfer, Robert et al.: *Adaptations to Sedentism and Food Production: The Paloma Project*. Paleopathology Newsletter 37 (1982), S. 6–8.

ders.: *Idem*. Paleopathology Newsletter 36 (1981), S. 11–13

*Brothwell, Don and Sandison, A.T., Hrsg.: *Diseases in Antiquity*. a. a. O.

Bryant, Vaughn jr. and Williams-Dena, Glenna: *The Coprolites of Man*. Scientific American 232 (Jan. 1975), S. 100–109.

Clarke, Steven: *Mortality Trends in Prehistoric Populations*. Human Biology 49 (1977), S. 181–186.

*Cockburn, Aidan and Cockburn, Eve: *Mummies, Disease and Ancient Cultures*. a. a. O.

Cockburn, Aidan; Duncan, Howard and Riddle, Jeanne: *Arthritis, Ancient and Modern*. Henry Ford Hospital Medical Journal 27 (1979), S. 74–79.

ders.:: *Data Indicate Neanderthal Man Used Herbs for Healing 60000 Years Ago*. The New York Times, 26. August 1975.

Ferguson, Mark: *Cleft Palate Past and Present*. Paleopathology Newsletter 24 (1978), S. 5–8.

Gregg, John: *News from the Field*. Paleopaathology Newsletter 24 (1978), S. 4 und 18.

Hatch, J.W. and Geidel, R.A.: *Tracing Status and Diet in Prehistoric Tennessee*. Archaeology 36 (1983), S. 56–59.
Hooton, Ernest: *The Indians of Pecos Pueblo*. New Haven, 1930.
Korfmann, Manfred: *The Sling as a Weapon*. Scientific American 229 (Okt. 1973), S. 34–42.
Lallo, J.W. and Rose, J.C.: *Patterns of Stress, Disease, and Mortality in Two Prehistoric Populations from North America*. Journal of Human Evolution 8 (1979), S. 323–335.
Leisen, James and Duncan, Howard: *The Impact of Rheumatic Desease on Society*. Henry Ford Hospital Journal 27 (1979), S. 70–73.
Lewin, Roger: *Protohuman Activity Etched in Fossil Bones*. Science 213 (1981), S. 123–124.
ders.: *Isotopes Give Clues to Past Diets*. Science 220 (1983), S. 1369.
Lovejoy, C.O. and Heiple, K.G.: *The Analysis of Fractures in Skeletal Populations*. American Journal of Physical Anthropology 55 (1981), S. 529–541.
Loy, Thomas: *Prehistoric Blood Residues: Detection on Tool Surfaces and Indentification of Species of Origin*. Science 220 (1983), S. 1269–1270
Macadam, Petty Stuart: *A Small Skeletal Sample from Northern Ghana*. Paleopathology Newsletter 33 (1981), S. 5–7.
McHenry, Henry and Schultz, Peter: *The Association between Harris Lines and Enamel Hypoplasia in Prehistoric California Indians*. American Journal of Physikal Anthropology 44 (1976), S. 507–512.
Moore, P. D. and Webb, J.A.: *An Illustrated Guide to Pollen Analysis*. New York, 1979.
ders.: *New Dig Unearths the Pathos of Vesuvius*. The New York Times, 17. November 1982
Pickering, Robert: *Hunter-Gatherer/Agriculturalist Arthritic Patterns: A Preliminary Investigation*. Henry Ford Hospital Medical Journal 27 (1979), S. 50–53.
Redman, C. L. et al., Hrsg.: *Social Archaeology: Beyond Subsistence and Dating*. New York, 1978.
ders.: *Research Yields Surprises about Early Human Diets*. The New York Times, 15. Mai 1979.
Saul, F.: *Disease in the Maya Area*. Entnommen aus: T.P. Culbert, Hrsg.: The Classic Maya Collapse. Albuquerque, 1973.
*Steinbock, R. Ted: *Paleopathological Diagnosis and Interpretation*. a. a. O.
Straus, Lawrence G. et al: *Ice-Age Subsistence in Northern Spain*. Scientific American 242 (Juni 1980), S. 142–152.
Trinkaus, Erik: *The Shanidar Neanderthals*. New York, 1983.
Trinkaus, Erik and Zimmermann, Michael: *Trauma Among the Shanidar Neanderthals*. American Journal of Physical Anthropology 57 (1982), S. 61–76.

Wells, Calvin: A New Approach to Paleopathology: Harris Lines. Enthalten in Brothwell and Sandison (Hrsg.), op. cit.
*Wilson, Edward O.: *Sociobiology*. Cambridge, Mass., 1980.
Zimmerman, Michael et al.: *Trauma and Trephination in a Peruvian Mummy*. American Journal of Physical Anthropology 55 (1981), S. 497–501.

KAPITEL 6 – BIOLOGISCHE UMWÄLZUNGEN

Über die Geschichte der Krankheiten und Epidemien gibt es heute eine Reihe guter Bücher, darunter Einführungen für den Laien und wissenschaftliche Abrisse. Für den ernsthaft interessierten Laien ist wohl ›Plagues and People‹ von McNeill eine der besten neueren Erscheinungen. Sigerist ist überholt, stellenweise aber noch immer interessant. Die beste populärwissenschaftliche Veröffentlichung der jüngeren Zeit stammt wohl von Cartwright. Roseburys Buch über venerische Infektionen ist auf diesem Gebiet ebenso hervorragend wie Gottfrieds Buch über die Pest. Den Begriff ›biocataclysm‹ verdanke ich Professor Stanley Weinstein.

**AIDS Cases Seen Doubling This Year in San Francisco*. The Wall Street Journal, 8. März 1984.
Aronson, S. M.: *Lead and the Demon Rum in Colonial America*. Rhode Island Medical Journal 66 (1983), S. 37–40.
Biraben, J.-N.: *Les Hommes et la Peste*. Zwei Bände. Den Haag, 1975: eine der entscheidenden Untersuchungen über die Pest.
Boccaccio, Giovanni: *The Decameron*. London, 1972.
Bowsky, William, Hrsg.: *The Black Death: A Turning Point in History?* New York, 1971: eine Sammlung von Auszügen aus verschiedenen Darstellungen der Pest und ihren Folgen.
Burgerdorf, Willy et al.: *Lyme Disease – A Tick-Borne Spirochetosis?* Science 216 (1982), S. 1317–1319.
*Burnet, Macfarlane and White, David: *Natural History of Infectious Disease*. Cambridge 4. Auflage, 1972: Nach McNeills Arbeit das beste, breitangelegte Buch dieser Art. Lesbar auch für den ambitionierten Nichtfachmann.
*Cartwright, Frank: *Disease and History*. New York, 1972.
Chambers, J. D.: *Population, Plague, and Society in Pre-Industrial England*. Oxford, 1972.
Cockburn, Aidan: *The Evolution and Eradication of Infectious Diseases*. Baltimore, 1963.
Defoe, Daniel: *A Journal of the Plague Year*. New York, 1960.
Dixon, Bernard: *Magnificent Microbes*. New York, 1976.

Dols, Michael: *The Black Death in the Middle East*. Priceton, 1977.
Fiennes, Richard: *Zoonoses of Primates*. Ithaca, 1967.
Fracastoro, Girolamo: *Contagion*. New York, 1930.
Fraser, D.S. and McDade, J.E.: *Legionellosis*. Scientific American 241 (Oktober 1979), S. 82–83 und 186.
Fuller, John G.: *Fever! The Hunt for a New Killer Virus*. New York, 1974: betrifft das Lassa-Fieber.
Goff, C.W.: *Syphilis*. Enthalten in Brothwell und Sandison, ›Diseases in Antiquity‹, a. a. O. S. 279–294.
*Gottfried, Robert: *The Black Death*. New York, 1983: eine großartige biohistorische Darstellung der Pest und ihrer Folgen im Zusammenhang mit Gesellschaft und Umwelt. Enthält eine ausgezeichnete Bibliographie. Für jeden, der nicht gerade ein ausgesprochener Spezialist ist, gut zu lesen.
Gravell, Maneth et al.: *Transmissions of Simian Acquired Immunodeficiency Syndrome (SAIDS) with Blood or Filtered Plasma*. Science 223 (1984), S. 74–75.
Hackett, C.J.: *The Human Treponematoses*. Brothwell und Sandison, ›Diseases in Antiquity‹, a. a. O., S. 152–169: einer der besten Aufsätze von einem ausgewiesenen Kenner der Geschichte und Entwicklung der Syphilis.
Hohenheim, Theophrastus von: *Four Treatises of Theophrastus von Hohenheim, Called Paracelsus*. Baltimore, 1941.
Hudson.E.H.: *Treponematosis and Man's Social Evolution*. American Anthropology 67 (1965), S. 885–891: ein wichtiger Aufsatz, der wie Hacketts Arbeit (s.o.) für das Verständnis von Treponema-Infektionen von entscheidender Bedeutung ist.
ders.: *Historical Approach to the Terminology of Syphilis*. Archives of Dermatology 84 (1961), S. 546–562.
Laver, W.G.: *The Origin of Pandemic Influenza Viruses*. New York, 1983
*McNeill, William H.: *Plagues and People*. New York, 1977: wahrscheinlich das beste Buch über Krankheiten, Geschichte und Kultur. Erschöpfende Quellenangaben.
ders.: *The Human Condition: An Ecological and Historical View*. Princeton, 1980: eine weiteres gutes, nachdenkliches Buch.
Marx, Jean: *Acquired Immune Deficiency Abroad*. Science 222 (1983), S. 998–999.
Procopius: *History of the Wars, I*. New York, 1914.
*Rosebury, Theodor: *Microbes and Morals*. New York, 1973: eine gelungene und gutgeschriebene, Biologie- und Sozialgeschichte der Geschlechtskrankheiten.
Sigerist, Henry: *Civilization and Disease*. Chicago, 1943: jetzt überholt, eines der ersten, in den USA vielgelesenen Bücher über die kulturellen Auswirkungen von Krankheiten.

Thucydides: *The Peloponnesian War*. London, 1972.
Wilcox, R. R.: *Venereal Disease in the Bible*. British Journal of Venereal Disease 25 (1949), S. 28–33.
Zinsser, Hans: *Rats, Lice and History*. Boston, 1935: überholt, aber lesbar.

KAPITEL 7 – GIFT IST ALLGEGENWÄRTIG

Ein Großteil der Literatur über Bleivergiftung ist hochgradig fachwissenschaftlich. Waldron, Schroeder, Patterson und Needleman zählen zu den bekannteren Spezialisten; die Bücher von Waldron, Needleman und Lynam et al. sind besonders zweckdienlich. Ein gutes, populärwissenschaftliches Buch über dieses Thema muß erst noch geschrieben werden.

Aub, C. J. et al.: *Lead Poisoning*. Baltimore, 1926: überholt, wenngleich seinerzeit von Gewicht.
Barltrop, D.: *The Prevalence of Pica*. American Journal of Diseases of Children 112 (1966), S. 116–123.
Beattie, A.D. et al.: *Role of Chronic Low-Level Lead Exposure in the Aetiology of Mental Retardation*. Lancet No. 7907 (1975), S. 589–591.
ders.: *A Belgian City and Its Poison Air*. New York Post, 16. Oktober 1974.
Catton, M.J. et al.: *Sub-Clinical Neuropathy in Lead Workers*. British Medical Journal 2 (1970), S. 80.
Chisholm, J. Julian jr.: *Lead Poisoning*. Scientific American 224 (1971), S. 15–23: wenn auch inzwischen überholt, noch immer die beste, für Laien geeignete Übersicht, die ich kenne. Der Autor ist ein auf seinem Gebiet führender Forscher.
Chisholm, J. Julian jr. and Kaplan, Eugene: *Lead Poisoning in Childhood – Comprehensive Management and Prevention*. The Journal of Pediatrics 73 (1968), S. 942–950.
**El Paso Smelter Still Poses Lead-Poisoning Peril to Children in Juarez*. The New York Times, 28. November 1977.
Emmerson, B.T.: *Chronic Lead Neuropathy*. Australian Annals of Medicine 12 (1963), S. 310.
**EPA Eyes Rule to Phase Out Leaded Gasoline Use*. Oil & Gas Journal 10, 5. März 1984, S. 60.
Ericson, J.E.; Skirahata, M.S. und Patterson, C.C.: *Skeletal Concentrations of Lead in Ancient Peruvians*. New England Journal of Medicine 300 (1979), S. 946–951.
Esposito, John: *Vanishing Air*. New York, 1970: ein Bericht der Forschungsgruppe Ralph Nader über Luftverschmutzung unter Berücksichtigung des Bleitetraäthyls.

Ferm, Vergil and Carpenter, Stanley J.: *Developmental Malformations Resulting from the Administrations of Lead Salts*. Experimental and Molecular Pathology 7 (1967) S. 208–213.

Gilfillan, S.C.: *Lead Poisoning and the Fall of Rome*. Journal of Occupational Medicine 1 (1965), S. 53–60.

Hammond, P.B.: *Lead Poisoning: An Old Problem with a New Dimension*. Aus ›Essays in Toxicology‹, Bd. 1, Hrsg. von F. R. Blood. New York, 1964, S. 115–155.

ders.: *Job Threats to Workers' Fertility Emerging as Civil Liberties Issue*. The New York Times, 15. Januar 1979.

Kehoe, R.A.: *Normal Metabolism of Lead*. Archives of Environmental Health 8 (1964), S. 232–243.

ders.: *Lead Poisoning Perils Crew Razing El*. New York Times, 14. Mai 1974.

ders.: *Lead Poisoning Takes a Big, Continuing Toll as Cures Prove Elusive*. Wall Street Journal vom 27. März 1982.

Lynam, Donald R.; Piantanida, L. und Cole, J., Hrsg.: *Environmental Lead*. New York, 1981: Sammlung von Vorträgen eines 1978 veranstalteten Symposions.

Marshall, Eliot: *Legal Threat Halts CDC Meeting on Lead*. Science 223 (1984), S. 672.

Murozumi M.; Chow, Tsaihwa und Patterson, C.: *Chemical Concentrations of Pollutant Lead Aerosols, Terrestrial Dusts and Sea Salts in Greenland and Antarctic Snow Strata*. Geochemica et Cosmochimica Acta 33 (1969), S. 1247–1294.

*National Research Council. Committee on Lead in the Human Evironment: *Lead in the Human Environment*. Washington, D.C., 1980.

Needleman, H. L.: *The Lead We Breathe*. New York Times, 23. Februar 1974,

ders.: Hrsg.: *Low Level Lead Exposure: The Clinical Implications of Current Research*. New York, 1980.

Nriagu, Jerome: *Saturnine Gout among Roman Aristocrats*. The New England Journal of Medicine 308 (1983), S. 66–663.

Oehme, F.W., Hrsg.: *Toxicity of Heavy Metals in the Environment*. New York, 1978.

Patterson, C.C.: *Contaminated and Natural Lead Environments of Man*. Archives of Environmental Health 11 (1965), S. 344–360.

*Ramazzini, Bernardino: *Diseases of Workers*. New York, 1964: das klassische Werk über Berufskrankheiten. Sollte jeden fesseln, der sich für Medizin, Umwelt, Arbeitsplatz und Geschichte der Wissenschaft interessiert.

Reece, Robert: *Childhood Lead Poisoning: A Preventable Disaster*. American Family Physician (1974), S. 136–140.

Sayre, James et al.: *House and Hand Dust as a Potential Source of Childhood Lead Exposure*. American Journal of Diseases of Children 127 (1974), S. 167–170.
Schroeder, Henry and Tipton, Isabel: *The Human Body Burden of Lead*. Archives of Environmental Health 17 (1968), S. 965–978.
Singhal, R. L. and Thomas, J. A.; Hrsg.: *Lead Toxicity*. Baltimore, 1980
Steinbock, E.Ted: *Lead Ingestion in Ancient Times*. Paleopathology Newsletter No. 27 (1979), S. 9–11.
Tanquerel des Planches, L.: *Traité des Maladies de Plomb ou Saturnines*. Paris, 1839.
Thomas, H.V. et al.: *Blood Lead of Persons Living Near Freeways*. Archives of Environmental Health 15 (1967), S. 695–702.
Trotter, Robert et al.: *Arcazon and Greta: Ethnomedical Solution to Epidemiological Mystery*. Medical Anthropology Quarterly 14 (1983), S. 3 und 18.
Vitruvius: *The Ten Books on Architecture*. New York, 1960: eine der vielen römischen Quellen über die Verwendung des Bleis.
Waldron, H.A. and Stofen, D.: *Sub-Clinical Lead Poisoning*. New York, 1976.
Wessel, Morris and Dominski, Anthony: *Our Children's Daily Lead*. American Scientist 65 (1977), S. 294–299.

KAPITEL 8 – DER AUFRECHTE, DER EROTISCHE

Leider finden sich die für dieses Kapitel wichtigen Quellen großenteils nur in Fachzeitschriften und Aufsatzsammlungen. Trotzdem sind dem Laien einige gute Arbeiten zugänglich – zum Beispiel die Bücher von Harlow, Diamond und Karlen, Eibl-Eibesfeldt, Singer und Tinbergen. Das Buch von Don Symons bringt eine für den Fachmann interessante gute Zusammenfassung des gegenwärtigen Forschungsstandes. Die Aufsätze von Frank Beach sind jederzeit zu schätzen. Tigers Artikel ist wohldurchdacht, wenn ihm auch, leider, die verdiente, bundesweite Aufmerksamkeit versagt blieb. Ich danke Herrn Dr. Timothy Perper für seine Hilfe und seine mir zugänglich gemachten Erkenntnisse.

Bateson, Patrick, Hrsg.: *Mate Coice*. New York, 1983: gute Zusammenstellung neuerer Aufsätze; für die Fachwelt.
Beach, Frank A.: *Sexual Attractivity, Proceptivity, and Receptivity in Female Mammals*. Hormones and Behavior 7 (1976), S. 105–138.
ders.: *Human Sexuality and Evolution*. Aus dem von W. Motagna und W.A. Sadler herausgegebenen Buch ›Reproductive Behavior‹. New York, 1974.

ders.: Hrsg.: *Human Sexuality in Four Perspectives*. Baltimore, 1977: wichtig für den vorgebildeten Leser

ders.: Hrsg.: *Sex and Behavior*. New York, 1965: für den Fachmann noch immer eine bedeutende Zusammenstellung von wissenschaftlichen Schriften.

Baffum, John et al.: *Drugs and Sexual Function*. Abgedruckt in ›Sexual Problems in Medical Practice‹, Hrsg. Harold Lief. Chicago, 1981, S. 211–242.

Burton, F.D.: *Sexual Climax in Female Macaca Mulatta*. Proceedings of the Third International Congress of Primatology, Zürich 1970: 3, (1970), S. 180–191.

Chevalier-Skolnikoff, S.: *Male-Male, Female-Female, and Male-Female Sexual Behavior in the Stumptail Monkey, with Special Attention to the Female Orgasm*. Archives of Sexual Behavior 3 (1974), S. 95–116.

*Diamond, Milton and Karlen, Arno: *Sexual Decisions*. Boston, 1980: Umfangreiche Quellenhinweise.

*Eibl-Eibesfeldt, Irenäus: *Love and Hate*. New York, 1974 (die deutsche Ausgabe ›Liebe und Haß‹ erschien 1970): eine für Laien ausgezeichnet geeignete Einführung in die Wurzeln menschlichen Verhaltens.

Fisher, A.: *Chemical and Electrical Stimulation of the Brain in the Male Rat*. Abgedruckt im 3. Band der von R.A. Gorski und R. Whalen herausgegebenen Reihe ›Brain and Behavior‹; Berkeley, 1966.

Fox, C.A. and Fox, B.: *A Comparative Study of Coital Physiology, with Spezial Reference to the Sexual Climax*. Journal of Reproduction and Fertility 24 (1971), S. 319–336.

Ford, Clellan and Beach, Frank: *Patterns of Sexual Behavior*. New York, 1951.

*Harlow, Harry: *Learning to Love*. New York, 1974: eine für den Laien lesbare Zusammenfassung der Forschungen eines großen Psychologen. Die Bibliographie verweist auf die dem Buch zugrundeliegenden Arbeiten.

Hutt, Corinne: *Males and Females*. Baltimore, 1972: gute Einführung in die Analyse der geschlechtsspezifischen Unterschiede.

Jonas, David and Jonas, Doris: *Sex and Status*. a. a. O.

Karlen, Arno: *Sexuality and Homosexuality: A New View*. New York, 1971: etliche Kapitel widmen sich den Wurzeln des Werbens, den geschlechtsabhängigen Unterschieden und der evolutionären Herausbildung der Verhaltensweisen. Umfangreiche, kritische Quellenangaben.

Kinsey, Alfred et al.: *Sexual Behavior in the Human Female*. Philadelphia, 1953.

Lehrman, Daniel: *Interaction between Internal and External Environments in the Reproduction of the Ring Dove.* Abgedruckt in Beach, ›Sex and Behavior‹, S. 355–380. a. a. O.

Lowry, Thomas and Lowry, Thea: *The Clitoris.* St. Louis, 1976: ein brauchbares Kompendium biologischer und kultureller Erkenntnisse.

Masters, William and Johnson, Virginia: *Human Sexual Response.* Boston, 1966: noch immer unentbehrlich

ders.: *Human Sexual Inadequacy and Some Parameters of Therapy.* Erschienen in ›Perspecitves in Reproductive and Sexual Behavior‹, Hrsg. von Milton Diamond. Bloomington, 1968, S. 411–415.

Michael, Richard: *Neuroendocrine Factors Regulating Primate Behavior.* Veröffentlicht in ›Frontiers in Neuroendocrinology‹, hrsg. von L. Martini und W.F. Ganong. New York, 1971.

Michael, Richard and Zumpe, Doris: *Potency in Male Rhesus Monkeys.* Science 200 (1978), S. 451–453.

Morris, Desmond: *The Human Zoo.* New York, 1969.

*Perper, Timothy: *The Eyes of Love: The Biosexual Basis of Human Courtship.* Philadelphia, z. Z. im Druck: faszinierende neue Analysen des menschlichen Verhaltens.

Scheflen, Albert: *How Behavior Means.* New York, 1974: gutes, allgemeinverständliches Buch über die Körpersprache.

Singer, Irving: *The Goals of Human Sexuality.* New York, 1973.

Symons, Don: *The Evolution of Human Sexuality.* Oxford, 1979.

Teitelbaum, Michael, Hrsg.: *Sex Differences: Social and Biological Perspectives.* Garden City, 1976: gute Zusammenstellung medizinischer und anthropologischer Auffassungen.

Tiger, Lionel: *The Emotional Effects of the Pill.* Viva 1 (November 1973), S. 42 ff.

*Tinbergen, Niko: *The Herring Gull's World.* New York, 1967.

Udry, J. R. and Morris, N.M.: *Distribution of Coitus in the Human Menstrual Cycle.* Nature 220 (1968), S. 593–596.

Wickler, Wolfgang: *The Sexual Code.* New York, 1973: dem Laien zu empfehlendes Buch über die Entwicklung des Sexualverhaltens.

Zumpe, Doris and Michael, Richard: *Effects of Ejaculations by Males on the Sexual Invitations of Female Rhesus Monkeys (Macaca Mulatta).* Behaviour 60 (1977), S. 260–277.

ders.: *The Clutching Reaction and Orgasm in Female Rhesus Monkey.* Journal of Endocrinology 40 (1968), S. 117–123.

EPILOG – DER ENTKRÄFTETE AFFE

Wichtige Information über Malaria sowie manche Quellenangaben finden sich in den Büchern von McNeill, Cartwright und Burnet und White, auf die unter Kapitel 6 verwiesen wird. Auch das in Kapitel 5 genannte Buch von Brothwell und Sandison ist in diesem Zusammenhang lesenswert. Interessantes Material über das Heranwachsen von Jungen und Mädchen ist vielen der unter Kapitel 7 aufgeführten Büchern zu entnehmen. Clemens wird von Kerr zitiert; das Hsü-Zitat stammt aus ›The Iridium Connection‹. Kauffman und Martin werden von Lewin zitiert; der eine im erstgenannten, der zweite im anderen Artikel. Vier wichtige Artikel über die Katastrophentheorie erschienen in Science, Ausgabe vom 16. März 1984 (unten erwähnt ist nur der von Alvarez et al. verfaßte).

Alvarez, Walter et al.: *Iridium Anomaly Approximately Synchronous with Terminal Eocene Extinctions*. Science 216 (1982), S. 886–888.

ders.: *Evidence for a Major Meteorite Impact on on the Earth 34 Million Years Ago: Implications for Eocene Extinctions*. Science 216 (1982), S. 885–886.

ders.: *The End of the Cretaceous: Sharp Boundary or Gradual Transition?* Science 223 (1984), S. 1183–1185.

Bidstrup, P.L.: *Toxicity of Mercury and Its Compounds*. Amsterdam, 1964.

Bolk, Ludwig: *Das Problem der Menschwerdung*. Jena, 1926. Zitiert von Jonas und Klein (s.u.).

Bowlby, John: *Attachment and Loss*. New York, 1969.

ders.: *Maternal Care and Maternal Health*. New York, 1967.

Broad, William: *Sir Isaac Newton: Mad as a Hatter*. Science 213 (1981), S. 1341–1344.

Brown, A.C. and Crounse, R.G., Hrsg.: *Hair, Trace Elements and Human Illness*. New York, 1980.

deMause, Lloyd, Hrsg.: *The History of Childhood*. New York, 1974: wissenschaftliche Aufsätze aus dem ›Journal of Psychohistory‹. Psychoanalytisch-historischer Versuch, Kinderaufzucht und Sozialstrukturen im Verlaufe der Geschichte zueinander in Beziehung zu setzen.

Ganapathy, R.: *Evidence for a Major Meteorite Impact on the Earth 34 Million Years Ago: Implications for Eocene Extinctions*. Science 216 (1982), S. 885–888.

Glass, B. F. und Zwart, M. H.: zu finden in ›*Stratigraphic Micropaleontology of Atlantic Basin and Borderlands*‹, Hrsg. F.M. Swain. Amsterdam, 1977.

Hsü, K.J. et. al.: *Mass Mortality and Its Environmental and Evolutionary Consequences*. Science 216 (1982), S. 249–256.
ders.: *The Iridium Connection*. Scientific American 243 (August 1980), Seite 86 B und 90.
Jonas, David and Klein, Doris: *Man-Child.*, a. a. O.
Kerr, Richard: *Extinctions: Iridium and Who Went Where*. Science 215 (1982), S. 389.
ders.: *Periodic and Extinctions Reported*. Science 223 (1984), S. 1277–1279.
Lewin, Roger: *Extinctions and the History of Life*. Science 221 (1983), S. 1277–1279.
ders.: *What Killed the Giant Mammals?* Science 221 (1983, S. 1036–1037
Luck, J.M. and Turekian, K.K.: *Osmium-187/Osmium-186 in Manganese Nodules and the Cretaceous-Tertiary Boundary*. Science 216 (1982), S. 613–615.
Massie, Robert: *Nicholas and Alexandra*. New York, 1967: ein gutgeschriebenes Buch über die Letzten des Hauses Romanow. Die Quellenhinweise über Hämophilie sind nicht mehr aktuell, aber das Buch vermittelt dem Laien einen guten Eindruck von den vererbbarer Krankheiten.
Peiper, Albrecht: *Cerebral Function in Infancy and Childhood*. New York, 1963.
**Physical and Mental Disabilities in Newborns Doubled in 25 Years*. The New York Times, 18. Juli 1983.
Rampino, Michael and Reynolds, Robert: *Analysis of the Cretaceous-Tertiary Boundary Clay: Methodology Questioned*. Science 223 (1984), S. 190–191.
Russell, Dale: *The Mass Extinctions of the Late Mesozoic*. Scientific American 246 (1982), S. 58–56.
Spargo, P.E. and Pounds, C.A.: *Notes and Records of the Royal Society of London* 34 (1979), S. 11: befaßt sich mit Newton und Quecksilber.
Westfall, Richard: *Never at Rest*. New York, 1981: Newtons Biographie.

REGISTER